中学语文快乐阅读系列丛书

最悦读

时光之影

《最悦读》丛书编写组

丛书主编：樊文春

本册主编：崔　彦

编　　委：高　捷　　林玉春　　刘广平

　　　　　王亚芬　　张彦民

中国地图出版社

北京

图书在版编目(CIP)数据

时光之影 /《最悦读》丛书编写组编. — 北京:
中国地图出版社,2012.1
(最悦读)
ISBN 978 - 7 - 5031 - 5930 - 5

Ⅰ.①时… Ⅱ.①最… Ⅲ.①语文课—阅读教学—中
学—课外读物 Ⅳ.①G634.333

中国版本图书馆 CIP 数据核字(2011)第 027278 号

最悦读·时光之影

出　版	中国地图出版社		
社　址	北京市西城区白纸坊西街 3 号	邮政编码	100054
电　话	010—83543902　010—83543949	网　址	www. sinomaps. com
印　刷	北京世汉凌云印刷有限公司	经　销	新华书店
成品规格	170mm × 240mm	开　本	1/16
印　张	10.5	字　数	280 千字
版　次	2012 年 1 月第 1 版	印　次	2014 年 6 月北京第 5 次印刷
定　价	20.00 元		
书　号	ISBN 978 - 7 - 5031 - 5930 - 5/G · 2182		

前言

在学习的要素中，阅读是必不可少的。然而，读者在阅读过程中又容易产生疲劳。为了提高广大学生的阅读效率，适应新课程标准下中考、高考的要求，增强人文关怀和情感意识，扩大知识视野，本丛书以教育学和心理学理论为支撑，用"另类文章"（篇目前有"*"号）调节阅读节奏，在经典选文之后，适当加入"另类文章"，加入讽刺、幽默、哲理、寓言、另类奇文等具有"新奇"元素的文章，刺激读者的阅读神经，形成"阅读兴趣和阅读刺激"的循环，以平衡阅读心理，实现快乐阅读和激情阅读，有效提高阅读质量。

我们曾在1000名中学生中进行"最悦读"与"普通阅读"的分组对比实验，结果证明，经过"另类文章"的刺激，"最悦读"组在长时间持续阅读中，仍能保持轻松、愉悦的情绪和清晰、流畅的思维，而"普通阅读"组随着阅读时间的延长，就会产生头晕、记忆模糊、思维迟钝的感觉。

阅读不仅是一种味道，也是一种心情的洗礼。

许多往事如辣味一样，诱人而刺痛。美味经过口腔而转瞬即逝，只剩下火辣辣的疼痛触动神经，在心底烙下鲜红的印记。

就是在这印记上，我们迈开流浪的脚步，用"悦读"温暖回家的旅程。

就是在这印记里，我们达成了情感的共鸣，用"悦读"烘干潮湿的心灵。

有人说，阅读是一种享受——享受阳光，明媚；享受空气，清新。

我说，阅读是一种刺激——刺激情感，沸腾；刺激生活，热烈。

有人说，阅读是一种情怀——关照自然，渴望倾听，亲近生命，走入心灵。

我说，阅读是悦读——痛楚，快乐，青春的奔放，自然的明丽。

欢迎你品尝"最悦读"的饕餮大餐，享受阅读的激情与温暖！

《最悦读》丛书编写组

目 录

Mu Lu

第三编　每个人都是一个宇宙

第四编　十八岁出门远行

第五编　水样的春愁

第六编　青苔小巷中的情书

第七编　多年父子成兄弟

第八编 海内存知己

第九编 青春是一本太仓促的书

向青春举杯

　　青春，是人生中一段美好的过往；青春，是值得每个人去珍惜的美好时光；青春，也是作家笔下写不尽、赞不完的对象。那些文字、那些赞美，自然而然地也就成了鼓舞一代又一代拥有着青春年华的人们好好把握青春、奋力向前的动力。

　　即便是所处的年代不同，那些关于青春的文字也总是能够激荡着读者的心灵。也许是因为青春是每个人人生中最值得回味的时光；也许是因为青春的激情总是荡漾在每个人的心中；也许是因为青春总是带给我们无尽的希望，让我们相信我们有足够的时间去实现自己的、家国的梦想。让我们跟随着那些名家的文字，一起去感悟那最美好的青春吧！

春

◇朱自清

盼望着，盼望着，东风来了，春天的脚步近了。

一切都像刚睡醒的样子，欣欣然张开了眼。山朗润起来了，水涨起来了，太阳的脸红起来了。

小草偷偷地从土里钻出来，嫩嫩的，绿绿的。园子里，田野里，瞧去，一大片一大片满是的。坐着，躺着，打两个滚，踢几脚球，赛几趟跑，捉几回迷藏。风轻悄悄的，草软绵绵的。

桃树、杏树、梨树，你不让我，我不让你，都开满了花赶趟儿。红的像火，粉的像霞，白的像雪。花里带着甜味儿，闭了眼，树上仿佛已经满是桃儿、杏儿、梨儿！花下成千成百的蜜蜂嗡嗡地闹着，大小的蝴蝶飞来飞去。野花遍地是：杂样儿的，有名字的，没名字的，散在草丛里，像眼睛，像星星，还眨呀眨的。

"吹面不寒杨柳风"，不错的，像母亲的手抚摸着你。风里带来些新翻的泥土的气息，混着青草味儿，还有各种花的香，都在微微润湿的空气里酝酿。鸟儿将巢安在繁花嫩叶当中，高兴起来了，呼朋引伴地卖弄清脆的喉咙，唱出宛转的曲子，跟轻风流水应和着。牛背上牧童的短笛，这时候也成天嘹亮地响着。

雨是最寻常的，一下就是三两天。可别恼。看，像牛毛，像花针，像细丝，密密地斜织着，人家屋顶上全笼着一层薄烟。树叶儿却绿得发亮，小草儿也青得逼你的眼。傍晚时候，上灯了，一点点黄晕的光，烘托出一片安静而和平的夜。在乡下，小路上，石桥边，有撑起伞慢慢走着的人；地里还有工作的农民，披着蓑，戴着笠。他们的房屋，稀稀疏疏的，在雨里静默着。

天上风筝渐渐多了，地上孩子也多了。城里乡下，家家户户，老老小小，也都赶趟儿似的，一个个都出来了。舒活舒活筋骨，抖擞抖擞精神，各做各的一份事儿去。"一年之计在于春"，刚起头儿，有的是工夫，有的是希望。

春天像刚落地的娃娃，从头到脚都是新的，它生长着。

春天像小姑娘，花枝招展的，笑着，走着。

春天像健壮的青年，有铁一般的胳膊和腰脚，领着我们上前去。

智慧窗

　　青春是人生之春，在人们的盼望与期待中悄然而至，那一切的美好就如同大自然中春天的景致：有鲜嫩的偷偷从土里钻出来的小草，有姹紫嫣红、争奇斗妍的花朵，有温暖和煦的春风，还有鸟儿们甜美的歌唱……

　　青春年华中的一切似乎都是美好而珍贵的，哪怕是遇到困难和挫折时淌下的泪水也会如同春雨般可贵，因为正是它们滋润着我们的心灵，促使我们更好地成长，为我们的生命之春平添了几许不同的景致。所以，让我们好好拥抱大自然的春天，好好拥抱生命的春天吧！

(臧杰)

少年中国说（节选）

◇梁启超

　　欲言国之老少，请先言人之老少。老年人常思既往，少年人常思将来。惟思既往也，故生留恋心；惟思将来也，故生希望心。惟留恋也，故保守；惟希望也，故进取。惟保守也，故永旧；惟进取也，故日新。惟思既往也，事事皆其所已经者，故惟知照例；惟思将来也，事事皆其所未经者，故常敢破格。老年人常多忧虑，少年人常好行乐。惟多忧也，故灰心；惟行乐也，故盛气。惟灰心也，故怯懦；惟盛气也，故豪壮。惟怯懦也，故苟且；惟豪壮也，故冒险。惟苟且也，故能灭世界；惟冒险也，故能造世界。老年人常厌事，少年人常喜事。惟厌事也，故常觉一切事无可为者；惟好事也，故常觉一切事无不可为者。老年人如夕照，少年人如朝阳；老年人如瘠牛，少年人如乳虎；老年人如僧，少年人如侠；老年人如字典，少年人如戏文；老年人如鸦片烟，少年人如泼兰地酒；老年人如别行星之陨石，少年人如大洋海之珊瑚岛；老年人如埃及沙漠之金字塔，少年人如西伯利亚之铁路；老年人如秋后之柳，少年人如春前之草；老年人如死海之潴为泽，少年人如长江之初发源。此老年与少年性格不同之大略也。任公曰：人固有之，国亦宜然。

　　呜呼！我中国其果老大矣乎？是今日全地球之一大问题也。如其老大也，则是中国为过去之国，即地球上昔本有此国，而今渐渐灭，他日之命运殆将尽也。如其非老大也，则是中国为未来之国，即地球上昔未现此国，而今渐发达，他日之前程且方长也。欲断今日之中国为老大耶，为少年耶？则不可不先明"国"字之意义。夫国也者，何物也？有土地，有人民，以居于其土地之人民，而治其所居之土地之事，自制法律而自守之；有主权，有服从，人人皆主权者，人人皆服从者。夫如是，斯谓之完全成立之国。地球上之有完全成立之国也，自百年以来也。完全成立者，壮年之事也；未能完全成立而渐进于完全成立者，少年之事也。故吾得一言以断之曰：欧洲列邦在今日为壮年国，而我中国在今日为少年国。

　　任公曰：造成今日之老大中国者，则中国老朽之冤业也；制出将来之少年中国者，则中国少年之责任也。彼老朽者何足道，彼与此世界作别之日不远矣，而我少年乃新来而与世界为缘。如傀屋者然，彼明日将迁居他方，而我今日始入此室处，将迁居者，不爱护其窗棂，不洁治其庭庑，俗人恒情，亦何足怪。若我少年者，前程浩浩，后顾茫茫，中国而为牛、为马、为奴、为隶，则烹脔鞭箠之惨酷，惟我少年当之；中国如称霸宇内、主盟地球，则指挥顾盼之尊荣，惟我少年享之。于彼气息奄奄、与鬼为邻者何与焉？彼而漠然置之，犹可言也；我而漠然置之，不可言也。使举国之少年而果为少年也，则吾中国为未来之国，其进步未可量也；使举国之少年而亦为老大也，则吾中国为过去之国，其渐亡可翘足而待。故今日之责任，不在他人，而全在我少年。少年智则国智，少年富则国富，少年强则国强，少年独立则国独立，少年自由则国自由，少年进步则国进步，少年胜于欧洲，则国胜于欧洲，少年雄于地球，则国雄于地球。红日初升，其道大光；河出伏流，一泻汪洋；潜龙腾渊，鳞爪飞扬；乳虎啸谷，百兽震惶；鹰隼试翼，风尘吸张；奇花初胎，矞矞皇皇；干将发硎，有作其芒；天戴其苍，地履其黄；纵有千古，横有八荒；前途似海，来日方长。美哉，我少年中国，与天不老！壮哉，我中国少年，与国无疆！

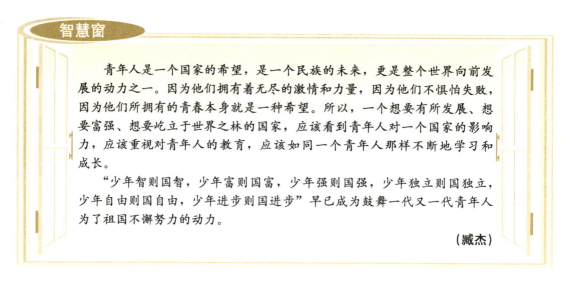

智慧窗

　　青年人是一个国家的希望，是一个民族的未来，更是整个世界向前发展的动力之一。因为他们拥有着无尽的激情和力量，因为他们不惧怕失败，因为他们所拥有的青春本身就是一种希望。所以，一个想要有所发展、想要富强、想要屹立于世界之林的国家，应该看到青年人对一个国家的影响力，应该重视对青年人的教育，应该如同一个青年人那样不断地学习和成长。

　　"少年智则国智，少年富则国富，少年强则国强，少年独立则国独立，少年自由则国自由，少年进步则国进步"早已成为鼓舞一代又一代青年人为了祖国不懈努力的动力。

（臧杰）

阅览室

青春（节选）

◇李大钊

　　春日载阳，东风解冻，远从瀛岛，反顾祖帮，肃杀郁塞之象，一变而为清和明媚之象矣；冰雪沍寒之天，一幻而为百卉昭苏之天矣。每更节序，辄动怀思，人事万端，那堪回首，或则幽闺善怨，或则骚客工愁。当兹春雨梨花，重门深掩，诗人憔悴，独倚栏杆之际，登楼四瞩，则见千条垂柳，未半才黄，十里铺青，遥看有色。彼幽闲贞静之青春，携来无限之希望，无限之兴趣，飘然贡其柔丽之姿于吾前途辽远之青年之前，而默许以独享之权利。嗟吾青年可爱之学子乎，彼美之青春，念子之任重而道远也，子之内美而修能也，怜子之劳，爱子之才也，故而经年一度，展其怡和之颜，饯子于长征迈往之途，冀有以慰子之心也。纵子为尽瘁于子之高尚之理想，圣神之使命，远大之事业，艰巨之责任，而夙兴夜寐，不遑启处，亦当于千忙万迫之中，偷隙一盼，霁颜相向，领彼恋子之殷情，赠子之韶华，俾以青年纯洁之躬，饫尝青春之甘美，浃浴青春之恩泽，永续青春之生涯，致我为青春之我，我之家庭为青春之家庭，我之国家为青春之国家，我之民族为青春之民族。斯青春之我，乃不枉于遥遥百千万劫中，为此一大因缘，与此多情多爱之青春，相邂近于无尽青春中之一部分空间与时间也。

　　顾人之生也，苟不能窥见宇宙有无尽之青春，则自呱呱坠地，迄于老死，觉其间之春光，迅于电波石火，不可淹留，浮生若梦，直菌鹤马蜩之过乎前耳。是以川上尼父，有逝者如斯之嗟，湘水灵均，兴春秋代序之感。其他风骚雅士，或秉烛夜游，勤事劳人，或重惜分寸。而一代帝王，一时豪富，当其垂暮之年，绝诀之际，贪恋幸福，不忍离舍，每为咨嗟太息，尽其权力黄金之用，无能永一瞬之天年，而重留遗憾于长生之无术焉。秦政并吞八荒，统制四海，固一世之雄也，晚年畏死，遍遣羽客，搜觅神仙，求不老之药，卒未能获，一旦魂断，宫车晚出。汉武穷兵，蛮荒慑伏，汉代之英主也，暮年永叹，空有"欢乐极矣哀情多，少壮几时老奈何"之慨。最近美国富豪某，以毕生之奋斗，博得式之王冠，衰病相催，濒于老死，则抚枕而叹曰："苟能延一月之命，报以千万金弗惜也。"然是又安可得哉？夫人之生也有限，其欲也无穷，以无穷之欲，逐有限之生，坐令似水年华，滔滔东去，红颜难再，白发空悲，其殆人之无奈无何者欤！涉念及此，灰肠断气，灰世之思，油然而生。贤者仁智俱穷，不肖者流连忘返，而人生之蕲向荒矣，是又岂青年之所宜出哉？人生兹世，更无一刹那不在青春，为其居无尽青春之一部，为无尽青春之过程也。顾青年之人，或不得常享青春之乐者，以其有黄金权力一切烦忧苦恼机械生活，为青春之累耳。

青年循蹈乎此，本其理性，加以努力，进前而勿顾后，背黑暗而向光明，为世界进文明，为人类造幸福，以青春之我，创建青春之家庭，青春之国家，青春之民族，青春之人类，青春之地球，青春之宇宙，资以乐其无涯之生。乘风破浪，迢迢乎远矣，复何无计留春望尘莫及之忧哉？吾文至此，已嫌冗赘，请诵漆园之语，以终斯篇。

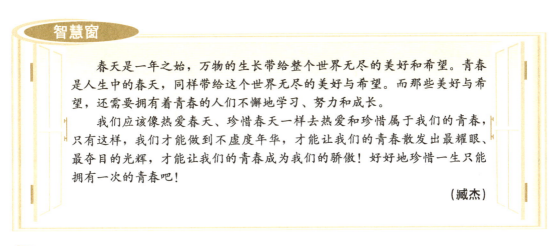

智慧窗

　　春天是一年之始，万物的生长带给整个世界无尽的美好和希望。青春是人生中的春天，同样带给这个世界无尽的美好与希望。而那些美好与希望，还需要拥有着青春的人们不懈地学习、努力和成长。

　　我们应该像热爱春天、珍惜春天一样去热爱和珍惜属于我们的青春，只有这样，我们才能做到不虚度年华，才能让我们的青春散发出最耀眼、最夺目的光辉，才能让我们的青春成为我们的骄傲！好好地珍惜一生只能拥有一次的青春吧！

（臧杰）

阅览室

五四断想

◇闻一多

旧的悠悠死去，新的悠悠生出，不慌不忙，一个跟一个，——这是演化。

新的已经来到，旧的还不肯去，新的急了，把旧的挤掉，——这是革命。

挤是发展受到阻碍时必然的现象，而新的必然是发展的，能发展的必然是新的，所以青年永远是革命的，革命永远是青年的。

新的日日壮健着（量的增长），旧的日日衰老着（量的减耗），壮健的挤着衰老的，没有挤不掉。所以革命永远是成功的。

革命成功了，新的变成旧的，又一批新的上来了。旧的停下来拦住去路，说："我是赶过路程来的，我的血汗不能白流，我该歇下来舒服舒服。"新的说："你的舒服就是我的痛苦，你耽误了我的路程，"又把它挤掉，……如此，武戏接二连三的演下去，于是革命似乎永远"尚未成功"。

让曾经新过来的旧的，不要只珍惜自己的过去，多多体念别人的将来，自己腰酸腿痛，拖不动了，就赶紧让。"功成身退"，不正是光荣吗？"后生可畏，焉知来者之不如今也！"这也是古训啊!

其实青年并非永远是革命的,"青年永远是革命的"这定理,只在"老年永远是不肯让路的"这前提下才能成立。

革命也不能永远"尚未成功"。几时旧的知趣了,到时就功成身退,不致阻碍了新的发展,革命便成功了。

旧的悠悠退去,新的悠悠上来,一个跟一个,不慌不忙,哪天历史走上了演化的常轨,就不再需要变态的革命了。

但目前,我们还要用"挤"来争取"悠悠",用革命来争取演化。"悠悠"是目的,"挤"是达到目的的手段。

于是又想到变与乱的问题。变是悠悠的演化,乱是挤来挤去的革命。若要不乱挤,就只得悠悠的变。若是该变而不变,那只有挤得你变了。

子在川上,曰:"逝者如斯夫,不舍昼夜!"古训也发挥了变的原理。

智慧窗

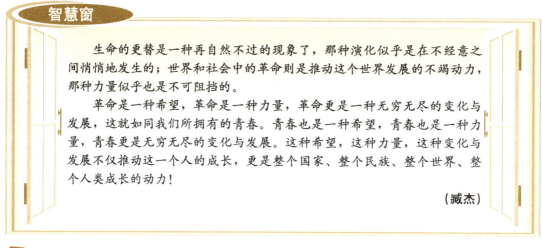

　　生命的更替是一种再自然不过的现象了,那种演化似乎是在不经意之间悄悄地发生的;世界和社会中的革命则是推动这个世界发展的不竭动力,那种力量似乎也是不可阻挡的。

　　革命是一种希望,革命是一种力量,革命更是一种无穷无尽的变化与发展,这就如同我们所拥有的青春。青春也是一种希望,青春也是一种力量,青春更是无穷无尽的变化与发展。这种希望,这种力量,这种变化与发展不仅推动这一个人的成长,更是整个国家、整个民族、整个世界、整个人类成长的动力!

(臧杰)

　阅览室

青　春

◇塞缪尔·厄尔曼

　　青春不是年华,而是心境;青春不是桃面、丹唇、柔膝,而是深沉的意志,恢宏的想象,炽热的感情;青春是生命的深泉在涌流。

　　青春气贯长虹,勇锐盖过怯弱,进取压倒苟安。如此锐气,二十后生而有之,六旬男子则更多见。年岁有加,并非垂老,理想丢弃,方堕暮年。

　　岁月悠悠,衰微只及肌肤;热忱抛却,颓废必致灵魂。忧烦,惶恐,丧失自信,定使心灵扭曲,意气如灰。

　　无论年届花甲,拟或二八芳龄,心中皆有生命之欢乐,奇迹之诱惑,孩童般天真久盛不衰。人人心中皆有一台天线,只要你从天上人间接受美好、希望、欢乐、勇气和力量的信号,你就青春永驻,风华常存。

一旦天线下降，锐气便被冰雪覆盖，玩世不恭、自暴自弃油然而生，即使年方二十，实已垂垂老矣；然则只要树起天线，捕捉乐观信号，你就有望在八十高龄告别尘寰时仍觉年轻。

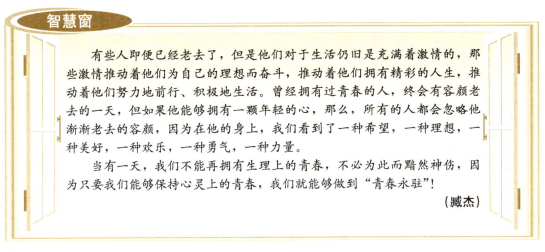

智慧窗

　　有些人即便已经老去了，但是他们对于生活仍旧是充满着激情的，那些激情推动着他们为自己的理想而奋斗，推动着他们拥有精彩的人生，推动着他们努力地前行、积极地生活。曾经拥有过青春的人，终会有容颜老去的一天，但如果他能够拥有一颗年轻的心，那么，所有的人都会忽略他渐渐老去的容颜，因为在他的身上，我们看到了一种希望，一种理想，一种美好，一种欢乐，一种勇气，一种力量。

　　当有一天，我们不能再拥有生理上的青春，不必为此而黯然神伤，因为只要我们能够保持心灵上的青春，我们就能够做到"青春永驻"！

（臧杰）

阅览室

成长的痕迹（节选）
◇席慕蓉

山百合

　　也许事情总是不一定能如人意的。可是，我总是在想，只要给我一段美好的回忆也就够了。哪怕只有一天，一个晚上，也就应该知足了。

　　很多愿望，我想要的，上苍都给了我，很快或者很慢地，我都一一地接到了。而我对青春的美的渴望，虽然好像一直没有得到，可是走着走着，回过头一看，好像又都已经过去了。有几次，当时并没能马上感觉到，可是，也很有几次，我心里猛然醒悟：原来，这就是青春！

　　那一个夏天，我快十八岁了，和大学的同学们到横贯公路去写生，住在天祥。夏日的山绿得逼人，有一个下午，我和三个男同学一时兴起，不去和别的同学写生，却什么也不带，往一座被我们端详了很多天的高山上爬去。那是一座非常清秀的山，被众山环绕，隐隐然有一种王者的气质。

　　而当我们经过一个多小时累人的攀爬，终于到了一处长满了芳草的斜坡时，天已经慢慢暗下来了。面对着眼前起伏的峰峦，身后一片挺秀斜斜地延展上去的草原，风从下面的山谷里吹上来，我们惊讶地发现，在这高山上，在这长满了荒草的高山上，竟然四处盛开着洁白的百合花。

　　而在那一刻，我心里开始感到一种缓慢的痛苦，好像有声音在我耳旁，很冷酷地告诉我：你只能有这一刹那而已。在这以前，你没料到你会有，在这之后，你会忘掉你曾有。百合花才是完完全全属于这里的，而你只不过是一个过客，必得走，必得离开。不能像百合一样，永远在这座山峦上生长、盛开。

　　黄昏时的山峦有一种温柔而又凄怆的美丽，而我心何所归属？三个男孩子躺在我身后的草坡上，大声地唱着一些流行的歌曲，荒腔走板地，一面唱一面笑。青春原该是这样快乐无忧的，而我，我为什么不能和他们一样呢？为什么却怔怔地站在这里，对这些在我眼前盛开着的山百合怀着那样一份忌妒的心思呢？

是怀着那样一份强烈的忌妒，我叫一位男同学替我采下一大把纯白的百合，我把它们紧紧地抱在怀里，带下山去。

可是，没有用，真的没有用。正如那声音所告诉我的一样，我仍然无法把握住那些逝去的时刻。而那些被我摘下的百合虽然很快地都凋谢了，可是，在我每次回想起来的时候，它们却总是依旧长在那有着淡淡的斜阳的高山上，盛开着，清纯而又洁白，在灰绿色的暮霭里，对我展现出一种永不改变和永远无法触及的美丽。

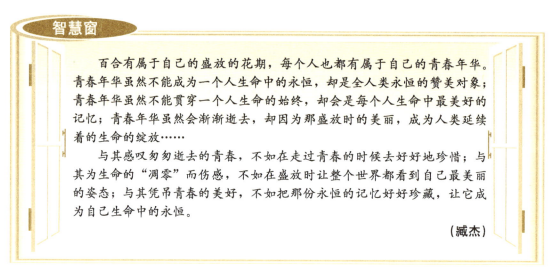

智慧窗

百合有属于自己的盛放的花期，每个人也都有属于自己的青春年华。青春年华虽然不能成为一个人生命中的永恒，却是全人类永恒的赞美对象；青春年华虽然不能贯穿一个人生命的始终，却会是每个人生命中最美好的记忆；青春年华虽然会渐渐逝去，却因为那盛放时的美丽，成为人类延续着的生命的绽放……

与其感叹匆匆逝去的青春，不如在走过青春的时候去好好地珍惜；与其为生命的"凋零"而伤感，不如在盛放时让整个世界都看到自己最美丽的姿态；与其凭吊青春的美好，不如把那份永恒的记忆好好珍藏，让它成为自己生命中的永恒。

（臧杰）

 阅览室

走过冬天，走过你自己

——致一名轻生女青年的信

◇张抗抗

小苗同志：

收到你的来信，心里一直难以平静。我知道你不需要空洞的劝说和安慰，那么怎样给你回信才能对你有哪怕一点点的用处呢？我犹豫了很久。

你初中毕业才17岁就当了兵，6年后退伍回乡，又在镇上获得了固定的工作，应该说，你的经历在你周围的同伴中间还是比较顺利的。为什么你竟然会陷于如此深切的绝望之中？即使由于某些原因你失去了工作，家庭婚姻关系也逐渐恶化，可你才29岁，究竟是什么原因，使你这样一颗年轻的心滋生了死的念头？

……

也许你会以为我是知青中的一个幸运儿，一个佼佼者，一个获得了许多同代人羡慕与企望的荣誉、名利和幸福的人。其实不然，我的父亲在我两岁时就因所谓的政治问题被开除党籍，之后调离工作。我自幼在一种家庭出身不好的沉重精神压抑下长大，初中毕业"文化大革命"开始，1969 年远别秀丽的江南家乡到北大荒一个农场劳动，在农场一待就是 8 年，其间当过农工，制过砖瓦，上山住帐篷伐树清林，下水田施肥除草，什么都干。曾经有过一个家，很快又破裂，1972 年就离了婚……后来十几年也一直再没有调回杭州父母身边去，一人漂泊在外，客居异乡。这中间还经历过失恋，经历过一个单身女人开拓事业的种种艰难。包括流言蜚语、诬陷诽谤，还经历过对自身价值的怀疑和绝望，经历过瘦弱的身体几次意外手术以及至今还在折磨我的颈椎骨质增生。尽管以这一切巨大代价换来的自尊自强和事业上微小的成绩给予我慰藉，尽管我现在有了一个真正理解我、关心我的丈夫和安逸的家庭，但面对莫测的人生，我不能说那些痛苦和遭遇已经永远地结束了。但我能感觉到，在自己羸弱的生命中，时有一种肉体的生命与精神的生命较量的激情。我总不甘心只有人才能拥有的自我意识会被那个肉体凡胎的痛苦所吞噬，我不甘心。在我看来，人生恰是这两种生命构成反复搏击的过程。我要在痛苦中成为我自己。

　　是一粒草籽还是一棵树种，在它出生到这个世界之前，它却不能为自己做出选择。我并不相信命运和这一切都是"命定"之说。但我承认这是一种先天无法选择的客观存在。从人存在之日起，这一切都已经被决定了，这是一个无可更改的自然法则，尽管它并不合理……当我们步入社会之后，我们常常会感到人与人之间的隔绝与孤独，在被不断破坏和摧残的大自然中，我们看到人的邪恶与贪婪。生命中充满了利己的本能和原始的冲动。它渺小、卑琐、丑陋不堪，我们甚至会失声叫出：人原来是这样的！中国文化历来回避人的灵魂交锋，每当人生陷入良心的骚动不安时，那种几千年遗传下来的自我调适功能便将心理底层的愤懑、幽怨一一消除清扫，表现出非凡的忍耐和平静，中国知识分子从来少

有在极度痛苦的精神崩溃后获得自我的超越。当我们身上洒满落日的余晖在雾霭中欣赏群山的瑰丽，当我们在皎洁的月光下倾听大海深沉的呼吸时，我们心头会对人生涌上一种怎样复杂的情感——难道不正是由于对生命一般意义的否定，才使我们更强烈地感觉到自己心中对于一切生命更深刻、更博大的爱和依恋？难道不正是因为爱它，我们才会如此勇敢地直面生命的消亡，寻求自我的净化和人格的升华？

　　生命诚然渺小，但它确也可以伟大；人诚然卑劣，但许多人确也向往崇高。生命在人心中是不可能被否定的，否定的只是故我，人固然在任何时候都有权利否定自己，选择结束生命的方法，但这种否定证明是你的抗争、你的自救，还是你的怯懦、你的逃遁？我想说的是，这两种否定绝不是一回事，前一种否定会使你获得新生，后一种呢？也许就将从此使你堕入永久的黑暗之中。

我是多么希望：你能活得"真实"。这种"真实"不再是自欺欺人的自我谅解和苟且偷安，而是对人生和现实的真实认识与把握。那时候痛苦不再是生命的消极的反证，而是生命的存在方式和强大的动力。

好了，写得太多了。但愿我的理解没有同你的想法南辕北辙。

祝你顺利！

张抗抗

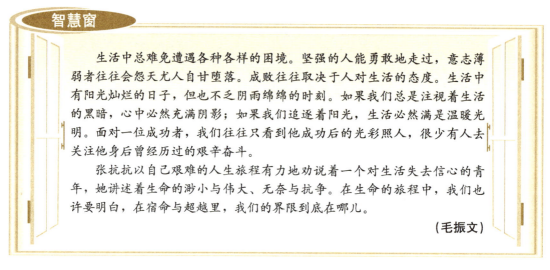

智慧窗

生活中总难免遭遇各种各样的困境。坚强的人能勇敢地走过，意志薄弱者往往会怨天尤人自甘堕落。成败往往取决于人对生活的态度。生活中有阳光灿烂的日子，但也不乏阴雨绵绵的时刻。如果我们总是注视着生活的黑暗，心中必然充满阴影；如果我们追逐着阳光，生活必然满是温暖光明。面对一位成功者，我们往往只看到他成功后的光彩照人，很少有人去关注他身后曾经历过的艰辛奋斗。

张抗抗以自己艰难的人生旅程有力地劝说着一个对生活失去信心的青年，她讲述着生命的渺小与伟大、无奈与抗争。在生命的旅程中，我们也许要明白，在宿命与超越里，我们的界限到底在哪儿。

(毛振文)

阅览室

青春（节选）

◇苏雪林

春光如海，古人的比喻多妙，多恰当。只有海，才可以形容出春的饱和，春的浩瀚，春的磅礴洋溢，春的澎湃如潮的活力与生意。

春在工作，忙碌地工作，它要预备夏的壮盛，秋的丰饶，冬的休息，不工作又怎么办？但春一面在工作，一面也在游戏，春是快乐的。

春不像夏的沉郁，秋的肃穆，冬的死寂，他是一味活泼，一味热狂，一味生长与发展，春是年青的。

当一个十四五岁或十七八岁的健美青年向你走来，先有股爽朗新鲜之气迎面而至，正如睡过一夜之后，打开窗户，冷峭的晓风给你带来的那一股沁心的微凉和茏葱的佳色。他给你的印象是爽直、纯洁、豪华、富丽。他是初升的太阳，他是才发源的长河，他是能燃烧世界也能燃烧自己的一团烈火。他是目射神光，长啸生风的初下山时的乳虎，他是奋鬣扬蹄，控制不住的新驹。他也是热情的化身，幻想的泉源，野心的出发点。他是无穷的无穷。他是希望的希望。呵！青年，可爱的青年，可羡慕的青年！

青年是透明的，身与心都是透明的。嫩而薄的皮肤之下，好像可以看出鲜红血液的运行，这就形成他或她容颜之春花的娇，朝霞的艳。所谓"吹弹得破"的，的确叫人有这样的担心。忘记那一位西洋作家有"水晶的笑"的话，一位年轻女郎嫣然微笑时，那二泓明亮的秋波，那两行粲然如玉的牙齿，那唇角边两颗轻圆的笑涡，你能否认这"水晶的笑"四字的意义么？

青年是永远清洁的，为了爱整齐的观念特强，青年对于身体，当然时时拂拭，刻刻注意。然而青年身体里似乎天然有一种排除尘垢的力，正像天鹅羽毛之洁白，并非由于洗濯而来。又似乎古印度人想象中三十二天的天人，自然鲜洁如出水莲花，一尘不染。等到头上华萎，五官垢出，腋下汗流，身上那件光华夺目的宝衣也积了灰尘时，他的寿命就快告终了。

青年最富于爱美心，衣履的讲究，头发颜脸的涂泽，每天费许多光阴在镜里的徘徊顾影，追逐银幕和时装铺新奇的服装的热心，往往叫我们难以了解；或成了可怜悯的嘲讽。无论如何贫寒的家庭，若有一点颜色，定然聚集于女郎身上。这就是碧玉虽出自小家，而仍然不失其为碧玉的秘密。

青年是没有年龄高下之别的，也永远没有丑的，除非是真正的嫫母和戚施。记得我在中学读书时，眼中所见那群同学，不但大有美丑之分，而且竟有老少之别。凡那些皮肤略为粗黑，眉目略为庸蠢，身材略为高大，举止略为矜壮些者，总觉得她们生得太"出老"一点，猜测她们年龄时，总会将它提高若干岁。至于二十七八或三十一二的人——当时文风初开的内地学生是确有这样年龄——在我们这些比较年轻的一群看来，竟是不折不扣的"老太婆"了。这样的"老太婆"还出来念什么书，活现世！轻薄的同学的口角边，往往会露出了这样的嘲笑。现在我看青年的眼光竟和以前大大不同了，妍妍胖瘦，当然分辨得出，而什么"出老"的感觉，却已消灭于乌有之乡，无论他或她容貌如何，既然是青年，就要还他一份美，所谓"青春的美"。挺拔的身躯，轻矫的步履，通红的双颊，闪着青春之焰的眼睛，每个青年都差不多。从飞机上望大地，山陵原野都一样平铺着，没有多少高下隆洼之别，现在我对于青年也许是坐着飞机而下望吧？哈，坐着年龄的飞机！

智慧窗

青春的美好是赞美不尽的，似乎任何美好的辞藻都不能完全把青春之美写尽；青春的希望是世代相传的，在每一个拥有青春的生命身上，我们都可以看到无穷无尽的希望；青春的激情是取之不尽、用之不竭的，就如同四季轮回中的春天，激荡、感动着我们的心灵。

青春最重要的不是拥有了美丽的容颜、曼妙的身姿，而是拥有着一种年轻的心态。这种心态，才是最值得赞美的；这种心态，才能够带给我们无尽的希望；这种心态，才是激情的源泉；这种心态，才是真正能够激荡我们心灵的力量。所以，青春之美，美在心灵，美在我们拥有一颗充满希望、充满激情、充满理想的心！

(臧杰)

青春应当是鲜红的

　　青春是热血挥洒，像野马一样的感情，这是内在的动力；青春是敢作敢为，为了民族的明天四处奔走，这是外显的活力；青春是激情飞扬，用五彩涂画祖国的天空，这是未来的力量；青春是鲜红的记忆，为跨入成年积淀丰厚的思索，这是最深的关切。

　　我们吟唱前人的脚步，我们定位自己的星座，我们承前启后，接力棒在我们手中传递出时代的速度和力量，我们无愧于青春二字，我们将谱写新的诗篇，我们正在路上。

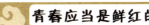

记念刘和珍君

◇鲁 迅

一

中华民国十五年三月二十五日，就是国立北京女子师范大学为十八日在段祺瑞执政府前遇害的刘和珍杨德群两君开追悼会的那一天，我独在礼堂外徘徊，遇见程君，前来问我道，"先生可曾为刘和珍写了一点什么没有？"我说"没有"。她就正告我，"先生还是写一点罢；刘和珍生前就很爱看先生的文章。"

这是我知道的，凡我所编辑的期刊，大概是因为往往有始无终之故罢，销行一向就甚为寥落，然而在这样的生活艰难中，毅然预定了《莽原》全年的就有她。我也早觉得有写一点东西的必要了，这虽然于死者毫不相干，但在生者，却大抵只能如此而已。倘使我能够相信真有所谓"在天之灵"，那自然可以得到更大的安慰，——但是，现在，却只能如此而已。

可是我实在无话可说。我只觉得所住的并非人间。四十多个青年的血，洋溢在我的周围，使我艰于呼吸视听，那里还能有什么言语？长歌当哭，是必须在痛定之后的。而此后几个所谓学者文人的阴险的论调，尤使我觉得悲哀。我已经出离愤怒了。我将深味这非人间的浓黑的悲凉；以我的最大哀痛显示于非人间，使它们快意于我的苦痛，就将这作为后死者的菲薄的祭品，奉献于逝者的灵前。

二

真的猛士，敢于直面惨淡的人生，敢于正视淋漓的鲜血。这是怎样的哀痛者和幸福者？然而造化又常常为庸人设计，以时间的流驶，来洗涤旧迹，仅使留下淡红的血色和微漠的悲哀。在这淡红的血色和微漠的悲哀中，又给人暂得偷生，维持着这似人非人的世界。我不知道这样的世界何时是一个尽头！

我们还在这样的世上活着；我也早觉得有写一点东西的必要了。离三月十八日也已有两星期，忘却的救主快要降临了罢，我正有写一点东西的必要了。

三

在四十余被害的青年之中，刘和珍君是我的学生。学生云者，我向来这样想，这样说，现在却觉得有些踌躇了，我应该对她奉献我的悲哀与尊敬。她不是"苟活到现在的我"的学生，是为了中国而死的中国的青年。

她的姓名第一次为我所见，是在去年夏初杨荫榆女士做女子师范大学校长，开除校中六个学生自治会职员的时候。其中的一个就是她；但是我不认识。直到后来，也许已经是刘百昭率领男女武将，强拖出校之后了，才有人指着一个学生告诉我，说：这就是刘和珍。其时我才能将姓名和实体联合起来，心中却暗自诧异。我平素想，能够不为势利所屈，反抗一广有羽翼的校长的学生，无论如何，总该是有些桀骜锋利的，但她却常常微笑着，态度很温和。待到偏安于宗帽胡同，赁屋授课之后，她才始来听我的讲义，于是见面的回数就较多了，也还是始终微笑着，态度很温和。待到学校恢复旧观，往日的教职员以为责任已尽，准备陆续引退的时候，我才见她虑及母校前途，黯然至于泣下。此后似乎就不相见。总之，在我的记忆上，那一次就是永别了。

四

我在十八日早晨，才知道上午有群众向执政府请愿的事；下午便得到噩耗，说卫队居然开枪，死伤至数百人，而刘和珍君即在遇害者之列。但我对于这些传说，竟至于颇为怀疑。我向来是不惮以最坏的恶意，来推测中国人的，然而我还不料，也不信竟会下劣凶残到这地步。况且始终微笑着的和蔼的刘和珍君，更何至于无端在府门前喋血呢？

然而即日证明是事实了，作证的便是她自己的尸骸。还有一具，是杨德群君的。而且又证明着这不但是杀害，简直是虐杀，因为身体上还有棍棒的伤痕。

但段政府就有令，说她们是"暴徒"！

但接着就有流言，说她们是受人利用的。

惨象，已使我目不忍视了；流言，尤使我耳不忍闻。我还有什么话可说呢？我懂得衰亡民族之所以默无声息的缘由了。沉默呵，沉默呵！不在沉默中爆发，就在沉默中灭亡。

五

但是，我还有要说的话。

我没有亲见；听说她，刘和珍君，那时是欣然前往的。自然，请愿而已，稍有人心者，谁也不会料到有这样的罗网。但竟在执政府前中弹了，从背部入，斜穿心肺，已是致命的创伤，只是没有便死。同去的张静淑君想扶起她，中了四弹，其一是手枪，立仆；同去的杨德群君又想去扶起她，也被击，弹从左肩入，穿胸偏右出，也立仆。但她还能坐起来，一个兵在她头部及胸部猛击两棍，于是死掉了。

始终微笑的和蔼的刘和珍君确是死掉了，这是真的，有她自己的尸骸为证；沉勇而友爱的杨德群君也死掉了，有她自己的尸骸为证；只有一样沉勇而友爱的张静淑君还在医院里呻吟。当三个女子从容地转辗于文明人所发明的枪弹的攒射中的时候，这是怎样一个惊心动魄的伟大呵！中国军人的屠戮妇婴的伟绩，八国联军的惩创学生的武功，不幸全被这几缕血痕抹杀了。

但是中外的杀人者却居然昂起头来，不知道个个脸上有着血污……

六

时间永是流驶，街市依旧太平，有限的几个生命，在中国是不算什么的，至多，不过供无恶意的闲人以饭后的谈资，或者给有恶意的闲人作"流言"的种子。至于此外的深的意义，我总觉得很寥寥，因为这实在不过是徒手的请愿。人类的血战前行的历史，正如煤的形成，当时用大量的木材，结果却只是一小块，但请愿是不在其中的，更何况是徒手。

然而既然有了血痕，当然不觉要扩大。至少，也当浸渍了亲族，师友，爱人的心，纵使时光流驶，洗成绯红，也会在微漠的悲哀中永存微笑的和蔼的旧影。陶潜说过，"亲戚或余悲，他人亦已歌，死去何所道，托体同山阿。"倘能如此，这也就够了。

七

我已经说过：我向来是不惮以最坏的恶意来推测中国人的。但这回却很有几点出于我的意外。一是当局者竟会这样地凶残，一是流言家竟至如此之下劣，一是中国的女性临难竟能如是之从容。

我目睹中国女子的办事，是始于去年的，虽然是少数，但看那干练坚决，百折不回的气概，曾经屡次为之感叹。至于这一回在弹雨中互相救助，虽殒身不恤的事实，则更足为中国女子的勇毅，虽遭阴谋秘计，压抑至数千年，而终于没有消亡的明证了。倘要寻求这一次死伤者对于将来的意义，意义就在此罢。

苟活者在淡红的血色中，会依稀看见微茫的希望；真的猛士，将更奋然而前行。

呜呼，我说不出话，但以此记念刘和珍君！

四月一日

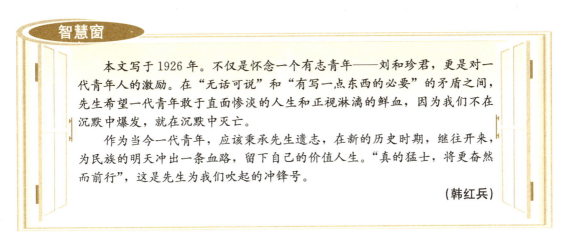

智慧窗

本文写于1926年。不仅是怀念一个有志青年——刘和珍君，更是对一代青年人的激励。在"无话可说"和"有写一点东西的必要"的矛盾之间，先生希望一代青年敢于直面惨淡的人生和正视淋漓的鲜血，因为我们不在沉默中爆发，就在沉默中灭亡。

作为当今一代青年，应该秉承先生遗志，在新的历史时期，继往开来，为民族的明天冲出一条血路，留下自己的价值人生。"真的猛士，将更奋然而前行"，这是先生为我们吹起的冲锋号。

（韩红兵）

阅览室

感情的野马

◇臧克家

在济南，中学时代的四年间，真是伟大的四年！从潮流方面说，正是轰轰烈烈的"狂飙时代"，就个人方面说，青春之火正炽，革命与恋爱像两条鞭子，抽打着感情的野马狂烈地奔驰。那正当"五卅"前后，革命的火把到处燃烧着，而且在急速地传递着，每个青年都预备以鲜血与狂欢迎接光明的未来。心，被摇撼着似的日夜得不到平定。

黎明到来之前，黑暗特别浓重一阵。为了镇压人们的精神，抱着张宗昌"大令"的卫戍队在马路上来回地巡游，他们的威风飘在头前的大旗上，响在皮鞋底下，亮在大刀的冷光中。仿佛在向革命示威："不怕死的家伙们，来吧！"

张宗昌做了大学校长，各学校添了经书，国文先生差不多是才从古墓里拉起来的僵尸。同时，死过几千年的"幽灵"，重新写在牌位上，除了叫人向它们作揖叩头之外，还得叫你信仰它，把你的活身子借给它来"还魂"！

反动者的反动力，促革命者向前跑得更快，使不革命的也革起命来。

我们的学校——省立"一师"，因为校长是一位头脑新颖的老青年，所以这块土地最适宜于新生力量的滋生、繁衍。大部分同学都是好的，尤其是我们"后期一班"，像有谁在暗中命令着一样，步子向着"前路"，走得那么齐一！功课好，生气勃勃，声誉很响。班里一共有四十个人，在这四十个人中你找不到一个"白丁"，各人都有他自己的"色彩"。下了课以后，各人忙着去干自己更重要的"功课"——有些人跑进工厂去了，有些人到大门边给民众讲演去了，有些人开会去了。

张宗昌捕捉革命的网孔，是太大了一点，不，革命就无法捕捉，你的"严密"不过是迫使对手"更严密",加速发展,如是而已。不见天日的思想却有着惊人的繁殖力,因为"秘密"就是最大的吸引力。

我,在夜里也被引到教室的黑海里去开会,因为我也参加了"革命"。叽叽喳喳在黑影里交谈着,议决着,心,还在警戒着。然而这在黑暗中的悄然的议决,明天就拿它到光天化日之下去发光炸响。老实说,我那时参加革命,出发于热情,诗的幻想,和憎恨黑暗(它窒息得让人不能自由呼吸),向光明的心,多过理论的认识与理智的指引。不怕丢人,我可以坦白地说:黑夜里到教室去开会的次数,还不如同几个"知心"到那里面去抱头啜泣的次数多。那时候确有许多苦闷,烦恼,有名的,无名的,时代给予的,环境给予的,青春给予的,诗给予的。然而,多数的"同志"们却很健强,行动、思想,甚至走起路来的步子。他们有的也写诗填词,每首上面都有"长剑",有"头颅",有"起舞鸡",有"祖逖鞭",还有狂歌当哭,慷慨激昂,不可一世的那一股令人奋发的气势。他们的才华、抱负、生命的光辉,是惊人的、晶亮的、可敬的!

反动的黑暗的势力,教给我们怎样战斗;同时,有一座神秘的文化宝库,灯塔似的,太阳似的,给了我们光与热,指点与慰安。它,便是我们一部分同志负责的"书报介绍社"。大家以进仙山采宝的心情走进那两间小屋子里去,案头上陈列的放光的瑰宝:三民主义,以及政治的、经济的,特别是文艺的书籍杂志,那么多,那么全,从上海来的,从北平来的,从一些神秘的地方来的。

那时候,不管你穿的是布袜子,老土鞋,自己洗衣裳,然而,《创造》《洪水》《语丝》《沉钟》……每人总有一份,我的更多,杂志之外,新书有好些,特别是诗集。

那时候,心里有一种说不出的感情,苦恼着我,使我有时激昂,有时沉沦,有时笑,有时又想大哭一场才好。这感情其实也是有名的:矛盾与诗的浪潮。

时常同两三个朋友(祝福他们在"天上"的灵魂!)登上千佛山顶,让秋风吹撒开我们的头发,高歌狂吟,像立在理想国里,向不醒的人间吹送我们诗的"预言"。

我们到大明湖去荡小船的时候更多。四毛钱一点钟,船夫是我们的傀儡,叫他撑到哪里,他就撑到哪里。一群游人都往返在"四面荷花三面柳,一城山色半城湖"的历下亭或者铁公祠的那一条"公式"路线上,而我们却叫我们的船夫,把它撑向芦苇深处,到没有灯光,没有人影,没有市声的幽冷孤僻的地方去,把小船找一棵老树系住。一停就是半夜或是一整夜。秋风秋雨也赶不走我们,反而增加了我们的诗兴。只有披一领蓑衣的船夫蹲在船舱里小声抱怨。我们有酒,有诗,有高的嗓子,和压倒秋凉的热情。深夜里,只有天上的星是亮的,酒把人灌醉了,人,失掉了自己。突然一声狂吟,稳睡的野鸟,带着梦扑啦一声惊飞了。谁把头插到水里去了,借着漂在水皮上的头发把他抓上来,他呕了,呕的不是酒,是血!是积压在心头的淤塞物!

在大时代的前夜,在新旧的交点上,我们这样苦闷,兴奋,成长着自己,也毁灭着自己。

这时候,我写下了不少的诗篇,因为这时候最不缺乏的是热情,是多感(有时候是"自造"的),是幻想,是革命,是爱情,是一个五光十色的梦。

我写得多,全凭我的大胆!我写得快,因为我事前既不作绸缪的苦思,事后又不下功夫删改。"灵感"是我的唯一法宝,它一动声色,我就在纸上"走笔"。我觉得写诗并不难,因为还不够知道它难的资格!

写了诗不能只让自己看,得到处去找"知音",听的人仅仅不好掩上耳朵,然而口里却一声又一声的"好!"如是,一传十,十传百,声名在外了,谁见了第一句先问"近来新作多吗?"从此,同学们再也不叫我的名字,代以两个字:"诗人!"

上课变成了例行公事,特别是上"国文"。谁愿意把自己的大好时光去坐在冷板凳上,听一位死了没埋的老家伙口吃地念着"孟子,邹,邹……人也……"呢。特别是上"作文",那简直是制造笑料,每个人在卷子上显自己滑稽的创作天才,我在上面写上一首新诗,叫连白话文都看了摇头的先生去咀味，就老早交卷下班读诗去了。

另一位教国文的"杨老夫子"，古今中外他得算"吝啬第一人"，放着明亮的电灯不要，为了向学校多揩点煤油好自己做饭；叫校役去买一个铜子的咸菜，说明要包两包；太太千恩万求地得到允许做了一件竹布褂子，秋天到了，她冷，向他恳求一件夹衣，他的脸子立刻严肃起来："穿着竹布衣裳还说冷？"有一次他从家里回到学校里来，带了一束行李，下了火车叫洋车，及至洋车夫讨了价钱时，他认真地放下行李："好，这样价钱，我来拉你！"

亲爱的读者，以为在读《笑林广记》或《今古奇观》吗？不，你在读一篇忠实的"报告"。

这位"杨老夫子"上了课堂一有机会就骂白话文——尤其是白话诗（如今，还到处活现着他的"幽灵"呵）！他叫白话诗是"贫话溜子"，他说这样的"诗"，他一天可以"诌"他一万首。他说："我不是在吹牛，当场来试验。"听他拉长了要人性命的腔调"诌""贫话溜子"白话诗了：

鹊华桥上望望，
大明湖上逛逛，
掉下去湿了衣裳
拾起来晾晾。

"好不好？"

"好！"一堂人拍手大笑。他很得意地再来上这么一首：

下大雨，
刮大风，
草木为之大鞠躬，
头不敢抬，
眼不敢睁，
耽误了我进城办事情。

又是一阵狂笑，声音比前一次更高。"再来一首！再来一首！"同学们以看猴子上树的心来赏鉴我们的"杨老夫子"。

这个时期新诗读得很多。穆木天，冯至，韦丛芜，我的眼光常在他们的诗行间游泳。然而一个撼动了我整个灵魂的却是郭沫若先生。他的创作，翻译，我饥渴似地吞咽下去，它像一股动力，一道热流，一阵春风。

北冰洋，
北冰洋，
有多少冒险的灵魂
死在了你的心上！
她的手，我的手，
已经接触久；
她的口，我的口，
几时才能够？

这是《瓶》里的句子，在心上，一直留到十九年后的今日。

"……死后呵，
死后只合我独葬荒丘。"

这些诗句，给了我当年的诗心以多么深切的沉郁忧伤之感呵。

有一个长的时间，我的生命的脉搏跳动在郭先生的字里行间。我崇拜他像崇拜一尊神。我从一本杂志上剪下他的一张照片来贴在自己的案头上，上面题着以下的字句：

"沫若先生，我祝你永远不死！"

这一时期，可以说是"模仿时期"，彻底一点，应该说是皮毛的依样画葫芦的"吞剥时期"。

读了别人的诗篇，仿佛那里边涵育着的感情原来我心上就存在着一样，立刻就兴奋起来，也想以同样的内容自制一篇。读了木天先生《落花》诗中的："落花，落花，落花"，自己"创作"的时候，也就尽量用了反复的字句，也不管它在情节上，韵律上，必要不必要。模仿，在刚踏上习作初步的阶梯时，是无可非议而且有时还是必不可免的甚至是必需的，有益的。世界文学史上有多少独放异彩的"星斗"，在最初的时候，往往借了前人的光辉来照耀自己，好似月亮借了太阳的光辉一样。在形式上，表现手法上，甚至于整个风格上，就个人所最喜爱（有时是"偏爱"）所崇拜的，去仿拟他；在材料上，有时同样的故事被复写着，仿造着，而两个东西，都能以自己的价值在史页上放光，这样的例子用不到单个去举，因为那显得太啰唆了。

应该是这样：模仿，不能叫自己落在别人的套子里去，不能叫别人的阴影，淹没了自己。模仿，我自己应该是主人，别人是供我采用的对象。好比小学生初学习字，先照着"格子"描红。第二步，再摹各家的"碑帖"，学王，学苏，学米，学赵，那全凭你的爱好。但结果你必须从各家之中写出一个"自己"来。

在诗，情形也不两样。

可悲的是，那时候跟在别人的后边跑，却把我自己失掉了。

反动的压力越来越重！搜查，按着名单要人，军队半夜里要来包围学校……这一些，由耸听的谣传变成事实了。我们，半夜三更，挖开地板把所有带白话标点的书全部塞下去，用脚踩一踩，仿佛踩自己的心一样痛！信件，笔记，仓皇中付给一把火，心，火一样地燃烧！重要一点的人，这时候早已跳过墙头了。被捕了去的，并不是情节很重大的。

过了不久，城门上，大街上，堂皇的大布告宣传着恐怖，某某工厂里的工人因犯某某嫌疑"处死刑"，在死者的罪状的描写中，我最小的一位同班的大名就列在当中，他是煽动者，介绍人。

压力把我仇恨的心磨锐了。恰巧，郭先生的一篇新的文艺理论——《文学与革命》，落到我的眼底来了。他给了我力量和希望。于是，投出"此信达时，孙已成万里外人矣"的一封豪语满纸的家书，我便同几个朋友像候鸟似地从寒冷中飞向了自由与温暖的江南。

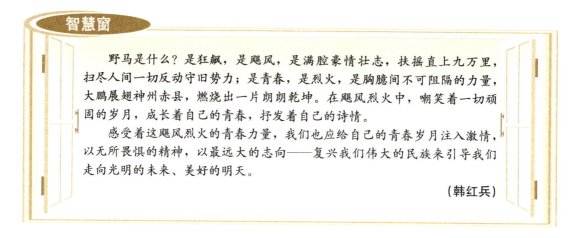

智慧窗

　　野马是什么？是狂飙，是飓风，是满腔豪情壮志，扶摇直上九万里，扫尽人间一切反动守旧势力；是青春，是烈火，是胸臆间不可阻隔的力量，大鹏展翅神州赤县，燃烧出一片朗朗乾坤。在飓风烈火中，嘲笑着一切顽固的岁月，成长着自己的青春，抒发着自己的诗情。

　　感受着这飓风烈火的青春力量，我们也应给自己的青春岁月注入激情，以无所畏惧的精神，以最远大的志向——复兴我们伟大的民族来引导我们走向光明的未来、美好的明天。

（韩红兵）

当兵去！

◇谢冰莹

我至死也忘不了我的二哥，能够去当兵，可以说大部分那是他的力量促成的。

1926年的暑假，我陪他在岳麓山的道乡祠养肺病，那时我的脑海中还深深地印着那个影子的笑容，我的精神很颓废，整天都不想说一句话，只是看着《牡丹亭》《燕子笺》《西厢记》《琵琶记》……一类的无聊书；二哥非常生气。有一天，他居然写了一封信告诉父亲，而且当面大大地骂了我一顿，有几句话，至今还刻在我的脑膜上：

"女人，真没有用！时代的钟响了，你还在梦里睡着打鼾。这些才子佳人，千篇一律的风流故事，早就应该抛弃不看的；你是个觉悟了的女性，又极喜欢新文学，为什么不读革命的作品呢？"

他开始给我看关于新文艺方面的书。当我对这些书发生了兴趣的时候，那个影子便在我的脑海里，慢慢地淡了下来。我常常写些山居小品在三哥主编的《通俗日报》上发表，有时他替我修改几个字；有时一字不动。二哥说我的文章一篇比一篇进步，我真高兴极了。

是报名投考军校的先天早晨，我和三哥在明德中学的宿舍里讨论我可不可以去当兵的问题。

"我反对她去，军队中的生活是枯燥的、机械的，每天只知道'立正'、'稍息'，绝对服从，她的脑筋将来也会变得简单而且迟钝。当兵，对于一个有文艺天才的人是不适宜的；何况她的身体也许受不了那种苦。"

这是三哥的主张。

"你的见解完全是错误的，她如果想要写出有血有力，不平凡的作品，那就非经过一些不平凡的生活不可！去当兵，正是锻炼她的体格，培养她的思想，供给她文章材料的好机会，这对于她，绝对只有益而无害的！"

自然，二哥的见解是对的，三哥只得放弃他的主张不和我们争论了。

至于我自己，那更不要说了，即使他们都反对，我也要去的！因为这年的冬天，母亲要强迫我出嫁，要想逃脱这个难关，就非离开长沙不可！但是往何处去呢？一个未满二十岁的孩子，身无半文，带着一颗从小就受了创伤的心，能往何处去呢？

这一点，二哥是特别同情我的，他因为自己受包办婚姻的痛苦太深，所以他极力怂恿我去当兵，他说：

"这是唯一解放你自己的路，只有参加革命，婚姻问题和你未来的出路问题，才有办法。"

我相信，那时女同学去当兵的动机，十有八九是为了想脱离封建家庭的压迫，和找寻自己出路的；可是等到穿上军服，拿着枪杆，思想又不同了，那时谁不以完成国民革命，建立富强的中国的担子，放在自己的肩上呢？

女同学们，谁都瞒着家庭，瞒着学校，偷偷地去投考军校；录取了的，那种眉飞色舞，得意洋洋的喜态，真是不能以言语形容。

还记得是一个大雨倾盆的下午，我们250名勇敢的男女青年，集合在长沙的东火车站候车出发，有许多来送行的老太太，以及年轻的姑娘们，她们都用手帕偷偷地擦着眼泪；只有我们一点也不难受。小胖子树蓉说："你们不该哭的，应该鼓励我们去冲锋杀敌！"

那时，想不到有个青年，淋着大雨，气喘喘地跑来送给我一封厚厚的粉红色的信，他是《火花》的编者，一个认识不久的友人。很对不起他，一直到了武昌，我都没有打开这封信；自从我下决心要在脑海中消灭那个影子的那天起，无论谁献给我的热情，我都要用冰水泼熄它的。

我们五十个女同学，挤在一个车厢里，没有坐的地方，大家像逃难的人一般，用箱子铺盖放在底下当做座位。车厢是关马装货的，所以除了两扇铁门外，连一个小窗都没有，大家被黑暗笼罩得太难受了，于是就放开嗓子高声唱起歌来。

我们的歌声一发，男同学也接着唱。热闹呵，我们要庆祝新生命的开始，要庆祝光明灿烂的前途！每个人都像疯了似地在狂笑，在高歌，在跳跃……

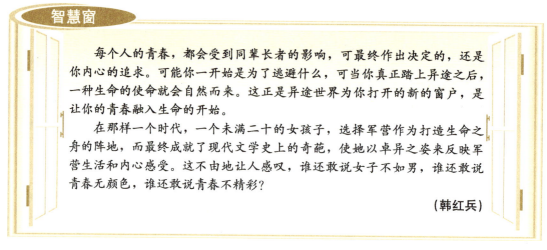

智慧窗

每个人的青春，都会受到同辈长者的影响，可最终作出决定的，还是你内心的追求。可能你一开始是为了逃避什么，可当你真正踏上异途之后，一种生命的使命就会自然而来。这正是异途世界为你打开的新的窗户，是让你的青春融入生命的开始。

在那样一个时代，一个未满二十的女孩子，选择军营作为打造生命之舟的阵地，而最终成就了现代文学史上的奇葩，使她以卓异之姿来反映军营生活和内心感受。这不由地让人感叹，谁还敢说女子不如男，谁还敢说青春无颜色，谁还敢说青春不精彩？

（韩红兵）

阅览室

小战士站在杨树下

◇陈丹燕

军营里种着一些高大的杨树，杨树叶子在不能感觉到的风里忽闪，《圣经》上说，因为钉耶稣的十字架是用杨树干做的，所以杨树总是不停地疼得哆嗦。

那些为耶稣而哆嗦的绿叶子下，年轻的小战士在打篮球。他们是我从没有想到过的年轻，脸上还残留着青春期中那种憨胖和莽撞。那样的男孩子年轻的脸，后来我在岗巴的哨所上看到过了，在塔克逊看到过了，在尼木兵站的大通铺上看到过了。我没有想到那冰雪漫天的边防哨卡上，是这样娃娃脸的列兵们在守着。

杨树下的小兵举着一小团纸给我："我写的，给你。"

是从日记本上撕下来的纸，我匆匆看了一眼，上面写着"人是万物之灵长"，那是文艺复兴时代赞美人的名言。

"哪怕是投入我们的生命，也要在所不惜，这样的生活才有激情，才有力量。"这是他自己写的格言，那是十六、十七岁的人的爱好。

拉萨傍晚明澄的天光将杨树叶子照得亮晶晶的，即使没有风吹过，它们也总是在微微哆嗦，闪烁着许多细小的明亮的绿色。西藏的兵大多从四川和贵州贫困的农村来，十六岁，十七岁，带着一团建功立业的孩子气，千里迢迢出来当兵了。这孩子也来自农村，在乡野长大，也是怀着对自己一生的期待和激情来当兵的吧。

我接过他递来的那团纸，他的作品。

这样的情形我经历过许多次，有时是一个文学青年想要得到指点，有时是读者想要和我成朋友，有时是自己很可心的作品，想要找家杂志发表。

我说："好，我会看的。"

他向我敬了个礼，转身就往篮球场跑。

我叫住他，我说："留下你的名字和地址吧，我看完和你联系。"

他停下来，挥挥手，说："不用，你看看我写的，就行了。"

傍晚时分，我站在山顶上，稀稀落落的晚风来得有急有缓，有紧有慢，并且不时地在我的两耳旁奏出仿佛大提琴那种低沉、哀怨的调子。循着凉爽的晚风，视野变的（得）逐渐开阔，并且飞快的（地）掠过青灰石的山脊、森林，久久的（地）静止在那轮即将坠入深谷的夕阳上。那些边上遥远的青云翻腾着细浪，从深不可测的天边跳跃着要攀登那已被金色笼罩的云峰。奋力，或者我，包括我的思想，也在飞升上浪尖，但是不久又复坠入谷底，我在忍受生命极限时的苦楚。希腊神话里的西绪弗斯受到宙斯的惩罚，日复一日推石上山，升而复坠，坠而复升，他想让勇士的心灵在不断的打击中走向毁灭。但是勇敢的人们不屈的意志赢得了自由。我无所畏惧，我的最大的最终的敌人是我自己，只要我多坚持一分钟，离成功就迫近了一分钟。苦难只是虚设的幻境，就像眼前黑暗迫近，只要我的心灵是光，只要我的眼睛有希望，我坦然地对视着夕阳收敛了最后一抹余晕，青黛色的山脊起伏地仁立在脚下，不远处的村庄被黄昏的炊烟（笼罩），飘渺得像一位深沉的少女，洁白的飘带，沉思的眼睛，猫头鹰的叫声回响在空谷中，晚风中流动着一种充满生命气息的小夜曲。

十月初一午搁笔

这就是小工兵的一篇作品。

傍晚站在杨树下的那个小战士。

欢乐吧

✳ 美与脸蛋无关

◇彭华毅

　　一位离开乐平十余年的诗友来我处玩，闲聊之中开玩笑说："乐平这些年变化太大了，简直翻天覆地，尤其是乐平的女人变得优雅、美丽和时尚了，想不到那韩流日风也吹到了咱革命老区。"我说："当然当然，这才叫紧跟潮流与时俱进嘛。"

　　朋友的话虽是玩笑，可仔细一品味觉得是有道理的。现在无论是繁华整洁的珠海路，还是霓虹灯闪亮的步行街，无论是装潢入时的酒吧茶座还是音乐悠扬的卡拉OK厅，那些来来往往进进出出的女人们，你左看右看前看后看，看来看去，总觉得像王朔说的看上去很美，而这种很美并不像西施、黛玉在于脸蛋，而是一种说不出的韵味，一种说不出的秀色，抑或风月般古典，抑或诱人的前卫，把这个现代的乐平小城装扮得满眼红粉、落英遍地。

　　如果将记忆退到几十年前，那时的女人在泪阳这块江南山水画框里，充其量是一堆灰色的陪衬：灰色的发型、灰色的皮肤、灰色的衣着打扮，即使偶尔有几朵脸蛋俊俏的春花闪烁，也由于灰色的贫穷所造成她们灰色的女儿性情，从而与美色擦肩而过，而留下"浑水出芙蓉，天然难雕饰"的一声叹息而已。

　　而如今当我在乐平一家婚纱影楼欣赏一位乐平女人写真集时，问老板，这美人儿多大？他说她小孩都已读初中了。那一刻她的美与年龄的错位显然超出了我的想象，我还以为这是个十八九岁的姑娘呢。可见美啊！岁月不是距离，贫穷和封闭才是迫切需要浇灌的枯水季节的田地。

　　乐平的繁荣跟女人饱满的钱袋难分难舍。当女人自发自觉地去和美容美发厅、时装店、书报杂志店、护肤化妆品店做亲密接触的时候，美女就离我们不远，甚至她就无时无刻不飘落在你身边。有了美女荡漾的城市，城市就会滋生出许多美丽动听的故事，有故事的城市才有活力有动感，有流不尽的风花雪月，有数不完的欢乐时光。

　　因为美女多了，乐平才富有才迷人。也许你无暇顾及，也许你正在感叹，美女全跑到电视电影里去了，那是你的一种错觉。如果在某个假日你正悠闲地踱着步，不妨把眼睛睁大，一路觅去，你肯定会惊讶：忽如一夜春风来，千树万树玫瑰开——乐平的美女。

悦客群

含月弯弯：

　　"仓廪实而知礼节。"人们富足了，也就更注重对美的追求。美女靓哥，何尝不是城市的一道独特风景。对美的追求从来没有错误，它既是一种自由，也是个性的张扬。曾几何时，中国的大地上，清一色的大绿、大蓝、大黑、大白，如同那个年代。人们的穿衣打扮，带着鲜明的社会政治经济色彩。随着社会的开放程度的不断深化，中国人的衣着打扮也越来越个性化。色彩斑斓是世界的本来面目，越来越美是人们的美好追求。

青春应当是鲜红的

◇杨　沫

　　四十五年，在人类历史的长河中不过倏忽一瞬，然而它在个人的一生中，却又是漫长、曲折——万花筒般的繁复、多变、绚丽、跌宕……有的青年在悲伤、惆怅中潦倒一生；有的青春的生命焕发出动人的光彩。

　　永生不会忘记的四十五年前，那时我还年轻，目睹了国亡无日的惨景，目睹了旧社会的黑暗、冷酷；更深切地体会了知识分子的苦闷、彷徨、没有出路的痛苦。那个时期多少青年都在忧心如焚地探索："中国向何处去？""中华民族还有不受侵略、独立富强的日子吗？""人——青年人，应当怎样度过他的一生呢？……"怀着这些疑问，我痛苦地探索着；我的许多年轻朋友——有头脑、有知识的朋友也痛苦地探索着。就在这时，轰轰烈烈的"一二·九"学生运动爆发了！这一运动，以青年学生冲上北平街头，在滴水成冰的严寒中和国民党军警的大刀水龙英勇搏斗，从而激励了千百万爱国者的心，吹响了民族解放的号角而载入史册。这一运动的伟大意义更在于：它唤醒了千万颗苦闷、彷徨的心；它像驰过长空的闪电，它像一场熊熊燃烧的烈火，它给无数寻找出路的青年知识分子，照耀出一条充满荆棘而又十分美好的路。就在这条道路的指引下，参加了或者没有亲身参加过"一二·九"学生运动的青年人，跟着党走上了革命的道路，奔向了民族解放的疆场。

　　在"一二·九"之后，我和许多青年一样，被这时代的巨大钟声震醒了！被英勇无畏的战士们的鲜血打动了！我参加了革命的行列。我感到我的生命从空虚中充实起来。我常想：一个人只有把他的生命和时代，和祖国和人民的命运结合在一起，这生命才有意义，才灿若星辰，才不虚度年华。……带着这信念，在抗日战争的战场上，我度过了我的青年时代；在解放战争中，在解放后漫长的、依然充满斗争的岁月里，我度过了我的中年；如今，尽管我已两鬓斑白，但我的心却依然生活在"一二·九"那个充满青春、充满活力、充满美好憧憬的日子里，那不能"虚度年华"的信念，促使我在80年代的今天，在我这年老的胸膛里，依旧跳动着一颗年轻的心。这颗心还在时刻关怀着祖国的命运，关怀着"四化"的前途。我常常高兴地看到，尽管林江之乱给我们中华民族造成了种种新的灾难，尽管这创伤不易一时医治，但是，无数和当年"一二·九"时代一样的青年，不是正在今天新的战场上英勇无畏地驰骋奋战吗？当年"一二·九"时代的青年，如今虽已老了，但他们中的多数人不是也还在度着焕发青春光彩的暮年吗？

　　也许在80年代的今天，经过十年浩劫后的某些青年人，也存在和我们当年一样的苦闷、彷徨？也在探求着什么是光明之路？对了！路是人走出来的。"一二·九"时代的青年们为了中华民族的解放事业，走了一条"先驱者""开路先锋"的路。今天的青年们，今天的知识分子们，不是也应当为了新的时代新的使命——为了一个既有高度物质文明，又有高度精神文明的、崭新的社会主义新中国的实现，而奋发出"先驱者"、奋发出"开路先锋"的蓬勃勇气和激昂豪情吗？我们不应当成为创造新历史的主人吗？如果我们心目中只看到一堆残存的污垢、垃圾，只对之摇头叹息、悲忿不满，甚至掉头而去，躲避在个人的小窝里苟且度日，那么，祖国美丽的大花园将由谁去创建？谁去栽培？谁去浇水施肥？谁使之生长、繁茂，喷吐出魅人的万紫千红呢？历史无情地考验着每一颗生命；生命也无情地夺去每一个人的青春。青春应当是鲜红的，永远地鲜红——生命只属于这样的人。苍白的、黯淡的生命，只是宇宙间一闪而逝的轻尘。时间会嘲笑那些尘埃似的生命——没有青春的生命。

一面面迎风招展的红旗，一声声震撼大地的高昂呼喊，树林般高高举起的拳头，无数双和大刀水龙英勇搏斗的手臂——一阵阵悲愤有力的救亡歌声……"一二·九"时一幅幅壮丽的图景，此刻又展现在我的眼前，又激荡在我的胸中。我仿佛又回到那风雷轰鸣的年代，我又清晰地听到了时代向我召唤的呼声……

我写这篇纪念"一二·九"45周年的小文时，眼中几次盈满泪水。这是为什么？是因为追忆起逝去的年华而激动？还是为当前有些青年同志的精神状态而担忧？我说不大清楚。但我确实是一则以喜、一则以忧的。然而，这忧是为了喜。我坚信后来者居上——祖国繁荣富强的希望就在于青年。

智慧窗

青春是一道亮丽的风景，这道风景是用鲜血涂抹而来，所以分外醒目、分外动人心魄。再回到那个历史时空，那一群青年为民族之未来而担当、而奔波，用他们的青春之血挥洒着一段无悔人生。

"一个人只有把他的生命和时代，和祖国，和人民的命运结合在一起，这生命才有意义，才灿若星辰，才不虚度年华。"我们应当高唱青春之歌，为民族新的明天而踏上奋斗的青春之路。你听，时代正在召唤我们。

（韩红兵）

每个人都是一个宇宙

　　每个来到这个世界上的人都是与众不同的，他们都是造物主伟大的杰作，他们都拥有着超乎想象的能力和才干。只是，有些人能够很快发现自己的能力和才干，有些人则可能因为这样那样的原因而忽略自己的能力和才干。

　　那些成功的人，那些出色的人，那些在自己的舞台上绽放到极致的人，并非拥有高于别人的能力和才干，而是因为他们善于发现自己，他们了解自己，他们懂得发挥自己的能力和才干。他们将自己的小宇宙燃烧起来，发出了美丽而炫目的光芒，那种光芒，是每一个生命都应该拥有的。

阅览室

读书的艺术

◇林语堂

读书或书籍的享受素来被视为有修养的生活上的一种雅事，而在一些不大有机会享受这种权利的人们看来，这是一种值得尊重和妒忌的事。当我们把一个不读书者和一个读书者的生活上的差异比较一下，这一点便很容易明白。那个没有养成读书习惯的人，以时间和空间而言，是受着他眼前的世界所禁锢的。他的生活是机械化的，刻板的；他只跟几个朋友和相识者接触谈话，他只看见他周遭所发生的事情。他在这个监狱里是逃不出去的。可是当他拿起一本书的时候，他立刻走进一个不同的世界；如果那是一本好书，他便立刻接触到世界上一个最健谈的人。这个谈话者引

导他前进，带他到一个不同的国度或不同的时代，或者对他发泄一些私人的悔恨，或者跟他讨论一些他从来不知道的学问或生活问题。一个古代的作家使读者随一个久远的死者交通；当他读下去的时候，他开始想象那个古代的作家相貌如何，是哪一类的人。孟子和中国最伟大的历史学家司马迁都表现过同样的观念。一个人在十二小时之中，能够在一个不同的世界里生活十二小时，完全忘怀眼前的现实环境：这当然是那些禁锢在他们的身体监狱里的人所妒羡的权利。这么一种环境的改变，由心理上的影响说来，是和旅行一样的。

不但如此，读者往往被书籍带进一个思想和反省的境界里去。纵使那是一本关于现实事情的书，亲眼看见那些事情或亲历其境，和在书中读到那些事情，其间也有不同的地方，因为在书本里所叙述的事情往往变成一片景象，而读者也变成一个冷眼旁观的人。所以，最好的读物是那种能够带我们到这种沉思的心境里去的读物，而不是那种仅在报告事情的始末的读物。我认为人们花费大量的时间去阅读报纸，并不是读书，因为一般阅报者大抵只注意到事件发生或经过的情形的报告，完全没有沉思默想的价值。

据我看来，关于读书的目的，宋代的诗人和苏东坡的朋友黄山谷所说的话最妙。他说："三日不读，便觉语言无味，面目可憎。"他的意思当然是说，读书使人得到一种优雅和风味，这就是读

书的整个目的，而只有抱着这种目的的读书才可以叫做艺术。一人读书的目的并不是要"改进心智"，因为当他开始想要改进心智的时候，一切读书的乐趣便丧失净尽了。他对自己说："我非读莎士比亚的作品不可，我非读索福客俪（Sophocles）的作品不可，我非读伊里奥特博士（Dr·Eliot）的《哈佛世界杰作集》不可，使我能够成为有教育的人。"我敢说那个人永远不能成为有教育的人。他有一天晚上会强迫自己去读莎士比亚的《哈姆雷特》（Hamlet），读毕好像由一个噩梦中醒转来，除了可以说他已经"读"过《哈姆雷特》之外，并没有得到什么益处。一个人如果抱着义务的意识去读书，便不了解读书的艺术。这种具有义务目的的读书法，和一个参议员在演讲之前阅读文件和报告是相同的。这不是读书，而是寻求业务上的报告和消息。

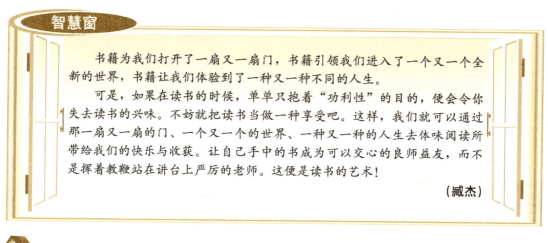

智慧窗

　　书籍为我们打开了一扇又一扇门，书籍引领我们进入了一个又一个全新的世界，书籍让我们体验到了一种又一种不同的人生。

　　可是，如果在读书的时候，单单只抱着"功利性"的目的，便会令你失去读书的兴味。不妨就把读书当做一种享受吧。这样，我们就可以通过那一扇又一扇的门、一个又一个的世界、一种又一种的人生去体味阅读所带给我们的快乐与收获。让自己手中的书成为可以交心的良师益友，而不是挥着教鞭站在讲台上严厉的老师。这便是读书的艺术！

（臧杰）

阅览室

我的学生时代

◇郭沫若

　　自呱呱坠地时起，便要从母亲学习言语和一切知识，人生的开始应该就是学生时代的开始。我母亲事实上是我真正的蒙师，她在我未发蒙以前就教我背诵了好些唐宋人的诗词了。但我的发蒙是在四岁半的时候。家里有一座家塾，面对着峨眉山的第二峰，先生命名之为"绥山山馆"，先生姓沈字焕章，是犍为县的一位廪生，在我未出生前六年便到我家里来教书了。家塾里除掉偶尔收纳一两位亲戚家的子弟外，都是自己家里的人，人数在十人上下。但这点小人数的家塾，拿程度来说，却是大、中、小学乃至幼稚园都有。

　　发蒙时读的书是《三字经》，司空图的《诗品》，《唐诗》，《千家诗》。把这些读了之后便读《诗经》《书经》《易经》《周礼》《春秋》和《古文观止》。庚子过后，家塾里的教育方法也渐渐起了革命，接着便读过《东莱博议》《史鉴节要》《地球韵言》，和上海当时编印的一些新式教科书。先生又得到一部教会学堂用的《算数备旨》，根据着这书来教我们算术。当时我们还写不来阿拉伯数字的草书，因为那刊本上都是用的楷书，而且算数不立程式，只是算草，但那样，在我十二岁的时候，已经把开方学完了。

　　科举制改革的初期是废八股，改策论，重经义，因此有一个时期乾嘉学派的朴学，就在嘉定也流行过一时。沈先生是不长于这项学问的，有族上的一位长辈郭敬武先生，在成都尊经书院读过书，是王壬秋先生曾经往那儿去就过学，因此又从那儿把朴学的空气输入了家塾来，教我们抄《说文》部首，读段玉裁的《群经音韵谱》，但这些东西在当时一点也不感觉兴趣，只觉得是痛苦。

做对子是六岁开始的，做试帖诗是七岁开始的，后来就改做经义论说，算还没有学做过八股。数学演算是每天都要做的，《算数备旨》里面的每一道问题都不曾忽略过。点读御批《通鉴》也是日课之一，而且还要抄御批，这项也是一桩刑罚，一长串的人名字点不断时，最感觉头痛。

是乙巳年（一九零五）罢，科举废了，各地兴设学校。我们那偏僻的乡镇也有了蒙学堂的设立。省里有武备学校和东文学堂出现，我的大哥进了东文，二哥进了武备。但我们的家塾并没有废，我们的学科内容比蒙学堂的还要充实一些。我们只跟着蒙学堂的先生学过体操，同时在家塾的院子里也备了一些运动器械。接着嘉定城里有高等小学堂的设立，我考进了那个学堂，于是我的家塾生活便告终了。这是乙巳年年底的事。

嘉定的高等小学堂设在北门外的草堂寺内，学生的年龄程度极不整齐，有三四十岁久考不第的老童生，也有十二三岁纯洁无垢的新少年。课程也极其零乱，凡是新式的科目与数学格致之类，教师都不能胜任。对于我自己在家塾里已经学习过的人尤其不能满足。我是乡下人，年纪轻，因而常受城里的老学生们欺负。第一学期的成绩最优，老学生们嫉妒，发生撕榜风潮，并以不堪入耳的侮辱相加。先生们不能制止，反而屈服；因我在端午节曾请假数日回家，便扣了我六分的总平均分数压倒第三名，重新改榜，算把风潮平息下去了。这件事对于我一生是第一个转扭点，我开始接触了人性的恶浊面。我恨之深深，我内心的叛逆性便被培植了。

在小学堂里新的东西没有受到什么教益，但旧的东西如国文、讲经、地方掌故之类，却引起了我很大的兴趣。帅平均先生的《今文尚书》讲义是我最喜欢的一门功课。帅先生是廖季平先生的高足，廖先生也是尊经书院出身的王壬秋的门下。帅先生的讲义和我在家塾里所受到的段玉裁的"小学"得到印证，因此特别感觉兴奋。这种感觉在别的同学们的心里似乎并没有。

嘉定是适宜于读书的地方，环境很好，山水十分秀丽。星期日在平坦如路的府河上划船。向青衣北岸的凌云山和乌尤山去游览，远望磅礴连绵的峨眉山，近接波涛汹涌的大渡河，在那澄清的空气中令人有追步苏东坡之感。在凌云山上有苏东坡的读书楼，有他的塑像、刻像和题字，也还有好些遗迹，如洗砚池、载酒时游处之类。凌云山的岩壁上，正当着旧大渡河口，与峨眉山正对着，凿了一尊大佛。这是很有名的，是唐代海通和尚所凿。在那大佛脚下河水汇为一个深潭，地方上的人说"是和海相通的"，虽然是荒谬的俗传，适足以表现其处之深。在那深处产一种鱼名叫"墨鱼"，全身黑色，这是因为水太深，罕与太阳光接近而致，但俗传是吃了东坡先生的墨水。这些都觉得富有诗意，而墨鱼也确是可口。

在这高小时代，我读到《西厢》《花月痕》《西湖佳话》之类的作品，加上是青春期，因而便颇以风流自命，大做其诗。在学的后半期成为最爱闹事的一个代表。第二年在端午节前后，我曾经被斥退过一次，但不久又把我的学籍恢复了。原因是学校的处置遭受了学界上一部分人的反对。

嘉定中学开设了，高小学生中成绩好和年龄大的便升入中学，我的高小学程于是一年半便告结束。新开设的中学，更是一塌糊涂，笑话百出。讲地理的人把乌贼的嘴当成肛门，甚至连讲国文的人，不懂得"望诸君"是乐毅的封号，而讲为"盼望你们诸君"。一位英文教师把日本正则学校的课本来教我们，几个拼音就教了我们半年。在这儿不是读书，简直是养老。我在这时候只想离开故乡，近则想跑成都，远则想跑北京、上海，更远则想跑日本或美国，但家里不肯让我们跑远，自己也找不到那样远走高飞的机会。因而有一个时期便自暴自弃，吃酒的习惯是在这时养成的。

在中学里面感觉兴趣的仍然是经学。黄经华先生讲的《春秋》，是维系着我的兴趣的唯一的功课。黄先生也是廖季平先生的高足，他也很喜欢我，在课外还借了好些书给我看。有一次我吃醉了酒，骂了一位从日本回来的监学，这人并没有多大的本领，只是爱弄诡辩，异常的专制，我特别恨他。我醉了，骂了他，他一定要斥退我，还是黄先生力争，又把我保全了下来。后来这位监学就在那年暑假，患白喉症死了。但我在下学期又因为别的事情依然遭了学校的斥退。

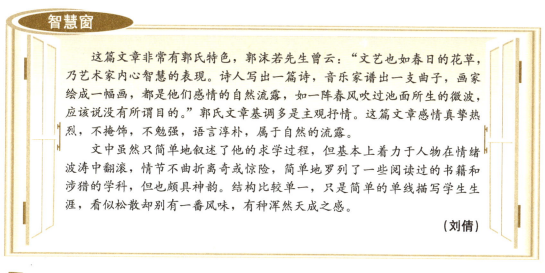

智慧窗

这篇文章非常有郭氏特色，郭沫若先生曾云："文艺也如春日的花草，乃艺术家内心智慧的表现。诗人写出一篇诗，音乐家谱出一支曲子，画家绘成一幅画，都是他们感情的自然流露，如一阵春风吹过池面所生的微波，应该说没有所谓目的。"郭氏文章基调多是主观抒情。这篇文章感情真挚热烈，不掩饰，不勉强，语言淳朴，属于自然的流露。

文中虽然只简单地叙述了他的求学过程，但基本上着力于人物在情绪波涛中翻滚，情节不曲折离奇或惊险，简单地罗列了一些阅读过的书籍和涉猎的学科，但也颇具神韵。结构比较单一，只是简单的单线描写学生生涯，看似松散却别有一番风味，有种浑然天成之感。

（刘倩）

阅览室

寄宿舍生活的回忆
◇丰子恺

寄宿舍生活给我的印象，犹如把数百只小猴子关闭在个大笼子中，而使之一齐饮食，一齐起卧。小猴子们怎不闹出种种可笑的把戏来呢？十多年前，我也曾做了一只小猴子而在杭州第一师范学校的大笼子中度过五年可笑的生活。现在回想起来，饭厅里把戏最为可笑。

生活程度增高，物价腾贵，庶务先生精明，厨房司务调皮，加之以青年学生的食欲昂进，夹大夹小七八个毛头小伙子，围住一张板桌，协力对付五只高脚碗里的浅零零的菜蔬，真有"老虎吃蝴蝶"之势。菜蔬中整块的肉是难得见面的。一碗菜里露出疏疏的几根肉丝，或一个蛋边添配一朵肉酱，算是席上的珍品了。倘有一个人大胆地开始向这碗里叉了一筷，立刻便有十多只筷子一齐凑集在这碗菜里，八面夹攻，大有致它死命的气概。我是一向不吃肉的，没有尝到这种夹攻的滋味。但食后在盥洗处，时常听见同学们的不平之语。有的人说："这家伙真厉害，他拿筷子在菜面上掉了一个圈子，所有的肉丝便结集在他的筷子上，被他一筷子夹去了。"又有的人说："那家伙坏透了。他把筷子从蛋黄旁边斜插进去，向底下挖取。上面看来蛋黄不曾动弹，其实底下的半个蛋黄已被挖空，剩下的只是蛋黄的一张壳了。"

有时众目所注意的，是一段鲞鱼。这种鲞鱼在家庭的厨房里是极粗末的东西，在当时卖起来不过两三个铜板一段。但在我们的桌面上，真同山珍海味一般可贵。因为它又咸又腥，夹得到一粒，可以送下三四口饭呢。不幸而这种鲞鱼大都是石硬。厨房司务又要省柴，蒸得半生不熟。筷子头上不曾装着刀锯。两根平头的毛竹对付这段带皮连骨的石硬的鲞鱼，真非用敏捷的手法不可。我向来拙于用筷的手法。有一时期又听信了一个经济腕力的同学的意见，让右手专司握笔而改用左手拿筷，手法便更加拙劣。偏偏这碗鲞鱼常不放在我的面前，而远远地放在桌的对面。我总要千难万试，候着适当的机会，看中了鲞鱼的一角而下箸。一夹不动，再夹，三夹又不动。别人的筷子已经跃跃欲试地等候在我的手臂的两旁，犹如马路口的车子的等候绿灯了。我不好尽管阻碍交通，只得拉了一片鲞皮回来。有时连夹了四五次，竟连鲞皮都不得一条；而等候开放的人的眼，又都注集在我的筷头，督视着我的演技。空筷子缩回来太没有面子。但到底没有办法，我只得红着脸孔，蘸一些鲞汤回来，也送下了一口白饭。

这原是我的技巧拙劣的缘故。饭厅中的人大都眼明手快，当食不让，像我这样拙劣而退缩的人是少数。有的人一顿要吃十来碗饭。吃到本桌上的菜蔬碗底只只向天的时候，他们便转移到有剩菜的邻桌上去吃。吃其余不足又顾而之他，好像逐水草而转移的游牧之民。又有大食量而兼大胖子的人，舍监先生编排膳座位时，倘把这大胖子编定在某席上，与他同坐一边的人就多不平了。饭厅上的板桌比较普通家庭间的八仙桌狭小得多。在最伟大的胖子，原来只合独占一边；他占据了一边的三分之二，把其余的三分之一让给同坐一边的瘦子，已经是客气。然而那瘦子便抱不平。瘦子的不平也是难怪的。因为这不是暂时之事，膳厅的座位一经舍监先生编定之后，同坐一边的两人犹如经过了正式结婚的夫妇，不由你任意离开了。一日三餐，一学期一百三十五日，共约四百余餐，要餐餐假傍了一个大胖子而躲在桌角上吃饭，原是人情所难堪的事。况且吃饭一事实在过于重大，据我所闻，暂时同吃一席喜酒，亦有因侵占座位而起口角的事：我的故乡石门地方，有一位吃亏不起的先生，赴亲友家吃喜酒，恰巧和一个老实不客气的大胖子同坐在桌的一边。那大胖子独占了桌边的三分之二，这吃亏不起的先生就向他开口："老兄，你送多少喜仪？"大胖子一时不懂他的意思，率尔而对曰："我送四角。"那人接着说道："原来你也只送四角，我道你是送六角的。"我们饭厅里的瘦子并未责问大胖子缴多少膳费，究竟是在受教育的人，客气得多。

我们的饭厅里，着实是可称为客气的。我们守着这样的礼仪：用膳完毕的时候，必须举起筷子，向着同桌未用毕的人画一个圈子用以代表"慢用"。未用毕的人也须用筷子向他一点，用以代表"用饱"。桌桌如此，餐餐如此。就是在五只菜碗底都向天，未毕的人无可慢用，已毕的人不曾用饱的时候，这礼仪也遵行不废。但是，一群猴子关闭在一个笼子里，客气也有客气的可笑。举动轻率的青年想把筷子伸向左方的一碗中去夹菜，忽又看中了右方的一碗菜，中途把筷子绕回右方，不期地在桌面上画了一个圈子。其余的人当他是行"慢用"的礼，大家用筷子来向他乱点。结果满座发出一种说不出的笑声。又有举动孟浪的孩子只管急忙地划饭，不提防饭粒滚进了气管，咳嗽出一大口和菜嚼碎了的饭粒来，分播在公用的菜碗里，又惹起一种说不出的笑声。

据我的妻子所说，她在某女学校中做寄宿生的时候，饭堂时的礼仪比我们更为严重。同桌的八个人，膳毕须等了一同散去，不得先走。据她说，吃得快而等候别人，不过对着残盘多坐一下，还不算苦；苦的是吃得慢而被人等候的人。倘守了末位，更加难堪。其余七个人都已用毕，环坐在你的面前，二七十四只眼睛煜煜地注视你的举动，看你夹菜，看你划饭，看你咀嚼，看你咽下去。十目所视已经严了，何况十四只眼睛的注视！这结果，吃亏了娇养惯的姑娘，便宜了厨房老板。（她的学校是由校长先生家里包饭的。）在家庭间娇养惯的姑娘吃饭大都是一粒一粒地咀嚼的。他们到这学校里来吃饭，最是吃亏。别人放下碗筷的时候，她还没有吃完一碗饭。在十几只眼睛的监视之下，不好意思从容地添饭，只得饿着肚子走开了。大家怕守末位，只得大家少吃些，这就便宜了厨房老板（即校长先生）。

总之，饭厅里种种可笑的把戏，都由于共食而发生。倘改了分食，我们的饭厅里就寂寞了。各人各吃一份，吃肉丝不必用筷掉圈子，吃蛋无须向底下挖，吃鲞的艰辛也可免除。大食量的人无处游牧，大胖子不致受人讨嫌，那种说不出的笑声也没有了。我们习惯了共食，以为吃饭当然如此；但根本地想来，这办法实在有些稀奇，而且颇不妥当。我们的吃饭是以饭为主体而菜蔬为补助的。这仿佛馒头，主体是面，而由馅补助面的滋味。但馒头中的主体和补助物各有相当的分量，由做馒头的人配好了给我们吃。吃饭则并不配好，而一任吃者临时自己配合。但又不是一餐一餐地配合，也不是一碗一碗地配合的，而是一口一口地配合的。划进一口饭，从口中抽出筷子，插进公用的菜碗里，夹取一菜，再送进口中。这办法稀奇得带些野蛮。有洁癖的人自备专用的碗筷，每餐随身携带。却不知共食的时候，七八双筷子从七八只口中到公用的菜碗里要往返数十百次，每碗菜里都已混着各人的唾液了。像我们的饭厅里的小弟弟们，有时竟把嚼碎了的饭屑由筷子带到公用的菜碗里，搅匀了给各人分吃呢。共食的办法在家庭间也许可行，但在我们的饭厅中，行之便有种种可笑的把戏。因为一桌中的和平，全靠各人的公德和良心而维持。共食者要个个是恪守礼仪的道学先生也许可以没事。但我们是关闭在大笼子中的小猴子，不像群狗地狂吠而争食，还算是客气的啊！

智慧窗

　　求学的日子里大抵不会有太好的条件，寄宿学校更是如此，但是我们从来不曾抱怨过这样清贫的生活，只是善意的调侃罢了，这是因为我们的青春在里面，我们最美好的回忆也在里面，寄宿舍生活固然清贫，但是有朋友的欢歌，我们不会觉得寂寞。

　　那一桌人争食的日子会一去不复返，那一桌子人在一起互相嬉闹互相争抢的日子再也不会重现。时光带走了那些岁月，多少年以后，当我们静静地回想起那些在宿舍里生活过的日子，会不会感到歉疚和落寞？

　　　　　　　　　　　　　　　　　　　　　　　　　　　　　（刘倩）

欢乐吧

＊假如我出卷子
◇毕淑敏

　　今天，老师布置的数学作业是：假如我出卷子……让每人给自己的同桌设计一张考卷。

　　小依拿出一张格纸，方兵问："你见过带格子的卷子吗？卷子都是大白纸的。"说着张开两臂比画，好像他是一只大鸟。

　　小依说："那么大的纸是糊窗户用的，我们家可没有。"

　　下午方兵到校时，递给小依一张雪亮的硬纸说："这是理光复印机专用纸，我爸那儿有的是。"

　　小依说："多好的纸，可以做精美的贺年卡呢。"

　　方兵用手指甲弹弹纸："你要喜欢，我给你一沓。不过你的题要出得容易点，让我也过一次得100分的瘾。"

　　小依撇嘴："100分有什么了不起，我都得腻了。"她真喜欢那种美丽的纸，所以嘴上才这样说。

　　方兵说："别吹牛！这回我让你得不成100分。"他找出一本《数学奥林匹克大全》，是表哥从上海寄来的，学校里谁都没有这本书。方兵认真地抄下一道又一道难题，还仔细记下了答案，因为这次出卷子的人，要做一次真正的老师，还得判卷子呢！

　　小依很守信用，她给方兵出了一张很简单的卷子，方兵第一次得了100分，他想，如果小依哭丧着脸来找我问答案，我就把那本珍贵的《数学奥林匹克大全》送给小依，反正自己留着也没用。

小依只得了 60 分，这还是方兵高抬贵手了呢！可是小依始终没找方兵问过正确答案，每天托着腮帮子想啊想。不知道的人，还以为小依牙疼了。

市里组织统一考试，题目很难，方兵突然眼前一亮，仿佛在拥挤的马路上遇见了熟人，有几道题，正是他给小依出过的，答案他还记得呢！

可老师只给了方兵 60 分，说他的答案只是干巴巴的几个数字，完全没有中间步骤，好比是问你鱼是怎样从大海里捞上来的，你却直接拎来了几条咸鱼干，这怎么行呢？

小依得了 100 分，可她总像有心事的样子。

悦客群

含月弯弯：

　　布莱希特说，思考是人类最大的乐趣之一。读过毕淑敏的这篇文章后，小依那苦苦思索的神态于脑海中总是挥之不去，这便是思考的魅力，思考的美。"学而不思则罔，思而不学则殆。"学思结合是人类获取和掌握知识的最佳途径。人与其他动物的根本区别之一就是具有思考能力。

阅览室

我的自修生活
◇唐　弢

　　我家世代务农，我的父母都不识字。父亲由于没有文化吃过大亏，因此他真心诚意赞同我上学，为了凑足学费，千方百计节衣缩食，甚至将几间破屋典押出去，也毫不惋惜。他决心很大，不过决心再大，还是没有为我另请"名师"辅导——他实在太穷了。

　　而我那时又年轻，很任性，不懂事。

　　曾经有过一件这样的事情。

　　大概是刚刚转入正科那一年吧，我课余爱好中国的古典诗歌，喜欢温庭筠、李商隐的诗。我读字发音不准，很想有一部既标读音、又释字义的辞书。有一次，父亲从乡间出来，我同他往河南路商务印书馆，到了柜台面前，向一个店员说明来意，店员捧出一部上下两本、刚刚出版的《辞源》来，我一面翻阅内容，一面咨询定价，店员回答道：

　　"四块。"

　　"什么？"

　　父亲几乎跳了起来。看来这是他有生以来听到的最贵的书价吧。他从来不曾想到过一部书要卖四块钱，比两担稻谷还要贵。我也暗暗地吃惊了。但当我发现这部书确实符合自己需要的时候，便又任性起来，变得很固执。在父亲的犹豫面前，我摆了许多必须购买的理由。

"能不能不买呢?"他带着商量的口气。

"买。我读书离不开它。"

"太贵呵,你再想想……"他声音有点发抖。

我还是固执地重复自己的理由。

父亲以仿佛是乞求的目光向我投了最后一眼。他终于从腰包里吃力地摸出四块钱,数了两遍,颤巍巍地递到那个店员的手里。我望他:他似乎突然间老了许多。我的鼻子一阵酸,热泪夺眶而出,赶紧抱起书,扶他踉踉跄跄走出了商务印书馆的大门。

我见到了自己的心,多么冷酷的心呵!

那天,我一个人回到在亲戚家借住的那间小阁里,再也抑制不住自己的感情,放声大哭。晚上做完功课,推说身体不适,将头蒙在被里又独自痛哭了一个整夜。我为贫穷痛哭,为父亲的衰迈痛哭,为自己的任性痛哭。虽然新得的工具书对我是一个诱惑,然而出于内疚,出于强烈的自我谴责的心情,在开头两个月的漫长的时间里,我几乎连碰都不去碰一碰。它使我痛苦,我的创伤太深了。

我终于将《辞源》作为工具书拿出来使用,是在受了另一次刺激之后。那时我不仅喜欢古典诗歌,自己还偷偷地学作。我们学校有一位年纪最大的教师余槐青,我们都称他为老余先生。老余先生负责中文教务工作,没有直接教过我,但他常常抽阅我的课卷,到高年级同学面前夸奖我,说我文章写得好。

大概出于一种朴素的知遇之感吧,我对老余先生很感激,很信任,只想将自己的诗歌习作给他看。课余到朵云轩买了一些八行笺,将所有的诗抄写下来,订成一本,总有一百来首吧。有一天,老余先生到班里听课,窥个方便,我跑到前面,将抄本给他。

余先生拿在手里,没有作声。他戴上眼镜,翻了几首,立刻又从鼻梁上将眼镜摘下来,和气地,但是严肃地对我说:"你不要把作诗看得那么容易呀!"

这真是当头一棒,将我的"诗人"的美梦打破了。那天我回到住处,一发狠,把那本诗撕得粉碎。往后我该怎么办呢?摆在眼前的有两个选择:一、从此洗手不干,不再写古诗;二、一切从头做起,决定攻下难关,把古诗学会写好。

我选择了第二条路。

从那时开始，我读了许多古典诗歌，不仅温庭筠、李商隐，并且上溯至庾子山、陶渊明和曹孟德父子，我又非常喜欢《古诗十九首》。一直没有搬动的《辞源》也在这个时候打开了。只要课余有一点时间，我就捧起自己心爱的诗集，朗诵默念，凝神细想。我从多方面探索诗歌的规律：领会每一首诗的意境，熟悉每一首诗的形式，努力加深自己对诗歌特点的理解。这样大约过了一年，我又积了上百首习作，陆续抄下来，给余槐青先生。余先生照旧戴上眼镜，翻了几首，这一回，他没有再说什么，点点头，把诗收下了。

过了几天，他把抄本退给我，为我指出了一些似是而非的地方，有几处还做了修正。

对这位教务主任，我怀深深的感激之情。

以后我继续在那里读书，依旧没有力量请"名师"进行"辅导"，而且不久就离开了这所相当于中学的学校，走上社会，到邮局工作。我没有上过高中，也没有上过大学。在漫长的岁月里，我只是将学诗的经验推广到其他必须钻研的学问上，努力在业余时间自修，写文章。我常有这样一种感觉：由于学校教育受的少，基础知识不如别人，工作起来，比较吃力；但也因为有此感觉，自己知道自己的弱点，心中有数，可以预先做好准备。譬如说，别人两天能够做完的事情，我就花它三天；别人不需考核的问题，我就赔上一点时间和精力，多查几本参考书，多请教一些内行和专家。辛苦诚然是辛苦的，但消极失望的情绪，却从来不曾产生过。我觉得，不承认上大学的重要性是不对的，反过来，认为只有上大学才能解决一切，那也是非常偏颇的见解。在长期实践中，我的体会是：因循是自修的大敌，急于求成又往往导致失败。对待学问需要有"韧"的精神，锲而不舍，持之以恒，相信时间终于会将人带上成熟的道路。

我有过这么一段从学诗开始的长期自修的经历。

智慧窗

孩提时候，兴趣是最好的老师，他指引着我们涉足自己喜欢的领域，在兴趣的选择上，每一个孩子都是平等的，没有高低贵贱之分；少年时期，坚持是最好的老师，纵会有失败，纵会有打击，只要坚持不懈，总能尝到成功的欣喜；后来的日子自修是最好的老师，再也没有人会逼着我们去亲近学问，然而，为我们的人生负责，我们总是要不断地去学习，这时候，自修就是最好的老师；人的一生总是需要不断的进步，而前进道路上大多数的时间里，自己要做自己的老师！

(刘倩)

我的大学梦

◇莫 言

上个世纪 60 年代初，我刚上小学的时候，我的大哥便以优异的成绩考中了华东师范大学，成为高密东北乡的第一个大学生，大哥的考中，给家庭带来了荣耀，也激活了我的大学梦想。但很快便爆发了"文化大革命"，我因编写《蒺藜造反小报》得罪了当权的老师，被开除出校。时当 1967 年，我 12 岁，读小学五年级。

失学后，每当我赶着牛羊，背着草筐从学校窗外的小路上走过时，听到教室里昔日的同学喧闹声，心中的滋味确实不好受。不但大学梦彻底破灭，连中学也上不成，我的家庭出身是富裕中农，当兵很困难，招工没希望，看来只能在农村待一辈子了。在绝望中，我把大哥读中学时的语文课本拽出来，翻来覆去地读，先是读里边的小说、散文，后来连陈伯达、毛泽东的文章都读得烂熟。

过了几年，出了一个有名的人物张铁生，尽管他不是什么好人，但他的方式的确启发过我，使我在黑暗中看见了一线光明，原来靠一封信就可以堂而皇之地上大学呀！于是，我就学着张铁生的样子，给当时的国家教育部部长周荣鑫写了一封信，表达了我想上大学的强烈愿望。信发出半个月后的一个傍晚，我正在灶前帮母亲烧火，父亲步履踉跄地回家来了。他的手上，捏着一个棕色的牛皮纸信封。我的脑袋嗡的一声响。我本能地猜到了：父亲手里捏着的，就是我发出的那封信的回音。我既激动又害怕，不知道是福是祸。父亲捏着那封信——他的手在微微颤抖——并不急于给我，他的双眼盯着我，眼神是那样地迷惘、苍凉——令我至今难忘——他终于说话了："你想什么呀？"然后他把信递给了我。那是一张很小的印有红头的便笺，上边有18行用圆珠笔写的字迹。信的内容大概是：您的信我们收到了，您想上大学的愿望是好的，希望在农村好好劳动，等待贫下中农的推荐。虽然是官腔套话，但当时真让我感动得不得了，这毕竟是国家教育部的回信啊！

教育部回信，使我的大学梦愈加疯狂，但我清楚地知道，在村里待着即使我干活比牛还卖力，也不会有贫下中农来推荐我上大学。于是我想到了当兵。当了兵，只要好好干，就有可能被推荐上大学。

经过连续4年的努力，在21岁的时候，我终于当了兵，那是1976年2月，到了部队，我积极得小命都快豁出去了。掏厕所，挖猪圈，有一次去农场割小麦，我一个人割的比全班割的还要多两垄。就这样，我赢得了部队上下普遍的好感。

1977年年底，领导告诉我，让我复习功课，准备来年夏天去北京参加考试，报考的学校是我们本系的工程技术学院。我既激动又害怕，激动的是机会终于来了，害怕的是对数理化一窍不通——连分数的加减都不会。我连小学都没毕业呀，一连几天，我吃不下饭，睡不着觉。后来，发狠一咬牙，拼吧！写信让家里把大哥那些书寄来，在本单位一位马技师的指导下，开始了艰难的自学。那半年里，我在一间储藏劳动工具的小仓库里，熬过一个又一个漫漫长夜，硬是从分数学到复数。化学学了一册，物理学了两册。考期逼近，我心里越来越恐慌。别人见我如此勤奋，都说我必中无疑。但我心里清楚，我只是把一些公式背熟，定理大概弄通而已，解题的能力极差，肯定考不上的。正在痛苦煎熬中，突然，上边来了电话，说考试的名额没有了，我不能去北京赶考了。听到这消息，我如释重负，但心中却感到悲喜交集。

经过这一番折腾，我的大学梦基本破灭了。不久，我调到一个新单位在那里担任了政治教员兼图书管理员。为了讲课，我死背硬记了不少政治理论书，利用职务之便，读了很多文艺方面的书。80年代初，在百无聊赖中，我开始学习文学创作，1981年发表了处女作。1984年，当我已经不再幻想上大学时，大学的门，却突然对我敞开了。那是个炎热的夏天，我听到了解放军艺术学院文学系招生的消息。那时，报名工作早已结束，我在命运的引导下，拿着自己的作品，闯进了军艺的大门。我的恩师徐怀中先生看了我的作品后对系里的干事刘毅然说："这个学生，文化考试即使不及格我们也要了。"又是命运引导着我，让我的文化考试得了高分。

1984年9月1日，我扛着背包，走进了大学的校门。

智慧窗

　　岁月悠悠，何其漫长，在这漫长的岁月里，我们的灵魂将在何处安放？每一个人总要有种信念来支撑吧，否则漫漫岁月我们何以为继呢？生活从来不会顺从每一个人，他总是制造各种各样的困难来阻碍我们完成梦想，我们唯有紧守信念，坚持理想，才能通向成功的彼岸！有的时候我们会疲倦，有的时候我们会茫然，有的时候我们看不到希望，在每一个困境里，信念总会有最耀眼的光芒，指引我们前行的方向！

（刘倩）

 阅览室

和青年朋友谈学习（节选）

◇钱伟长

　　一年一度的高等学校入学考试结束了。在参加考试的广大青年中，由于做题答卷的情况不同，必然产生各种各样的思想问题：考得好的青年朋友在考虑自己该报哪些学校以及将来如何学习；考得较好的，在记挂着自己有没有可能被选上以及选上了该怎么办，万一选不上又该怎么办；而大量的考得不好即今年没有可能被录取的朋友就想得更多：今后怎么办？特别是如果明年、后年再考而仍未考取又该怎么办？这里，作为一个长期从事科学工作和教育工作的人，我想和这些青年朋友谈谈心，以期能给青年朋友们一点启发和鼓励。

　　我要说的第一个意思是：正规大学固然是培养、造就人才的地方，但不是所有人才都是由大学培养出来的，更不能说所有的大学生就一定都能成为人才。只要刻苦努力，通过别的途径照样可以出成就，在各个岗位上都可能为祖国的四化建设作出出色的贡献。我说这些不是为了宽慰同学们的心，而是千真万确的道理。我国有名的数学家华罗庚同志就没有进过大学，而他的经历和成就是大家所共知的；还有像国外的伟大的发明家、科学家爱迪生和富兰克林，也都没有进过大学，但都为人类作出了巨大贡献。粉碎了"四人帮"，党和国家为广大青年提供了更多的学习机会，创造了更好的学习条件，只要青年朋友们自己勤奋努力，无论上大学或不上大学，也无论上什么样的大学，总是能够学到本领、做出成绩的。

　　请注意，这里我提出了"勤奋"二字！我是说，无论谁，也无论有什么样的条件，要想学得好，要想搞出成就，最先和最后所必不可少的都是勤奋。这就是说，始终都必须不辞劳苦、勤奋努力，都必须有孜孜不倦、锲而不舍的顽强精神和踏踏实实的学习态度。这是我要说的第二点。我承认人们生来智力是有差别的，但我认为这个差别不大。我从来不相信有什么所谓"天才"，而只是相信人的才能是用艰苦劳动培植出来的，天才出自于勤奋。明代的李时珍从来没有中过举，一直是布衣，但他通过近30年的调查、访问、学习、实践、总结后写出了举世闻名的巨著《本草纲目》。后来又有一个徐光启，用毕生的精力刻苦勤奋地研究天文和农业科学技术，到60多岁时整理写出了流芳百世的《农政全书》和《崇祯历书》（未完成）。陈景润是"天才"吗？不，他的才能是用刻苦攻读铸出来的。还可能有人说我这个钱伟长也是有才能的，其实不然。我愿毫不隐讳地告诉青年朋友们，如果说我曾做出了一点成绩的话，那么这点成绩也确确实实是用艰苦学习、不懈努力取得的。我小时候家里很穷，先后在四五个学校里读了3年小学，尔后又读了2年初中和很短时间的高中，而且由于此前我注重文科，入大学后临时改读理科，所以学起来是十分吃力的。当时我们的系主任甚至为此给我讲明：必须在1年之内赶上去，否则就要退回文科。那一年我可真是全力以赴了，天天跑图书馆，见人就请教。功夫不负苦心人，一年之后，我的数学、物理、外语等学科居然全都赶了上去。这几十年来，无论是在国外还是在国内，也无论条件好坏、环境优劣，我都一直是尽力而学的。因为我清楚地知道，任何人，不管他的天资如何好，成就多

么大，只要停止了努力就不能继续进步。今天不努力，明天就落伍；长期不努力，那就必然完蛋！正因为我坚守这个信念，20多年来虽然经受了各种各样的磨难，但我从未放弃过努力，所以我自信在专业上没有掉队。去年一年我发表了15篇科学论文。

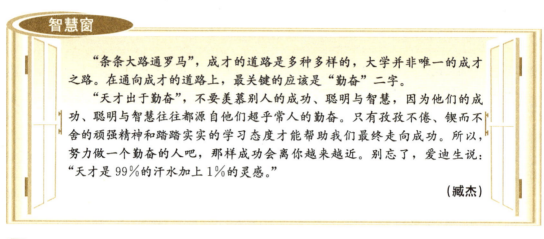

智慧窗

　　"条条大路通罗马"，成才的道路是多种多样的，大学并非唯一的成才之路。在通向成才的道路上，最关键的应该是"勤奋"二字。

　　"天才出于勤奋"，不要羡慕别人的成功、聪明与智慧，因为他们的成功、聪明与智慧往往都源自他们超乎常人的勤奋。只有孜孜不倦、锲而不舍的顽强精神和踏踏实实的学习态度才能帮助我们最终走向成功。所以，努力做一个勤奋的人吧，那样成功会离你越来越近。别忘了，爱迪生说："天才是99％的汗水加上1％的灵感。"

（臧杰）

阅览室

慈母和我的书

◇梁晓声

　　我忘不了我的小说第一次被印成铅字时的那份儿喜悦。我日夜祈祷的就是这回事儿。真是的，我想我该喜悦，却没怎么喜悦。避开人我躲在一个地方哭了，那一时刻我最想我的母亲……

　　我的家搬到光仁街已经是1963年了。那地方，一条条小胡同仿佛烟鬼的黑牙缝。一片片低矮的破房子仿佛是一片片疥疮。饥饿对于普通人们的严重威胁毕竟开始缓解。我是小学五年级的学生了，我已经有三十多本小人书。

　　买粮、煤、劈柴回来，我总能得到几毛钱。母亲给我，因为知道我不会乱花，只会买小人书。每个月都要买粮买煤买劈柴，加上母亲平日给我的一些钢镚儿，渐渐积攒起来就很可观。积攒到一元多，就去买小人书。当年小人书便宜，厚的三毛几一本，薄的才一毛几一本。母亲从不反对我买小人书。

　　我还经常出租小人书。在电影院门口、公园里、火车站。有一次火车站派出所一位年轻的警察，没收了我全部的小人书，说我影响了站内秩序。

　　我一回到家就号啕大哭。我用头撞墙。我的小人书是我巨大的财富。我绝望得不想活，想死。我那种可怜的样子，使母亲为之动容。于是她带我去讨还我的小人书。

　　"不给！出去出去！"

　　车站派出所年轻的警察，大檐帽微微歪戴着，上唇留两撇小胡子，一副葛列高利那种桀骜不驯的样子。母亲代我向他承认错误，代我向他保证以后决不再到火车站出租小人书。话说了许多，他烦了，粗鲁地将母亲和我从派出所推出来。

母亲对他说:"不给,我就坐在台阶上不走。"他说:"谁管你!"砰地将门关上了。

"妈,咱们走吧,我不要了……"

我仰起脸望着母亲,心里一阵难过。亲眼见母亲因自己而被人呵斥,还有什么事比这更令一个儿子内疚的?

"不走,妈一定给你要回来!"母亲说着,就在台阶上坐了下去,并且扯我坐在她身旁,一条手臂搂着我。另外几位警察出出进进,连看也不看我们。

天渐黑了。派出所门外的红灯亮了,像一只充血的独眼,自上而下虎视眈眈地瞪着我们。我和母亲相依相偎的身影被台阶折为三折,怪诞地延长到水泥方砖广场,淹在一汪红晕里。我和母亲坐在那儿已经近四个小时。母亲始终用一条手臂搂着我。我觉得母亲似乎一动也没动过,仿佛被一种持久的意念定在那儿了。

我想我不能再对母亲说——"妈,我们回家吧!"

那意味着我失去的是三十几本小人书,而母亲失去的是被极端轻蔑了的尊严,一个十分自尊的女人的尊严。我不能够那样说……几位警察走出来了,依然并不注意我们,纷纷骑上自行车回家去了。终于"葛列高利"走出来了。"嗨,我说你们想睡在这儿呀?"母亲不看他,不回答,望着远处的什么。"给你们吧!……""葛列高利"将我的小人书连同书包扔在我怀里。母亲低声对我说:"数数。"语调很平静。我数了一遍,告诉母亲:"缺3本《水浒》。"

母亲这才抬起头来,仰望着"葛列高利",清清楚楚地说:"缺3本《水浒》。"

他笑了,从衣兜里掏出三本小人书扔给我,咕哝道:"哟嗬,还跟我来这一套……"

母亲终于拉着我起身,昂然走下台阶。

"站住!"

"葛列高利"跑下了台阶,向我们走来。他走到母亲跟前,用一根手指将大檐帽往上捅了一下,接着抹他的一撇小胡子。

我不由得将我的"精神食粮"紧抱在怀中。

母亲则将我扯近她身旁,像刚才坐在台阶上一样,又用一条手臂搂着我。

"葛列高利"以将军命令两个士兵那种不容违抗的语气说:"等在这儿,没有我的允许不准离开!"

我惴惴地仰起脸望着母亲。

"葛列高利"转身就走。

他却是去拦截了一辆小汽车,对司机大声说:"把那个女人和孩子送回家去。要一直送到家门口!"

……

我买的第一本长篇小说是《青年近卫军》,一元多钱。母亲还从来没有一次给过我这么多钱。

我还从来没有向母亲一次要过这么多钱。

我的同代人们,当你们也像我一样,还是一个小学五年级学生的时候,如果你们也像我一样,生活在一个穷困的普通劳动者家庭的话,你们为我作证,有谁曾在决定开口向母亲要一元多钱的时候,内心里不缺勇气?

当年的我们,视父母一天的工资是多么非同小可呵!

但我想有一本《青年近卫军》,想得整天失魂落魄,无精打采。

我从同学家的收音机里听到过几次《青年近卫军》长篇小说连续广播。那时我家的破收音机已经卖了，被我和弟弟妹妹们吃进肚子里了。直接吃进肚子里的东西当然不能取代"精神食粮"。

在自己对自己的怂恿之下，我到母亲的工厂向母亲要钱。母亲那一年被铁路工厂辞退了，为了每月27元的收入，又在一个街道小厂上班——一个加工棉胶鞋帮的中世纪作坊式的街道小厂。

一排破窗，至少有三分之一埋在地下了，门也是，所以只能朝里开。窗玻璃脏得失去了透明度，乌玻璃一样。我不是迈进门而是跌进门去的。我没想到门里的地面比门外的地面低半米。一张踏脚的小条凳权作门里台阶。我踏翻了它，跌进门的情形如同掉进一个深坑。

那是我第一次到母亲为我们挣钱的那个地方。

我穿过一排排缝纫机，走到那个角落，看见一个极其瘦弱的毛茸茸的褐色的脊背弯曲着，头凑近在缝纫机板上。周围几只灯泡的热量烤着我的脸。

"妈……"

"……"

"妈……"

背直起来了，我的母亲。转过身来了，我的母亲。肮脏的毛茸茸的褐色的口罩上方，我熟悉的一双疲惫的眼睛吃惊地望着我，我的母亲的眼睛……

母亲大声问："你来干什么？"

"我……"

"有事快说，别耽误妈干活！"

"我……要钱……"

我本已不想说出"要钱"两字，可是竟说出来了！

"要钱干什么？"

"买书……"

"多少钱？"

"1元5角就行……"

"……"母亲掏衣兜，掏出一卷毛票，用指尖龟裂的手指点着。

旁边一个女人停止踏缝纫机，向母亲探过身，喊："大姐，别给！没你这么当妈的！供他们吃，供他们穿，供他们上学，还供他们看闲书哇！……"又对我喊："你看你妈这是在怎么挣钱？你忍心朝你妈要钱买书哇？"

母亲却已将钱塞在我手心里了，大声回答那个女人："谁叫我们是当妈的啊！我挺高兴他爱看书的！"

母亲说完，立刻又坐了下去，立刻又弯曲了背，立刻又将头俯在缝纫机板上了，立刻又陷入了手脚并用的机械忙碌状态……

那一天我第一次发现，我的母亲原来是那么瘦小，竟快是一个老女人了！那时刻我努力想回忆起一个年轻的母亲的形象，然而竟回忆不起母亲她何时年轻过。

那一天我第一次觉得我长大了，应该是一个大人了。并因自己15岁了才意识到自己应该是一个大人了而感到羞愧难当，无地自容。

我鼻子一酸，攥着钱跑了出去……

那天我用那一元五毛钱给母亲买了一听水果罐头。"你这孩子，谁叫你给我买水果罐头的？不是你说买书，妈才舍得给你钱的吗？……"

那一天，母亲数落了我一顿。数落完了我，又给我凑足了够买《青年近卫军》的钱……

我想我没有权利用那钱再买任何别的东西，无论为我自己还是为母亲。

从此，我有了第一本长篇小说……

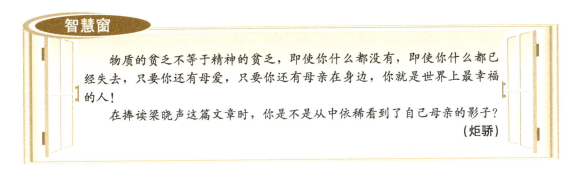

智慧窗

物质的贫乏不等于精神的贫乏，即使你什么都没有，即使你什么都已经失去，只要你还有母爱，只要你还有母亲在身边，你就是世界上最幸福的人！

在捧读梁晓声这篇文章时，你是不是从中依稀看到了自己母亲的影子？

(炬骄)

阅览室

每个人都是一个宇宙
◇周国平

每个人都是一个宇宙，每个人的天性中都蕴藏着大自然赋予的创造力。把这个观点运用到读书上，爱默生提倡一种"创造性的阅读"。这就是：把自己的生活当做正文，把书籍当做注解；听别人发言是为了使自己能说话；以一颗活跃的灵魂，为获得灵感而读书。

几乎一切创造欲强烈的思想家都对书籍怀着本能的警惕。蒙田曾谈到"文殛"，即因为读书过多而被文字之斧砍伤，丧失了创造力。叔本华把读书太滥譬作将自己的头脑变成别人思想的跑马场。爱默生也说："我宁愿从来没有看见过一本书，而不愿意被它的吸力扭曲过来，把我完全拉到我的轨道外面，使我成为一颗卫星，而不是一个宇宙。"

许多人热心地请教读书方法，可是如何读书其实是取决于整个人生态度的。开卷有益，也可能有害。过去的天才可以成为自己天宇上的繁星，也可以成为压抑自己的偶像。爱默生俏皮地写道："温顺的青年人在图书馆里长大，他们相信他们的责任应当是接受西塞罗、洛克、培根的意见；他们忘了西塞罗、洛克与培根写这些书的时候，也不过是图书馆里的青年人。"我要加上一句：幸好那时图书馆的藏书比现在少得多，否则他也许成不了西塞罗、洛克、培根了。

好的书籍是朋友，但也仅仅是朋友。与好友会晤是快事，但必须自己有话可说，才能真正快乐。一个愚钝的人，再智慧的朋友对他也是毫无用处的，他坐在一群才华横溢的朋友中间，不过是一具木偶，一个讽刺，一种折磨。每人都是一个神，然后才有奥林匹斯神界的欢聚。

我们读一本书，读到精彩处，往往情不自禁地要喊出声来：这是我的思想，这正是我想说的，被他偷去了！有时候真是难以分清，哪是作者的本意，哪是自己的混入和添加。沉睡的感受唤醒了，失落的记忆找回了，朦胧的思绪清晰了。其余一切，只是死的"知识"，也就是说，只是外在于灵魂有机生长过程的无机物。

我曾经计算过，尽我有生之年，每天读一本书，连我自己的藏书也读不完。何况还不断购进新书，何况还有图书馆里难计其数的书。这真有点令人绝望。可是，写作冲动一上来，这一切全忘了。爱默生说得漂亮："当一个人能够直接阅读上帝的时候，那时间太宝贵了，不能够浪费在别人阅读后的抄本上。"只要自己有旺盛的创作欲，无暇读别人写的书也许是一种幸运呢。

智慧窗

　　创造力是上天对我们每个人的"恩赐"，拥有创造力和创造欲望的人才是真正的"天才"；创造力本应该是一种最值得我们珍惜的"天赋"。

　　"开卷"固然有益，但不要把上天对我们的"恩赐"扼杀在书本、文字中，"创造性"的阅读才能帮助我们保持创造力和创造欲望，使我们的生命具有更强大的创造能力。

　　读书应有批判精神，读书应积极思考，读书更应有所选择。只有这样，我们才能通过阅读获取更多有益的知识，并且将自己的创造力和创造欲望都发挥到极致。

（臧杰）

阅览室

第二次考试

◇何　为

　　著名的声乐专家苏林教授发现了一件奇怪的事情：在这次参加考试的二百多名合唱训练班学生中间，有一个二十岁的女生陈伊玲，初试时的成绩十分优异：声乐、视唱、练耳和乐理等课目都列入优等，尤其是她的音色美丽和音域宽广令人赞叹。而复试时却使人大失所望。苏林教授一生桃李满天下，他的学生中间不少是有国际声誉的，但这样年轻而又有才华的学生却还是第一个，这样的事情也还是第一次碰到。

　　那次公开的考试是在那间古色古香的大厅里举行的。当陈伊玲镇静地站在考试委员会几位有名的声乐专家面前，唱完了冼星海的那支有名的《二月里来》，门外窗外挤挤挨挨的都站满了人，甚至连不带任何表情的教授们也不免暗暗递了个眼色。按照规定，应试者还要唱一支外国歌曲，她演唱了意大利歌剧《蝴蝶夫人》中的咏叹调《有一个良辰佳日》，以她灿烂的音色和深沉的理解惊动四座，一向以要求严格闻名的苏林教授也不由颔首表示赞许，在他严峻的眼光下，隐藏着一丝微笑。大家都默无一言地注视陈伊玲：嫩绿色的绒线上衣，一条贴身的咖啡色西裤，宛如春天早晨一株亭亭玉立的小树。众目睽睽下，这个本来笑容自若的姑娘也不禁微微困惑了。

　　复试是在一星期后举行的。录取与否都取决于此。这时将决定一个人终生的事业。经过初试这一关，剩下的人现在已是寥寥无几；而复试将是在各方面更其严格的要求下进行的。本市有名的音乐界人士都到了。这些考试委员和旁听者在评选时几乎都带着苛刻的挑剔神气。但是全体对陈伊玲都留下了这样一个印象：如果合乎录取条件的只有一个人，那么这唯一的一个人无疑应该是陈伊玲。

　　谁知道事实却出乎意料。陈伊玲是参加复试的最后一个人，唱的还是那两支歌，可是声音发涩，毫无光彩，听起来前后判若两人。是因为怯场、心慌，还是由于身体不适，影响声音？人们甚至怀疑到她的生活作风上是否有不够慎重的地方！在座的人面面相觑，大家带着询问和疑惑的眼光举目望她。虽然她掩饰不住自己脸上的困倦，一双聪颖的眼睛显得黯然无神，那顽皮的嘴角也流露出一种无可诉说的焦急，可是就整个看来，她通体是明朗的，坦率的，可以使人信任的；仅仅只因为一点意外的事故使她遭受挫折，而这正是人们感到不解之处。她抱歉地对大家笑笑，于是飘然走了。

苏林教授显然是大为生气了。他从来认为，要做一个真正为人民所爱戴的艺术家，首先要做一个各方面都能成为表率的人，一个高尚的人！歌唱家又何尝能例外！可是这样一个自暴自弃的女孩子，永远也不能成为一个有成就的歌唱家！

他生气地侧过头去望着窗外。这个城市刚刚受到过一次今年最严重的台风的袭击，窗外断枝残叶狼藉满地，整排竹篱委身在满是积水的地上，一片惨淡的景象。

考试委员会对陈伊玲有两种意见：一种认为从两次考试可以看出陈伊玲的声音极不稳固，不扎实，很难造就；另一种则认为给她机会，让她再试一次。苏林教授有他自己的看法，他觉得重要的是为什么造成她先后两次声音悬殊的根本原因，如果问题在于她对事业和生活的态度，尽管声音的禀赋再好，也不能录取她！这是一切条件中的首要条件！

可是究竟是什么原因呢？

苏林教授从秘书那里取去了陈伊玲的报名单，在填着地址的那一栏上，他用红铅笔划了一条粗线。表格上的那张报名照片是一张叫人喜欢的脸，小而好看的嘴，明快单纯的眼睛，笑起来鼻翼稍稍皱起的鼻子，这一切都像是在提醒那位有名的声乐专家，不能用任何简单的方式对待一个人——一个有生命有思想有感情的人。至少眼前这个姑娘的某些具体情况是这张简单的表格上所看不到的。如果这一次落选了，也许这个人终其一生就和音乐分手了。她的天才可能从此就被埋没。而作为一个以培养学生为责任的音乐教授，情况如果是这样，那他是绝对不能原谅自己的。

第二天，苏林教授乘早上第一班电车出发。根据报名单上的地址，好容易找到了在杨树浦的那条偏僻的马路，进了弄堂，蓦地不由吃了一惊。

那弄堂里有些墙垣都已倾塌，烧焦的栋梁呈现一片可怕的黑色，断瓦残垣中间时或露出枯黄的破布碎片，所有这些说明了这条弄堂不仅受到台风破坏，而且显然发生过火灾。就在这灾区的瓦砾场上，有些人大清早就在忙碌着张罗。

苏林教授手持纸条，不知从何处找起，忽然听见对屋的楼窗上，有一个孩子有事没事地张口叫着：

"咪——咿——咿——咿——，吗——啊——啊——啊——"仿佛歌唱家在练声的样子。苏林教授不禁为之微笑，他猜对了，那孩子敢情就是陈伊玲的弟弟，正在若有其事地学着他姐姐练声的姿势呢。

从孩子口里知道：他的姐姐是个转业军人，从文工团回来的，到上海后就被分配到工厂里担任行政工作。她是个青年团员——一个积极而热心的人，不管厂里也好，里弄也好，有事找陈伊玲准没有错！还是在两三天前，这里附近因为台风而造成电线走火，好多人家流离失所，陈伊玲就为了安置灾民，忙得整夜没有睡，终于影响了嗓子。第二天刚好是她去复试的日子，她说声"糟糕"，还是去参加考试了。

这就是全部经过。

"瞧，她还在那儿忙着哪！"孩子向窗外扬了扬手说："我叫她！我去叫她！"

"不。只要告诉你姐姐：她的第二次考试已经录取了！她完全有条件成为一个优秀的歌唱家，不是吗？我几乎犯了一个错误！"

苏林教授从陈伊玲家里出来，走得很快。是的，这天早晨有什么使人感动的东西充溢在他胸口，他想赶紧回去，把他发现的这个音乐学生和她的故事告诉每一个人。

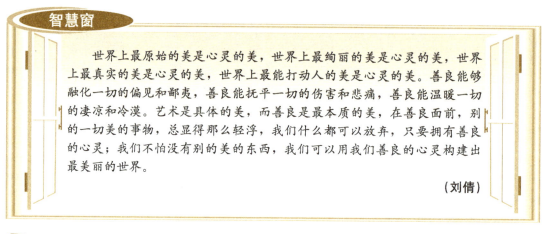

智慧窗

　　世界上最原始的美是心灵的美，世界上最绚丽的美是心灵的美，世界上最真实的美是心灵的美，世界上最能打动人的美是心灵的美。善良能够融化一切的偏见和鄙夷，善良能抚平一切的伤害和悲痛，善良能温暖一切的凄凉和冷漠。艺术是具体的美，而善良是最本质的美，在善良面前，别的一切美的事物，总显得那么轻浮，我们什么都可以放弃，只要拥有善良的心灵；我们不怕没有别的美的东西，我们可以用我们善良的心灵构建出最美丽的世界。

（刘倩）

阅览室

小鸟，你飞向何方

◇赵丽宏

　　在黄昏的微光里，有那清晨的鸟儿来到了我的沉默的鸟巢里。

　　我喜欢泰戈尔的诗。还在读中学的时候，泰戈尔就把我迷住了，一本薄薄的《飞鸟集》，竟被我纤嫩的手指翻得稀烂。好些充满着光彩和幻想的诗句，曾多少次拨动我少年的心弦……

　　《飞鸟集》破损了，我渴望再得到一本。然而，"文化革命"一开始，这个小小的愿望，竟成了梦想。我的那本破烂的《飞鸟集》，也被人拿去投入街头烧书的熊熊烈火中，暗红色的灰烬在火光里飞舞，飘飘洒洒，纷纷扬扬。我仿佛看见老态龙钟的泰戈尔在火光里站着，烈火烧红了他的白发，烧红了他的银须，也烧红了他的朴素的白袍。他用他那冷峻而又安详的目光注视着这一切，看着，看着，他的神色变了，似有几许惊恐，几许不安，也有几许愤怒，几许嘲讽……

　　我还是喜欢泰戈尔。在动乱的岁月里，我默默地背诵着他的诗，以求得几分心灵的安宁。"诗人的风，正出经海洋和森林，求它自己的歌声。"我陶醉在他所描绘的大自然中了——那宁静而又浮躁的海洋，那广袤而又多变的天空，那温暖而又清澈的湖泊，那葱郁而又古老的森林……

　　有一天，我忽然异想天开了：到旧书店去走走，看能不能找到几本好书。结果，当然叫人失望。但，我发现，有时还会有几本"罪当火烧"的书出现在书架上，或许，这是出于店员的粗心吧。于是，我抱着几分侥幸，三天两头往旧书店跑。一个星期天的早晨，我又走进冷冷清清的旧书店。我的目光，久久地在一排排大红的书脊中扫动，突然，我的眼睛发亮了：一条翠绿色的书脊，赫然跻身在一片红色之间，呵，竟是《飞鸟集》！

　　该不会有另一种《飞鸟集》吧？我不相信自己的眼睛，仔细一看，果真有泰戈尔的名字。随即，我又紧张了，是的，这年头，得而复失的太多了。挤夺着《飞鸟集》的一片绿色，又使我想起街头那一堆堆焚书的烈火，那漫天飞扬的纸灰……我赶紧向书架伸出手去。

　　几乎是同时，旁边也伸出一只手来，两只手，都紧紧地捏住了《飞鸟集》。这是一只瘦小白皙的手，一只小姑娘的手。我转过脸来，正迎上两道清亮的目光——一个中学生模样的小姑娘站在我身旁，抬起脸看着我，白圆的脸上，一双清秀的眼睛眨巴眨巴地闪动着，像一潭清澈见底的泉水，微波起伏，平静中略带点惊讶。

我愣住了，手捏着书脊，不知如何是好。还是她开了口："你也要它吗？那就给你吧。"声音，清脆得像小鸟在唱歌。

我有脑海里忽然旋起个念头，在这样的时候，她还会喜欢泰戈尔？莫非，她根本不知道这是怎样一本书？于是，我轻轻问道："你知道，这是谁的书？"

"谁的书？"小姑娘抬起头来，颇有些惊奇地看着我，秀美的眼睛睁得滚圆，转而，开心地笑起来，一边笑，一边做了个鬼脸："这是一个老爷爷的书，一个满脸白胡子的印度老爷爷。我喜欢他。"说罢，用手做着捋胡子的样子，又格格地笑了。如同平静的池塘里投进一颗石子，笑声，在静静的店堂里荡漾……

啊，还真是个熟悉泰戈尔的！我多么想和她谈谈泰戈尔，谈谈我所喜欢的那些作家，谈谈几乎已被人们遗忘了的世界呵！然而，这样的年头，这样的场合，这样的谈话肯定是不合时宜的，即使年青，我还是懂得这一点。小姑娘见我呆呆地不吭声，刷地一下把《飞鸟集》从书架上抽下来，塞到我手中："给你吧，我家里还藏着一本呢！"没等我做出任何反应，她已经转身去了。我只看见她的背影：一件浅紫色的衬衫，上面开满了白色的小花；两根垂到腰间的长辫，随着她轻快的脚步摆动……

她走了，像一缕轻盈的风，像一阵清凉的雨，像一曲优美的歌……

夏天的飞鸟，飞到我窗前唱歌，又飞去了。

旧书店里的那次邂逅，留给我的印象竟是那么强烈。真的，生活中有些偶然发生的事情，有时会深深地刻进记忆中，永远也忘记不了。我不知道那个小姑娘的名字，甚至没有看仔细她的容貌，但，她从此却常常地闯到我的记忆中来了。当我看着那些在街头吸烟，无聊，踯躅的青年，心头忧郁发闷的时候，当我读着那些大吹"知识越多越反动"的奇文，两眼茫然迷离的时候，她就会悄悄地站到我的面前，眨着一对明亮的眼睛，莞尔一笑，把一本《飞鸟集》塞到我手中，然后，是那唱歌一般悦耳的声音："这是一个老爷爷的书，给你吧，我家里还藏着一本呢！"……

她使我惶乱的思想得到一丝欣慰，她使我空虚的心灵得到几分充实。她使我相信：并不是所有的青年人都忘记了世界，抛弃了前人创造的文化，抛弃了那些属于全体人类的美的事物！

有时，我真想再见到这位小姑娘，可是，偌大个城市，哪里找得到她呢？有时，我却又怕见到她。因为，在这些岁月里，有多少纯真的青年人变了，变得世故，变得粗俗，就像炎夏久旱之后的秧苗，失去了水灵灵的翠绿，萎缩了，枯黄了。我怕再见到她以后，便会永远丢失那段美好的回忆。

一次，我在街上走着，迎面过来几个时髦的姑娘，飘拂潇洒的波浪长发，色调深艳的喇叭裤子，高跟鞋踏得笃笃作响，香脂味随着轻风飘漾。她们指手画脚大声谈笑着，毫无顾忌，似乎故意招摇过市，引得路人纷纷投去惊奇的目光，目光中不无鄙视。对那些衣着打扮，我倒并没有多少反感，只是她们的神态……

我忽然发现，这中间有一张似曾相识的脸——呵，难道是她？是那个在书店遇见的姑娘！真有点像呀！我的心不禁一阵抽搐。我迎上去，想打招呼，她却根本不认识我，连看都不看一眼，勾着女伴的颈脖，嬉笑着从我身边走过去。哦，不是她，但愿不是她！我默默地安慰着自己，呆立在路边，闭上了眼睛……

是的，这绝不会是她。然而，这件小事却给我心头重重一击。工作之余，我又打开泰戈尔的诗集。泰戈尔，这位异国的诗人，毕竟离我们遥远了，他怎么能回答我们这一代青年人的疑虑和苦恼呢！他的一些含着神秘色彩的诗句，竟使我增添许多莫名的忧愁和烦闷。"有些看不见的手指，如懒懒的微风似的，正在我的心上，奏着潺缓的乐声"。呵，"我知道我的忧伤会伸展开它的红玫瑰叶子，把心开向太阳！"

冬天的小鸟啾啁着，要飞向何方？

历尽了一场肃杀的寒冬，春天来了。经过冰雪的煎熬，经过风暴的洗礼，多少年青的心灵复苏了，他们告别了愚昧，告别了忧郁，告别了轻狂，向光明的未来迈开了脚步。就像泥土里的种子，悄悄地萌发出水灵灵的嫩芽，使劲顶出地面，在春风春雨里舒展开青翠的枝叶……

恍若梦境，我竟考上了大学，去报到之前，我清理着我的小小的书库，找几本心爱的书随身带着，第一本，就想到了《飞鸟集》。啊，她在哪里呢？那个许多年前在书店里遇见的小姑娘！此刻，即使她站到我面前，我大概也不会认识她了，可是，我多么想知道，她在哪里……

人流，长长不断的人流，浩浩荡荡涌向校门。我随着报到的人群，慢慢地向前走着。不知怎的，我仿佛有一种预感——在这重进校门的队伍中，会遇见她。于是，我频频四顾，在人群中寻找着。

一次又一次，我似乎见到了她——她背着书包走过来了，脚步，已不似当年轻盈，却稳重了，坚定了；身上，还是那一件淡紫色的衬衫，上面开满了白色的小花；两根垂到腰间的长辫，轻轻地晃动着……

这不过是幻觉而已，我找不到她。在这支源源不绝的人流里，有那么多的小伙，那么多的姑娘，哪有这样巧的事情呢。可是，我的心头还是涌起了几分惆怅，眼前，仿佛又掠过几年前在街头见到的那一幕……

有人撞到我的脚跟上，我一下子从沉思中惊醒。身边，是笑声，是歌声，是脚步声。我不禁哑然失笑，脑海中，突然跳出几行不知是谁写的诗句来：

你呀，你呀，何必那么傻，

经过一场风寒，就以为万物肃杀……

闻一闻风儿中春的芳馨呢，

生活，总要向美好转化！

我抬起头来，幽蓝的天空，辽远而又纯净——这是春天的晴空呵！一群又一群鸟儿从远方来了，它们欢叫着，抖动着翅膀，划过透明的青天，飞呵，飞呵，飞……

智慧窗

有的时候我们去记忆只是为了将来能够有所回忆，有些时候我们去希望只是害怕将来我们会无所希望，所以啊，痴迷的人儿，为什么总爱那么追根究底？我们只是为了记忆而记忆，我们亦只是为了希望而希望罢了。将心中的念想幻化成一只小小的鸟，让它喜欢去哪儿就去哪儿，我们不要痴迷它飞过的痕迹，我们亦不要痴迷它飞行的姿势，我们相信它最后的归宿肯定是在我们心底。

（刘倩）

十八岁出门远行

　　十八岁，走在异乡或异国的土地上，体验着不一样的生活和文化，思考着自己的人生方向；十八岁，唱响青春的歌声，追求新的家园。

　　离乡太久了，怕自己忘了家乡的模样，只好先把思乡寄于他物。我们行走在陌生的旅途上，只为让青春的血液流动起来。思乡之情寄于明月，因为月是故乡明。乡思化作故乡的藕与莼菜，化作几串铜铃，化作几串脚印。无法忘记母土，因为我们有对土地最深的誓言，在几千年的风雨中都可以听到这血脉相传的声音。

藤野先生

◇鲁 迅

东京也无非是这样。上野的樱花烂熳的时节，望去确也象绯红的轻云，但花下也缺不了成群结队的"清国留学生"的速成班，头顶上盘着大辫子，顶得学生制帽的顶上高高耸起，形成一座富士山。也有解散辫子，盘得平的，除下帽来，油光可鉴，宛如小姑娘的发髻一般，还要将脖子扭几扭。实在标致极了。

中国留学生会馆的门房里有几本书买，有时还值得去一转；倘在上午，里面的几间洋房里倒也还可以坐坐的。但到傍晚，有一间的地板便常不免要咚咚咚地响得震天，兼以满房烟尘斗乱；问问精通时事的人，答道，"那是在学跳舞。"

到别的地方去看看，如何呢？

我就往仙台的医学专门学校去。从东京出发，不久便到一处驿站，写道：日暮里。不知怎地，我到现在还记得这名目。其次却只记得水户了，这是明的遗民朱舜水先生客死的地方。仙台是一个市镇，并不大；冬天冷得利害；还没有中国的学生。

大概是物以稀为贵罢。北京的白菜运往浙江，便用红头绳系住菜根，倒挂在水果店头，尊为"胶菜"；福建野生着的芦荟，一到北京就请进温室，且美其名曰"龙舌兰"。我到仙台也颇受了这样的优待，不但学校不收学费，几个职员还为我的食宿操心。我先是住在监狱旁边一个客店里的，初冬已经颇冷，蚊子却还多，后来用被盖了全身，用衣服包了头脸，只留两个鼻孔出气。在这呼吸不息的地方，蚊子竟无从插嘴，居然睡安稳了。饭食也不坏。但一位先生却以为这客店也包办囚人的饭食，我住在那里不相宜，几次三番，几次三番地说。我虽然觉得客店兼办囚人的饭食和我不相干，然而好意难却，也只得别寻相宜的住处了。于是搬到别一家，离监狱也很远，可惜每天总要喝难以下咽的芋梗汤。

从此就看见许多陌生的先生，听到许多新鲜的讲义。解剖学是两个教授分任的。最初是骨学。其时进来的是一个黑瘦的先生，八字须，戴着眼镜，挟着一迭大大小小的书。一将书放在讲台上，便用了缓慢而很有顿挫的声调，向学生介绍自己道：——

"我就是叫作藤野严九郎的……"

后面有几个人笑起来了。他接着便讲述解剖学在日本发达的历史，那些大大小小的书，便是从最初到现今关于这一门学问的著作。起初有几本是线装的；还有翻刻中国译本的，他们的翻译和研究新的医学，并不比中国早。

那坐在后面发笑的是上学年不及格的留级学生，在校已经一年，掌故颇为熟悉的了。他们便给新生讲演每个教授的历史。这藤野先生，据说是穿衣服太模胡了，有时竟会忘记带领结；冬天是一件旧外套，寒颤颤的，有一回上火车去，致使管车的疑心他是扒手，叫车里的客人大家小心些。

他们的话大概是真的，我就亲见他有一次上讲堂没有带领结。

过了一星期，大约是星期六，他使助手来叫我了。到得研究室，见他坐在人骨和许多单独的头骨中间，——他其时正在研究着头骨，后来有一篇论文在本校的杂志上发表出来。

"我的讲义，你能抄下来么？"他问。

"可以抄一点。"

"拿来我看！"

我交出所抄的讲义去，他收下了，第二三天便还我，并且说，此后每一星期要送给他看一回。我拿下来打开看时，很吃了一惊，同时也感到一种不安和感激。原来我的讲义已经从头到末，都用红笔添改过了，不但增加了许多脱漏的地方，连文法的错误，也都一一订正。这样一直继续到教完了他所担任的功课：骨学、血管学、神经学。

可惜我那时太不用功，有时也很任性。还记得有一回藤野先生将我叫到他的研究室里去，翻出我那讲义上的一个图来，是下臂的血管，指着，向我和蔼的说道：——

"你看，你将这条血管移了一点位置了。——自然，这样一移，的确比较的好看些，然而解剖图不是美术，实物是那么样的，我们没法改换它。现在我给你改好了，以后你要全照着黑板上那样的画。"

但是我还不服气，口头答应着，心里却想道：——

"图还是我画的不错；至于实在的情形，我心里自然记得的。"

学年试验完毕之后，我便到东京玩了一夏天，秋初再回学校，成绩早已发表了，同学一百余人之中，我在中间，不过是没有落第。这回藤野先生所担任的功课，是解剖实习和局部解剖学。

解剖实习了大概一星期，他又叫我去了，很高兴地，仍用了极有抑扬的声调对我说道：——

"我因为听说中国人是很敬重鬼的，所以很担心，怕你不肯解剖尸体。现在总算放心了，没有这回事。"

但他也偶有使我很为难的时候。他听说中国的女人是裹脚的，但不知道详细，所以要问我怎么裹法，足骨变成怎样的畸形，还叹息道，"总要看一看才知道。究竟是怎么一回事呢？"

有一天，本级的学生会干事到我寓里来了，要借我的讲义看。我检出来交给他们，却只翻检了一通，并没有带走。但他们一走，邮差就送到一封很厚的信，拆开看时，第一句是：——

"你改悔罢！"

这是《新约》上的句子罢，但经托尔斯泰新近引用过的。其时正值日俄战争，托老先生便写了一封给俄国和日本的皇帝的信，开首便是这一句。日本报纸上很斥责他的不逊，爱国青年也愤然，然而暗地里却早受了他的影响了。其次的话，大略是说上年解剖学试验的题目，是藤野先生讲义上做了记号，我预先知道的，所以能有这样的成绩。末尾是匿名。

我这才回忆到前几天的一件事。因为要开同级会，干事便在黑板上写广告，末一句是"请全数到会勿漏为要"，而且在"漏"字旁边加了一个圈。我当时虽然觉到圈得可笑，但是毫不介意，这回才悟出那字也在讥刺我了，犹言我得了教员漏泄出来的题目。

我便将这事告知了藤野先生；有几个和我熟识的同学也很不平，一同去诘责干事托辞检查的无礼，并且要求他们将检查的结果，发表出来。终于这流言消灭了，干事却又竭力运动，要收回那一封匿名信去。结末是我便将这托尔斯泰式的信退还了他们。

中国是弱国，所以中国人当然是低能儿，分数在六十分以上，便不是自己的能力了：也无怪他们疑惑。但我接着便有参观枪毙中国人的命运了。第二年添教霉菌学，细菌的形状是全用电影来显示的，一段落已完而还没有到下课的时候，便影几片时事的片子，自然都是日本战胜俄国的情形。但偏有中国人夹在里边：给俄国人做侦探，被日本军捕获，要枪毙了，围着看的也是一群中国人；在讲堂里的还有一个我。

"万岁！"他们都拍掌欢呼起来。

这种欢呼，是每看一片都有的，但在我，这一声却特别听得刺耳。此后回到中国来，我看见那些闲看枪毙犯人的人们，他们也何尝不酒醉似的喝彩，——呜呼，无法可想！但在那时那地，我的意见却变化了。

到第二学年的终结，我便去寻藤野先生，告诉他我将不学医学，并且离开这仙台。他的脸色仿佛有些悲哀，似乎想说话，但竟没有说。

"我想去学生物学，先生教给我的学问，也还有用的。"其实我并没有决意要学生物学，因为看得他有些凄然，便说了一个慰安他的谎话。

"为医学而教的解剖学之类，怕于生物学也没有什么大帮助。"他叹息说。

将走的前几天，他叫我到他家里去，交给我一张照相，后面写着两个字道："惜别"，还说希望将我的也送他。但我这时适值没有照相了；他便叮嘱我将来照了寄给他，并且时时通信告诉他此后的状况。

我离开仙台之后，就多年没有照过相，又因为状况也无聊，说起来无非使他失望，便连信也怕敢写了。经过的年月一多，话更无从说起，所以虽然有时想写信，却又难以下笔，这样的一直到现在，竟没有寄过一封信和一张照片。从他那一面看起来，是一去之后，杳无消息了。

但不知怎地，我总还时时记起他，在我所认为我师的之中，他是最使我感激，给我鼓励的一个。有时我常常想：他的对于我的热心的希望，不倦的教诲，小而言之，是为中国，就是希望中国有新的医学；大而言之，是为学术，就是希望新的医学传到中国去。他的性格，在我的眼里和心里是伟大的，虽然他的姓名并不为许多人所知道。

他所改正的讲义，我曾经订成三厚本，收藏着的，将作为永久的纪念。不幸七年前迁居的时候，中途毁坏了一口书箱，失去半箱书，恰巧这讲义也遗失在内了。责成运送局去找寻，寂无回信。只有他的照相至今还挂在我北京寓居的东墙上，书桌对面。每当夜间疲倦，正想偷懒时，仰面在灯光中瞥见他黑瘦的面貌，似乎正要说出抑扬顿挫的话来，便使我忽又良心发现，而且增加勇气了，于是点上一枝烟，再继续写些为"正人君子"之流所深恶痛疾的文字。

十月十二日。

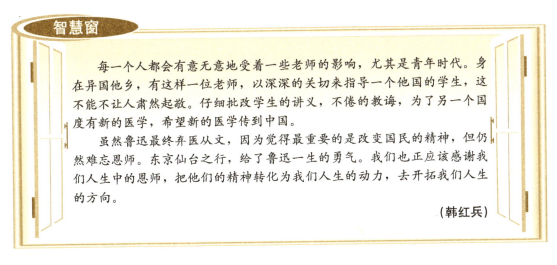

智慧窗

每一个人都会有意无意地受着一些老师的影响，尤其是青年时代。身在异国他乡，有这样一位老师，以深深的关切来指导一个他国的学生，这不能不让人肃然起敬。仔细批改学生的讲义，不倦的教诲，为了另一个国度有新的医学，希望新的医学传到中国。

虽然鲁迅最终弃医从文，因为觉得最重要的是改变国民的精神，但仍然难忘恩师。东京仙台之行，给了鲁迅一生的勇气。我们也正应该感谢我们人生中的恩师，把他们的精神转化为我们人生的动力，去开拓我们人生的方向。

（韩红兵）

阅览室

留学第一课
◇谢文炳

一个青年，不能在自己的国度学到他所要学的东西，而得要远涉重洋到外国去学，一旦和那些外国学生聚在一起，是难免不有一些怯生自卑的复杂心理的。就带着这样的预感，我去上留学的第一课。

记得在出国时，曾听着前辈这样的教训："外人说我们中国人龌龊，不讲卫生，你们到了美国，第一件事，就是要用事实去改正他们这种观念。"我于是特别穿了一套新制的青哔叽西装，裁剪入时，线缝也清切；加上浆白的硬领，打一条青丝的领带。在国内时，头发向来不大整理，现在却梳得伏伏贴贴的。只缺少了一层发油，要不然，也就可以和脚下的黑纹皮鞋比一比闪亮了。总之，在去教室的路上，我自觉衣冠整齐，态度斯文，称得上是一个道地的青年高等华人。

走进教室，生怕引起旁人的注意，不敢过于张望，便拣定后排一个靠角落的座位坐下了。稍微镇定了一下，仔细瞧几眼那些美国同学，出乎我的意料，除女学生外，并不见有多少是穿得干干净净的，且不谈漂亮了。大多数，上身连上衣都没有穿，只穿着一种连领的汗衫，领带也不打，就那么敞着领口披着，袒出胸上的黄毛。下身穿的是一种麻布裤子，因为日久不洗，原来洁黄的颜色已经被汗渍污垢所淹没，呈现着各种深浅不同的烟灰色了。有的，许是运动员之类吧，袖口勒到粗大的手臂上，裤腿上画着许多怪东西，如大尖刀，骷髅，女学生的脸嘴等，令人联想到屠户和刽子手。

我于是放心了。我想，无论从哪方面看，我都是比他们整齐讲卫生的。

在放心之后，及至我留意到他们的态度是那么活泼，自然，谈吐举止是那么犷野，粗悍；而反观我自己，谨慎，局促，持重，我不禁周身打一个寒噤，我忽然感觉到我已经走进了中年的境地，我——老了。

电铃当当的一声响，这是上课的通告。一个女学生，花蝴蝶似的，走进教室，来不及挑选座位，看见我的右手边是空着的，便走过来坐下了。

在国内时，我不曾有过和女学生同班的经验。固然因此脑子里还存着一些男女有别的观念，加以几千年圣贤的遗传，脉管也还流着一些礼教的血液，但当她坐定之后，拿出小圆镜来，照着脸儿掠发扑粉的时候，我不禁心地慌荡了。对于这样逼近的色情的引诱，不料一切的观念，礼教全作不了主。

幸而是老教授走上了讲台，我才勉强能够把内心的注意从红颜移到白发那边去。

这位教授大约有六十几岁，头发白了，额顶秃了，精神却很健旺。照说，这既然是开学后第一课，而他自己又是这么大年龄，他很可以扯几分钟的闲白，把学生打发走了事。然而他不。到讲台上站定后，瞧过学生几眼，便一本正经地讲解功课了。

瞧旁的同学都在那儿聚精会神地笔记，我也起首笔记。但是，也许是没有听惯老教授的口音，也许是没有看惯女学生的衣裙，尽管笔下在写，连我自己也不知道写的是些什么。

正在自思："这样留学，未免白费国家的钱。"忽然那位女同学转过脸来问我："你还有一支笔吗？"我没有第二支。"那么"，她把自来水笔伸过来，"请你注给我一点墨水吧！"

墨水是注给了她一点，我却连耳根都红了。

下课后，我把这一点钟的经验告诉同国的朋友。朋友警告我说："你别自作多情吧！那是常事。记得，你我脸嘴生得黄的人，就别想在他们这儿吃天鹅肉！"

这自然是经验之谈。

智慧窗

初踏异国，民族、国度、文化的差异，导致行为、言语、思想的不同，这应该是每一个出门远行的人都会面对的问题。

出门问路，入乡问俗。一方面，我们应该了解异地的风俗，入乡随俗，尊重别人的文化；另一方面，我们不该忘记自己的传统，不可邯郸学步。更为重要的是，我们要学会比较文化的差异，学会用自己的头脑来判断，从而真正形成自己的处事风格、思维方式，达到文化上的学贯中西。

（韩红兵）

 阅览室

青春之歌

◇塞 风

当我们身披洒满阳光的羽翼，置身于青春的驿站，以一腔澎湃的热血，用迎接太阳的双手，去推开那道光明与希望之门时，所有寻找青春旅程的结束又成为一种新的开始。

青春之旅使我们有了太多的追求，找寻与体会青春岁月的光芒，成为心中一种誓言。我们无数次背负着理想，伴着子夜的钟声出发，去追寻属于青春的辉煌。也许我们还一无所有，也许青春之路还很漫长，也许前进的道路上会充满坎坷与荆棘。但我们能以理想为经，以行动为纬，朝着远方的目标不懈地跋涉。

在时光的隧道里，我们盼望用犀利的目光将天空钻出蔚蓝，让激动的心似利箭般射穿无尽的苍穹，射向高高远远的宇宙。盼望所有同我们一样找寻青春年华的旅人，身背行囊，朝着一个遥远而圣洁的目的地，虔诚地去朝拜，直到坚守到生命最后的时刻。

青春的呼唤，使我们远足的信念在心中牢牢扎根，脚下的追寻之路似草一般疯长。我们吹着青春的号角，不顾一切地翻山越岭而去，并且一如既往向着目的地进发。犹如鱼儿恋水，生命的绿色追赶太阳般执著。

寻找青春的家园，我们别无选择。当我们用辛劳的汗水和澎湃的热血铸成一种理想的文字，去记载或表述生命中不可或缺的追求时，所有经历过的磨难都似纷纷扬扬的雪花般落入泥土。

曾几何时，我们扪心自问，是不是因为青春的呼唤，使生命的长河过早地澎湃，以至撑起飞翔的翅膀去冲击风雨雷电？是不是因为青春的呼唤，使盛开的理想花朵固守在生命的岸边点缀，以至绽放鲜艳之色去成为人们眼中一片美丽的风景？

不可念及许多言不由衷，其实青春之旅许多是涉舟而来，又随波而去。犹如远征的驼队，牢记前方的路依旧漫长而遥远，摇动叮叮当当的驼铃，就知前方的路程无法丈量，穿越的过程便是追求的证明。

希望的钟声敲响在黎明时空，相信每个早晨的阳光会使天空灿烂。相信青春的灯火正亮，定会照亮有志青年不懈的追求之路。

让我们携起手来，披着阳光穿行岁月，加快青春的脚步，去点亮挂在心头的那束理想之光，用挚爱的情怀去高歌一首青春之歌。

智慧窗

青春是一首歌，以热血为曲，以追求为词，唱给远方的圣地；青春是跋涉，以理想为经，以行动为纬，踏过坎坷与荆棘；青春是呼唤，以远足为信念，以绿色为执著，吹着追寻的号角。

每个人的青春，每代人的青春，所有人的青春，汇成溪流、江河、海洋，奏响最宏大的交响乐曲，唱出最挚爱的生命之歌。让我们迈开青春的脚步，踏上追寻的征程，前进之路已被青春的辉光照亮。

(韩红兵)

行 走

◇张立国

一个早晨或黄昏，我离开了久居的南方城市，向一个未曾去过的地方行走。前路漫漫，我的心情也空前地变得悲凉，旅途的艰辛几乎是不言而喻的。然而前方的路充满了诱惑，让我想象前方的路的尽头是一个美丽的桃花源。但可能我也会被诱惑燃为灰烬。我无暇顾及了，一意孤行地走着，路边的野花野草默默为我送行。在最初的日子里，行走是一种乐趣，我随时感受着土地的芬芳气息。土地，就像一篇散文，却也撑持着丰盈的诗意。人与土地有一种亲切的温馨。

走得久了，渐渐地体味了行走的艰辛，烈日、暴雨、狂风侵蚀着我日益麻木的心灵。在这种情况下，我遇见了一条大江，我坐在江边，江风吹拂着我憔悴的面孔和发丝。江水滔滔，像一只永不疲倦的手哗哗翻动时光的日历，正如"子在川上曰，逝者如斯夫"。我从江边的短暂驻足中获得片刻的闲适，从喧嚣中挣脱出来，让心灵抵达空旷和宁静。让艰辛渐渐淡去。大江无语，唯有涛声依旧。一只鸟儿从我的头顶飞过，如同一枚飘逝的叶子，我觉得我的心在变轻，轻得如一枚羽毛，随时可能被风吹到没有尽头的深处。我渐渐感到江风的寒冷和虚无的孤独。我明白，我将继续走下去，大江只不过是我记忆中的一个片断，行走才是目的。漫长的旅程中，我偶尔会与一些逶迤而至的山脉撞在一起，我是喜欢山的，在行走中读山是一种难得的乐趣。远远地读其苍茫，近近地读其清幽；粗读其豪放，细读其深沉。读青、读绿、读和谐、读静谧。与山相亲，其乐无穷。然而读山也只是一个片断，我必须走。

艳阳高照，在路上的我发觉树木森森的好处。我在大树下坐下来，仁目远方的道路，天上的白云悠然自如。附近的老农躺在树荫下，看着几头心爱的牛吃草。忽然之间，我的眼睛有些湿润，平凡的日子也如此美好。但我必须走下去，每一个人都会在大地上留下斑驳的足迹，这叫做生命的往昔——总有许多值得怀念的日子，总有许多不愿回首的日子，我们将这远逝的生命之旅称为记忆。不是每一个人都能够总结自己的一生，就是说，不是谁都能获得自然的赐予，在一颗饱满的泪水中探寻生命的隐秘与行走的乐趣。所以我必须走，一天二十四小时走。我累了。我要倒下去了。太阳依然高悬着。我还是在走。我的灵魂早已出窍，现在走着的也许是我的灵魂。我抛弃了我的世俗的欢乐，在我的路上，已经没有了鲜花，没有了女人，没有狂欢的节日，没有酒。我只是在走，走呵，走呵，在行走中寻找行走的意义。

辛涅科尔说："人注定是要毁灭的，也许如此，那么就让我们在抗拒行动中毁灭吧，再说，如果等候在我们前面的是'空无'，那么我们不必在意它，否则它将成为不可改变的运数。"

我很喜欢这段话。在我孤独的长旅中，在我知道今世的努力最终仍将化为虚无，在我终于明白生命的辉煌归宿不过是一片无际的死寂黑暗时，辛涅科尔的这段话便给了我"此刻生存"的勇气，我才能继续走下去。

在行走的日子里，我的手边仅有一册二十世纪三十年代美国《国家地理杂志》的撰稿人、探险家洛克的关于云南丽江的厚厚的书。洛克进入云南丽江之后，他攀登山峰，探测河流，收集标本，拍摄照片，十多年后，他的生命背景上多了一张丽江地图，多了一份行走的标本。丽江对于洛克，已经不是地图上的名词和一个蛮荒世界的模糊知识，而是云南西部那些雄伟的高山、青黑色的河流、空气、风、雪山和森林，是一口流利的汉语、摩些语、东巴教的神灵世界、对丽江粑粑的偏爱以及风流韵事，和土司们的友谊、在秋天发作的风湿。我在洛克的书中寻找到一种安慰，对于我来说，行走便是生命中的丽江。

葡萄牙作家佩索阿说过一句话："真正的景观是我们自己创造的，因为我们是它们的上帝。我对世界七大洲的任何地方既没有兴趣，也没有真正去看过。我游历我自己的第八大洲。"佩索阿心中的世界无须经过行走的淘洗，我在行走的艰辛中羡慕他，但我无法苟同。我的世界便是我在行走中所触摸所目睹的世界，这是我接近这个世界的方式，也许这个世界上每一个人都有着自己接近这个世界的方式，说不上谁好谁坏。

终于在一个雨夜，我抵达北方的黑龙江边。一路上的所见所闻渐渐淡去，我开始怀念故乡。平生第一次走过如此遥远的路，我的内心有种难言的忧伤。我发现，这北方的雨声与我故乡江南的雨声，也没什么不同。

只是，母亲距我很远。那一夜，我结束了自己的行走，但以另一种方式在思想里闭目行走，领略自由的魅力。

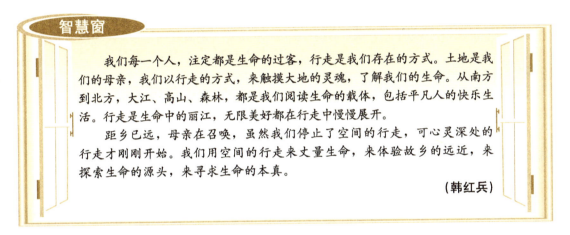

智慧窗

我们每一个人，注定都是生命的过客，行走是我们存在的方式。土地是我们的母亲，我们以行走的方式，来触摸大地的灵魂，了解我们的生命。从南方到北方，大江、高山、森林，都是我们阅读生命的载体，包括平凡人的快乐生活。行走是生命中的丽江，无限美好都在行走中慢慢展开。

距乡已远，母亲在召唤，虽然我们停止了空间的行走，可心灵深处的行走才刚刚开始。我们用空间的行走来丈量生命，来体验故乡的远近，来探索生命的源头，来寻求生命的本真。

(韩红兵)

阅览室

我寄情思与明月

◇郭保林

久离乡土，难免心中积起一叠叠沉甸甸的乡情。乡情像一条坚韧而绵长的丝线，无论走到哪里，它总是伴着我一同前行。山，隔不断；水，剪不断；一头系着故乡，一头系在我心中。在城市住久了，思念故乡的心越发殷殷的了，这一叠重重的乡情该怎样寄托呢？

托给那一缕飘逸的风。可它太放浪了，靠得住么？托给那一片悠悠的云。可它太轻薄了，载得动么？

哦，托给那一脉幽幽的月光吧——那时湿漉漉、晶莹莹的月光，会翻过山岭，跨过河流，穿过翳密的林薮，载着我厚甸甸的情思，把一朵朵鲜润润的吻，一声声热乎乎的问候，给我的小河，给我的白杨林，给我的梨园，给我的场院，给每一朵野花，给每一株小草，给颤动在花瓣上的点点晨露，给栖落在草叶上的红头蜻蜓……啊，给我那像按在平原上一枚图钉大小的乡村。

而今，又是月到中秋了。

月，对城市来说，实在太吝啬了。即使这中秋之夜，那月光也是慵慵的，倦倦的，只在遥远的天空微微睨着，月色淡淡的黄，像贫血少女的脸靥；地上，空中，弥漫着薄薄的、烟一样朦胧的光，仿佛风一吹，就消逝殆尽了，哪有故乡月色如水的清澈，如银的锃亮？

我思念故乡的月。

撇下妻与子，我独自走至郊外的山野，坐在山坡一块岩石上。脚下是灯火万家的烟城，仰首天穹，只见一羽鹅毛似的絮云，在月儿的脸上抚来抚去，一会儿又有一匹尼龙纱巾似的流云，网住了月儿的蝉鬓；又一会儿云褪尽，便见如出水的明珠，如浴后的白莲，施施然脱颖而出，于是山野便盛满了月的思想，月的灵魂。

我的思绪也像鸟儿一样，乘着这飘飘渺渺的月光飞去了，飞过迷蒙的烟水，飞进故乡那如诗如画的月色里……

故乡五月的月夜，在我儿时心灵里是一幅多么迷人的画儿啊！

那是最新、最美好的时刻，天空像刷洗过一般，没有一丝云雾，蓝荧荧的又高又远。月儿像一位姗姗来迟的妩媚的少女，她把满目清朗朗的光晕撒下来，那满院便是一片明晃晃的晶莹，槐花瓣上便注满月的流汁，月的凝脂，空气里弥漫着花的幽香，月的芳馨。院角，墙缝里，蟋蟀，这些骚扰不停的夜的骑士发出爆裂般的歌唱……

这时，我便坐在院里的洋槐树下，或躺在母亲的怀抱里，望着星，望着月，读着那永远也看不懂的黛蓝色的天书。有时母亲也扯着我的小手，摇来晃去地唱道：

筛箩箩，打躺躺，

磨斗面，送姥娘，

姥娘不在家，

喜得妗子笑哈哈……

其实是我笑，母亲笑。笑声在融融的月里飞飞飘飘。摇过，唱过，便给我讲起许多关于月的传说，我也常趴在母亲的肩头，问那月娘为何不下来，干吗老呆在天上？问月娘吃什么，那儿有杜梨、有酸枣，也有"甜秆"么？那星儿可是她的孩子？云遮住了月的脸，好久好久不露面，是月娘病了么？小小心灵里盛满了许许多多的童稚和疑惑。稍大一点，我和我的小伙伴儿喜欢在月光里奔跑，追逐，嬉闹。或场院，或河滩，或树林，那是我们这些"小精灵"活动的第一个舞台。跑累了，闹乏了，就坐下来唱歌。我们的嗓门儿嫩稚稚的，像刚脱壳的蝉，刚蜕皮的蝈蝈。我们的歌清朗朗的，月娘听了，给我们一片湿润润的吻；花儿听了，给我们一片幽幽的香；云儿听了，给我们一片柔柔的情。

至于瓜棚月夜，那是孩子心目中最动人的一幅画面了！

那是怎样迷人的景色啊！暮霭沉沉下垂时，月亮尚未升起，萤火虫却已从夜帷里钻出来，就像从夜空里飘撒下来的星星，忽高忽低，忽上忽下无声地飘荡着，飘荡着，在瓜棚、瓜园的周围飞舞起来了。当月亮升起的时候，田野就像洒了一层银粉。远远的树林，近处的田陌、沙冈，呈现出一派既清晰、明亮，又空灵、柔和的景色。

那生产队的瓜园对我们多么富有诱惑力啊！满园枕头大的银瓜、西瓜，棒槌长的菜瓜和大大小小的甜瓜，从碧绿的叶缝里，裸露出丰满诱人的笑脸，散发出浓郁的馨香。温柔的夜风，载着瓜的芳香以及晒蔫了的瓜叶的气味，一齐弥漫过来，沁人心脾，令人陶醉。在月色里可以依稀看到圆滚滚的西瓜——果皮上泛着一层白粉，白粉上镂刻着一道道绿色的花纹；还有羊角蜜，长得像一只羊角，上尖下粗，弯弯着腰，黄色的外皮，打开来，露出粉红色的瓜瓤儿，紫红色的瓜籽儿，咬一口，满嘴淌蜜；青皮脆，翠绿色的瓜皮上长着一条条黑纹，打开来，奶白色的瓜瓤儿，像水嫩欲滴的奶酪，甭提多甜了。至于"花狸虎""三道筋"，那都是瓜的家族里面上好的成员。还有一种叫大面墩，个头长得特别大，长长的，黄黄的，吃起来面面的，像吃馒头，简直可以当饭。

我们常常结群打伙地去偷瓜，在月色里演出一幕幕喜剧、闹剧和恶作剧来。看瓜的是个"三老瘪"——一个瘦瘦的老头儿，我们都叫他鳖三爷。偷瓜时，我们先派一个"侦察兵"，悄悄地溜进瓜棚，在他眯着眼打盹的时候，在他的鞋壳里放一些干蒺藜，然后，在瓜园小径上也撒蒺藜。一旦他发觉偷瓜时，跳下床铺，脚一着鞋，就被扎得龇牙咧嘴，光着脚追我们，小径上的蒺藜又扎得他直吼直骂。叫骂声中，我们早已抱着几个甜瓜或西瓜像小狗獾似的跑远了。于是，我们就躲在河滩里，趴在草地上，尽兴地享受"战利品"，吃饱了，打着饱嗝，带着一种满足，一种快意，一种甜蜜，"宿窝"去了……

我真正读懂"故乡"这部书时，也是在月光下，那时我已高中毕业了，暑假里，我等候高考福音的降临。

七月的傍晚，夜幕垂下了，蛙鼓响了，萤火亮了，我割满一筐牛草，坐在小河边，洗净了脚，洗白了手。我望着河水，见到那河水发亮了，像黎明的晨曦。突然，那河水开始有银蛇游动了，抬头看呀，一轮金黄的明月，抖抖地出现在我的面前，金灿灿，明晃晃。我惊呆了，两眼痴痴地望着这样辉煌、这样妩媚的明月。它如同一枚熟透的柿子，散溢着浓郁的芳馨，饱蕴着汁液，沾着濛濛的水汽。它金色的流汁，金色的柔光泼泼洒洒地倾泻在故乡广阔的田野上，远近的房檐、树梢、垛顶、水痕，全都泛出淡淡的金色的光芒，一阵微风吹过，田野的光霭便闪闪地流动起来——飘到东，飘到西，飘到南，飘到北，对这耳语一阵，对那亲吻一会儿，悄然地，悄然地，不出一点儿声响。这时候，谁要咳嗽一声，它会惊恐不已，迅速地躲到背后，或是用小草将自己遮掩，我狂喜地望着这神奇的月色，仿佛走进月的梦境。一切都是闪闪烁烁，蓬蓬勃勃，我陶醉在这金色的梦幻中了。

随着夜的脚步，那月华渐渐地褪去罕见的金色，变的白炽起来，同时，她徐徐地，几乎让你感觉不到地上升起来。月色比先前更妩媚、更迷人了，沾着看不见的甜湿的夜露，一页页翻开在旷野上——远处堤上的柳条，身旁坡上的紫丁香，一齐楚楚地向我伸展过来，把树枝和幼草的影儿投射到河堤上。宿鸟在枝头上叫着，小虫子在草棵上蹦着，田里的庄稼在拔节生长着，田野中也有千万生命在欢腾，花和沉静的草，越发显得芳香扑鼻……这时，你可以尽兴领略夏夜的安谧与恬静，夏夜的醇厚与丰富，夏夜的深邃与喧嚣……

但是，我的梦退潮了，我醒来了。我发觉，月照处的高冈河坝像朦胧的画，没照的低凹处像深沉的诗。于是我借着月光一行行一页页地阅读着故乡这部祖传的书；卧在月光下的牛。融进月色里的柴烟。破旧的村舍。古老的磨房。发黑的麦秸垛。长着绿醭的水坑。木质龟裂的辘轳把柄。弯弯曲曲的小路。小路上那沉重迂缓的辙沟。还有这茂茂腾腾的庄稼，黑黝黝的土地，以及渗进大地深处我祖祖辈辈的汗水，和被风雨蚀去的重重叠叠的脚印……这是一部写满象形文字的书，我们古老民族煌煌历史巨著沉甸甸的一章。此时，我才真正弄懂"故乡"这个字眼深奥而丰富的内涵——繁衍。生息。创造。发展。艰难。执着。挣扎。奋搏。……这莫不是故乡生命的坐标？

我年轻的心灵中顿然萌动了一种伟大而纯挚的情感，也萌动了一种苍茫的历史感和沉重的使命感……啊，故乡！

最令人眷念的是中秋月。

中秋节，那是月的节日。

平原上，托出一轮圆月，犹如维纳斯的诞生一样迷人，一样富有魅力，又像泰山日出、黄河落日一样辉煌庄严。有一年回故乡，我在日记里曾记录过故乡中秋月出的壮丽景观：

……那隐晦的，沉思般的蓝湛湛的底色上，洒下了最初几滴欢乐蛋白色的水珠，并逐渐地浮泛开来。这色调又转为玫瑰黄，犹如丹青手的画笔在纡徐地涂抹，逐渐变得宏大、变得清晰，使玫瑰黄越聚越浓。天空中那金黄的，一路上扫荡一切的，火焰般的色彩，开始泛滥开来，又如一部交响乐，先是有一支细细的笛音悠悠地、从遥远的深处传来，渐渐声音变的清晰、宏阔、昂扬，接着管弦齐鸣，锣钹奏响，啊……这时，我仿佛听见月神被簇拥出来，如此圆润，清晰和庄严、安详。我屏住气，瞑目呆住了，这样伟大的、这样迷人的月出的远景，我却从来没有看见过。月亮离地，大约不盈尺的光景，霎时间，那所有的星星都似乎隐蔽了，唯有这轮金黄的月在向这夜的世界泼洒着流汁一样的柔辉，而那点点的遥村远树，淡得比初春的嫩草还虚无缥缈……

这时，家家户户男女老幼便团团围坐在摆放在院子里的地桌周围，开始了丰盛的晚餐，享受一年一度最神圣、最迷人的天伦之乐。而家家的桌上都摆满了瓜果梨桃，摆满了特制的成套的月饼，装潢鲜丽如新月。这时，母亲并不急着吃，望着我这远归的儿子那种吃月饼时甜甜的贪婪的样儿，脸上的皱纹化为一朵美丽的微笑。我咀嚼着月饼也重温着"故乡"——那远处传来的机器轰鸣声，那电视机播放出来的歌声和谁家院子里不时爆发出的一阵阵舒心爽朗的笑声，都流淌着收获的喜悦，火红的富足，甜美、热烈、沸腾的追求，那么新鲜，那么动人，那么令人遐思和憧憬。月饼的甜，瓜果的香，醉意浓浓的乡情，连同母亲的笑声，都就着月光吃进了肚子里，至今我的舌间上还滞留着那甜甜的，馨香的记忆！

夜深了，露重了。抬头望去，高高悬挂中天的是山野特有的中秋月，她圆润，安详，静静地放射着柔和的光，如同母亲温柔的目光，温柔的微笑。山风轻轻摇荡不息，载着清澈绮丽的光波，欣然地洒在无限的静穆之中。在这静穆中，故乡仿佛一步一步向我走来，带着我童年的回忆，少年的足迹，熟悉的乡音；带着小河的琴声，白杨林的涛韵；带着甜甜的炊烟和庄稼成熟的芳馨……

难忘的故乡！难忘的亲人！愿我这一缕缕浓浓的乡情，托给天上的明月，愿那月光载着我这梦一样温存，云一样迷惘的情思，飞到那鲁西平原上的小村。

智慧窗

久离乡土，乡情便沉甸甸的，无处寄托。只好虚化、升腾，飘向明月，借月光宝盒飞回故里，重温梦中的童年、少年，那一片难以割舍的生命之源。

五月的月夜，是槐树下母子的天堂，是瓜田中玩伴的乐园，是最初的生命底色；七月的月夜，是狂喜的梦中世界，是故土的千年轮回，是告别时的生命五彩；八月的月夜，是皓月的交响盛典，是收获的叙事诗篇，是重回时的生命记忆。这明月，这生命见证的明月，这乡情，这母爱厚重的乡情，如何能忘，如何敢忘？

（韩红兵）

月是故乡明

◇季羡林

每个人都有个故乡，人人的故乡都有个月亮。人人都爱自己的故乡的月亮。事情大概就是这个样子。

但是，如果只有孤零零一个月亮，未免显得有点孤单。因此，在中国古代诗文中，月亮总有什么东西当陪衬，最多的是山和水，什么"山高月小""三潭印月"，等等，不可胜数。

我的故乡是在山东西北部大平原上。我小的时候，从来没有见过山，也不知山为何物。我曾幻想，山大概是一个圆而粗的柱子吧，顶天立地，好不威风。以后到了济南，才见到山，恍然大悟：山原来是这个样子呀！因此，我在故乡望月，从来不同山联系。像苏东坡说的

"月出于东山之上，徘徊于斗牛之间"，完全是我无法想象的。

至于水，我的故乡小村却大大地有。几个大苇坑占了小村面积一多半。在我这个小孩子眼中，虽不能像洞庭湖"八月湖水平"那样有气派，但也颇有一点烟波浩渺之势。到了夏天，黄昏以后，我在坑边的场院里躺在地上，数天上的星星。有时候在古柳下面点起篝火，然后上树一摇，成群的知了飞落下来，比白天用嚼烂的麦粒去粘要容易得多。我天天晚上乐此不疲，天天盼望黄昏早早来临。

到了更晚的时候，我走到坑边，抬头看到晴空一轮明月，清光四溢，与水里的那个月亮相映成趣。我当时虽然还不懂什么叫诗兴，但也颇而乐之，心中油然有什么东西在萌动。有时候在坑边玩很久，才回家睡觉。在梦中见到两个月亮叠在一起，清光更加晶莹澄澈。第二天一早起来，到坑边苇子丛里去捡鸭子下的蛋，白白地一闪光，手伸向水中，一摸就是一个蛋。此时更是乐不可支了。

我只在故乡呆了六年，以后就离乡背井，漂泊天涯。在济南住了十多年，在北京度过四年，又回到济南呆了一年，然后在欧洲住了近十一年，重又回到北京，到现在已经四十多年了。在这期间，我曾到过世界上将近三十个国家，我看过许许多多的月亮。在风光旖旎的瑞士莱茫湖上，

在平沙无垠的非洲大沙漠中，在碧波万顷的大海中，在巍峨雄奇的高山上，我都看到过月亮，这些月亮应该说都是美妙绝伦的，我都异常喜欢。但是，看到它们，我立刻就想到我故乡那苇坑上面和水中的那个小月亮。对比之下，无论如何我也感到，这些广阔世界的大月亮，万万比不上我那心爱的小月亮。不管我离开我的故乡多少万里，我的心立刻就飞来了。我的小月亮，我永远忘不掉你！

我现在已经年近耄耋，住的朗润园是燕园胜地。夸大一点说，此地有茂林修竹，绿水环流，还有几座土山，点缀其间。风光无疑是绝妙的。前几年，我从庐山休养回来，一个同在庐山休养的老朋友来看我。他看到这样的风光，慨然说："你住在这样的好地方，还到庐山干吗呢！"可见朗润园给人印象之深。此地既然有山，有水，有树，有竹，有花，有鸟，每逢望夜，一轮当空，月光闪耀于碧波之上，上下空灵，一碧数顷，而且荷香远溢，宿鸟幽鸣，真不能不说是赏月胜地。荷塘月色的奇景，就在我的窗外。不管是谁来到这里，难道还能不顾而乐之吗？

然而，每值这样的良辰美景，我想到的却仍然是故乡苇坑里的那个平凡的小月亮。见月思乡，已经成为我经常的经历。思乡之病，说不上是苦是乐，其中有追忆，有惆怅，有留恋，有惋惜。流光如逝，时不再来。在微苦中实有甜美在。

月是故乡明，我什么时候能够再看到我故乡的月亮呀！我怅望南天，心飞向故里。

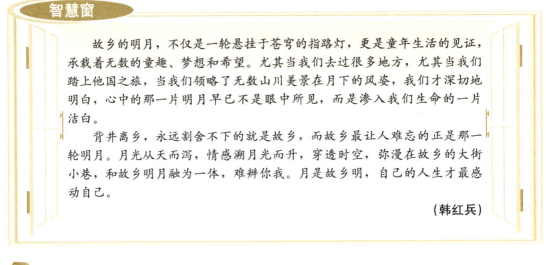

智慧窗

　　故乡的明月，不仅是一轮悬挂于苍穹的指路灯，更是童年生活的见证，承载着无数的童趣、梦想和希望。尤其当我们去过很多地方，尤其当我们踏上他国之旅，当我们领略了无数山川美景在月下的风姿，我们才深切地明白，心中的那一片明月早已不是眼中所见，而是渗入我们生命的一片洁白。

　　背井离乡，永远割舍不下的就是故乡，而故乡最让人难忘的正是那一轮明月。月光从天而泻，情感溯月光而升，穿透时空，弥漫在故乡的大街小巷，和故乡明月融为一体，难辨你我。月是故乡明，自己的人生才最感动自己。

（韩红兵）

阅览室

藕与莼菜

◇叶圣陶

同朋友喝酒，嚼着薄片的雪藕，忽然怀念起故乡来了。若在故乡，每当新秋的早晨，门前经过许多的乡人：男的紫赤的胳膊和小腿肌肉突起，躯干高大且挺直，使人起健康的感觉；女的往往裹着白地青花的头巾，虽然赤脚，却穿短短的夏布裙，躯干固然不及男的那样高，但是别有一种康健的美的风致；他们各挑着一副担子，盛着鲜嫩的玉色的长节的藕。在产藕的池塘里，在城外曲曲弯弯的小河边，他们把这些藕一再洗濯，所以这样洁白。仿佛他们以为这是供人品味的珍品，这是清晨的画境里的重要题材，倘若涂满污泥，就把人家欣赏的浑凝之感打破了；这是一件罪过的事，他们不愿意担在身上，故而先把它们洗濯得这样洁白，才挑进城里来。他们要稍稍休息的时候，就把竹扁担横在地上，自己坐在上面，随便拣择担里过嫩的"藕枪"或是较老的"藕朴"，大口地嚼着解渴。过路的人就站住了，红衣衫的小姑娘拣一节，白头发的老公公买两支。清淡的甘美的滋味于是普遍于家家户户。这样情形差不多是平常的日课，直到叶落秋深的时候。

在这里上海，藕这东西几乎是珍品了。大概也是从我们故乡运来的。但是数量不多，自有那些伺候豪华公子硕腹巨贾的帮闲茶房们把大部分抢去了；其余的就要供在较大的水果铺里，位置在金山苹果吕宋香芒之间，专待善价而沽。至于挑着担子在街上叫卖的，也并不是没有，但不是瘦得像乞丐的臂和腿，就是涩得像未熟的柿子，实在无从欣羡。因此，除了仅有的一回，我们今年竟不曾吃过藕。

这仅有的一回不是买来吃的，是邻舍送给我们吃的。他们也不是自己买的，是从故乡来的亲戚带来的。这藕离开它的家乡大约有好些时候了，所以不复呈玉样的颜色，却满被着许多锈斑。削去皮的时候，刀锋过处，很不爽利。切成片送进嘴里嚼着，有些儿甘味，但是没有那种鲜嫩的感觉，而且似乎含了满口的渣，第二片就不想吃了。只有孩子很高兴，他把这许多片嚼完，居然有半点钟工夫不再作别的要求。

想起了藕就联想到莼菜。在故乡的春天，几乎天天吃莼菜。莼菜本身没有味道，味道全在于好的汤。但是嫩绿的颜色与丰富的诗意，无味之味真足令人心醉。在每条街旁的小河里，石埠头总歇着一两条没篷的船，满舱盛着莼菜，是从太湖里捞来的。取得这样方便，当然能日餐一碗了。

而在这里上海又不然；非上馆子就难以吃到这东西。我们当然不上馆子，偶然有一两口去叨扰朋友的酒席，恰又不是莼菜上市的时候，所以今年竟不曾吃过。直到最近，伯祥的杭州亲戚来了，送他瓶装的西湖莼菜，他送给我一瓶，我才算也尝了新。

向来不恋故乡的我，想到这里，觉得故乡可爱极了。我自己也不明白，为什么会起这么深浓的情绪？再一思索，实在很浅显：因为在故乡有所恋，而所恋又只在故乡有，就萦系着不能割舍了。譬如亲密的家人在那里，知心的朋友在那里，怎得不恋恋？怎得不怀念？但是仅仅为了爱故乡么？不是的，不过在故乡的几个人把我们牵系着罢了。若无所牵系，更何所恋念？像我现在，偶然被藕与莼菜所牵系，所以就怀念起故乡来了。

所恋在哪里，哪里就是我们的故乡了。

智慧窗

生活在异地，思乡是自然而然的情感。可是这虚无缥缈的情感如何把握呢？只有寄托于有形之物，寄托于只在故乡有的藕与莼菜。

"君家荷藕好，缄恨寄遥程"（杜牧），这藕断丝连之情，最易传递思乡之感。"还乡念莼菜"（刘长卿），"六月槐花飞，忽思莼菜羹"（岑参），"莼菜动归兴，忽然闻会吟"（李群玉），"莼菜秋来忆故乡"（徐铉），这千古思乡之物，总让人挥之不去，故乡正是所恋之地。

（韩红兵）

乡愁

◇三毛

二十年前出国的时候，一个女友交在我手中三只扎成一团的牛铃。在那个时代里，没有什么人看重乡土的东西。还记得，当年的台北也没有成衣卖。要衣服穿，就得去洋裁店。拿着剪好的料子，坐在小板凳上翻那一本本美国杂志，看中了的款式，就请裁缝给做，而纽扣，也得自己去城里配。那是一个相当崇洋的时代，也因为，那时台湾有的东西不多。

当我接过照片左方的那一串牛铃时，问女友哪里弄来的，她说是乡下拿来的东西，要我带着它走。摇摇那串铃，它们响得并不清脆，好似有什么东西卡在喉咙里似的，一碰它们，就咯咯地响上那么一会儿。

将这串东西当成了一把故乡的泥土，它也许不够芳香也不够肥沃，可是有，总比没有好。就把它带了许多年，搁在箱子里，没怎么特别理会它。

等我到了沙漠的时候，丈夫发觉了这串铃，拿在手中把玩了很久，我看他好似很喜欢这串东西的造型，将这三个铃，穿在钥匙圈上，从此一直跟住了他。

以后我们家中有过风铃和竹条铃，都只挂了一阵就取下来了。居住的地区一向风大，那些铃铛啊，不停地乱响，听着只觉吵闹。不如没有风的地方，偶尔有风吹来，细细碎碎地洒下一些音符，那种偶尔才得的喜悦，是不同凡响的。

以后又买过成串成串的西班牙铃铛，它们发出的声音更不好，比咳嗽还要难听，就只有挂着当装饰，并不去听它们。

一次我们住在西非奈及利亚（即"尼日利亚"，台湾译作"奈及利亚"。——编者注），在那物质上吃苦，精神上亦极苦的日子里，简直找不到任何使人快乐的力量。当时，丈夫日也做、夜也做，公司偏偏赖账不给，我看在眼里心疼极了，心疼丈夫，反而歇斯底里地找他吵架。那一阵，两个人吵了又好，好了又吵，最后常常抱头痛哭，不知前途在哪里，而经济情况一日坏似一日，那个该下地狱的公司，就是硬吃人薪水还扣了护照。

这个故事，写在一篇叫做《五月花》的中篇小说中去，好像集在《温柔的夜》这本书里，在此不再重复了。

就在那样沮丧的心情下，有一天丈夫回来，给了我照片右方那两只好似长着爪子一样的铃。我坐在帐子里，接过这双铃，也不想摇它们，只是漠漠然。

丈夫对我说："听听它们有多好，你听——"接着他把铃铛轻轻一摇。那一声微小的铃声，好似一阵微雨吹拂过干裂的大地，一丝一丝余音，绕着心房打转。方要没了，丈夫又轻轻一晃，那是今生没有听过的一种清脆入谷的神音，听着、听着，心里积压了很久的郁闷这才变做一片湖水，将胸口那堵住的墙给化了。

这两只铃铛，是丈夫在工地里向一个奈及利亚工人换来的，用一把牛角柄的刀。

丈夫没有什么东西，除了那把不离身的刀子。唯一心爱的宝贝，为了使妻子快乐，换取了那副铃。那是一把好刀，那是两只天下最神秘的铜铃。

有一年，我回台湾来教书，一个学生拿了一大把铜铃来叫我挑。我微笑着一个一个试，最后挑了一只相当不错的。之后，把那两只奈及利亚的铜铃和这一只中国铃，用红线穿在一起。每当深夜回家的时候，门一开就会轻轻碰到它们。我的家，虽在归去时没有灯火迎接，却有了声音，而那声音里，唱的是："我爱着你。"

至于左边那一串被女友当成乡愁给我的三个铜铃，而今的土产、礼品店，正有大批新的在卖。而我的乡愁，经过了万水千山之后，却觉得，它们来自四面八方，那份沧桑，能不能只用这片脚踏的泥土就可以弥补，倒是一个大大的问号了。

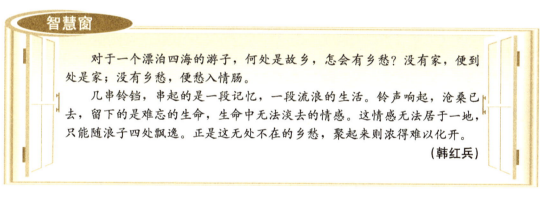

智慧窗

对于一个漂泊四海的游子，何处是故乡，怎会有乡愁？没有家，便到处是家；没有乡愁，便愁入情肠。

几串铃铛，串起的是一段记忆，一段流浪的生活。铃声响起，沧桑已去，留下的是难忘的生命，生命中无法淡去的情感。这情感无法居于一地，只能随浪子四处飘逸。正是这无处不在的乡愁，聚起来则浓得难以化开。

（韩红兵）

阅览室

土地的誓言
◇端木蕻良

对于广大的关东原野，我心里怀着炽痛的热爱。我无时无刻不听见她呼唤我的名字，我无时无刻不听见她召唤我回去。我有时把手放在我的胸膛上，我知道我的心还是跳动的，我的心还在喷涌着热血，因为我常常感到它在泛滥着一种热情。当我躺在土地上的时候，当我仰望天上的星星，手里握着一把泥土的时候，或者当我回想起儿时的往事的时候，我想起那参天碧绿的白桦林，标直漂亮的白桦树在原野上呻吟；我看见奔流似的马群，深夜嗥鸣的蒙古狗，我听见皮鞭滚落在山涧里的脆响；我想起红布似的高粱，金黄的豆粒，黑色的土地，红玉的脸庞，黑玉的眼睛，斑斓的山雕，奔驰的鹿群，带着松香气味的煤块，带着赤色的足金；我想起幽远的车铃，晴天里马儿戴着串铃在溜直的大道上跑着，狐仙姑深夜的谰语，原野上怪诞的狂风……这时我听到故乡在召唤我，故乡有一种声音在召唤着我。她低低地呼唤着我的名字，声音是那样的急切，使我不得不回去。我总是被这种声音所缠绕，不管我走到哪里，即使我睡得很沉，或者在睡梦中突然惊醒的时候，我都会突然想到是我应该回去的时候了。我必须回去，我从来没想过离开她。这种声音是不可阻止的，是不能选择的。这种声音已经和我的心取得了永远的沟通。当我记起故乡的时候，我便能看见那大地的深层，在翻滚着一种红熟的浆液，这声音便是从那里来的。在那亘古的地层里，有着一股燃烧的洪流，像我的心喷涌着血液一样。这个我是知道的，我常常把手放在大地上，我会感到她在跳跃，和我的心的跳跃是一样的。它们从来没有停息，它们的热血一直在流，在热情的默契里它们彼此呼唤着，终有一天它们要汇合在一起。

土地是我的母亲，我的每一寸皮肤，都有着土粒；我的手掌一接近土地，心就变得平静。我是土地的族系，我不能离开她。在故乡的土地上，我印下我无数的脚印。在那田垄里埋葬过我的欢笑，在那稻颗上我捉过蚱蜢，在那沉重的镐头上留着我的手印。我吃过我自己种的白菜。故乡的土壤是香的。在春天，东风吹起的时候，土壤的香气便在田野里飘扬。河流浅浅地流过，柳条像一阵烟雨似的窜出来，空气里都有一种欢喜的声音。原野到处有一种鸣叫，天空清亮透明，劳动的声音从这头响到那头。秋天，银线似的蛛丝在牛角上挂着，粮车拉粮回来，麻雀吃厌了，这里那里到处飞。稻禾的香气是强烈的，辗着新谷的场院辘辘地响着，多么美丽，多么丰饶……没有人能够忘记她。我必定为她而战斗到底。土地，原野，我的家乡，你必须被解放！你必须站立！夜夜我听见马蹄奔驰的声音，草原的儿子在黎明的天边呼唤。这时我起来，找寻天空中北方的大熊，在它金色的光芒之下，乃是我的家乡。我向那边注视着，注视着，直到天边破晓。我永不能忘记，因为我答应过她，我要回到她的身边，我答应过我一定会回去。为了她，我愿付出一切。我必须看见一个更美丽的故乡出现在我的面前或者我的坟前。而我将用我的泪水，洗去她一切的污秽和耻辱。

智慧窗

关东原野，那一方神奇的黑土地，那一方厚重的土地，承载着儿时的所有记忆，白桦林、红高粱和所有的宝藏，都发出一种低沉的声音，召唤远方的儿女。声音的共鸣，使得无论多远的游子都可以清晰听见。

那一方母土，给了无数欢笑的母土，是每一个游子难舍的挂牵。无论身在何处，都永远铭记，时刻想回到母亲怀抱，时刻在祝福母亲的康健，愿为她付出一切，愿用生命去维护她的尊严。

（韩红兵）

水样的春愁

　　岁月荏苒，一路走来，青春与我们同行，遇阻碍时，我们时而停留；在青春岁月中，并非所有人都是"少年不识愁滋味，为赋新词强说愁"，但无论是经济窘迫，抑或是家庭不幸，都只是我们成长的插曲。青春年少的我们，时而肆意欢笑，时而忧伤离愁，时而独立疯狂地幻想，而当青春"轻轻的我走了，正如我轻轻的来…悄悄的我走了，正如我悄悄的来，我挥一挥衣袖，不带走一片云彩"般悄无声息地离我们远去，如歌的青春岁月中所经历的一切，都会被我们小心翼翼地珍藏，成为生命中弥足珍贵的回忆！

父亲的病

◇鲁　迅

大约十多年前，S城中曾经盛传过一个名医的故事：

他出诊原来是一元四角，特拨十元，深夜加倍，出城又加倍。有一夜，一家城外人家的闺女生急病，来请他了，因为他其时已经阔得不耐烦，便非一百元不去。他们只得都依他。待去时，却只是草草地一看，说道"不要紧的"，开一张方，拿了一百元就走。那病家似乎很有钱，第二天又来请了。他一到门，只见主人笑面承迎，道，"昨晚服了先生的药，好得多了，所以再请你来复诊一回。"仍旧引到房里，老妈子便将病人的手拉出帐外来。他一按，冷冰冰的，也没有脉，于是点点头道，"唔，这病我明白了。"从从容容走到桌前，取了药方纸，提笔写道：——

"凭票付英洋壹百元正。"下面是署名，画押。

"先生，这病看来很不轻了，用药怕还得重一点罢。"主人在背后说。

"可以，"他说。于是另开了一张方：

"凭票付英洋贰百元正。"下面仍是署名，画押。

这样，主人就收了药方，很客气地送他出来了。

我曾经和这名医周旋过两整年，因为他隔日一回，来诊我的父亲的病。那时虽然已经很有名，但还不至于阔得这样不耐烦；可是诊金却已经是一元四角。现在的都市上，诊金一次十元并不算奇，可是那时是一元四角已是巨款，很不容易张罗了；又何况是隔日一次。他大概的确有些特别，据舆论说，用药就与众不同。我不知道药品，所觉得的，就是"药引"的难得，新方一换，就得忙一大场。先买药，再寻药引。"生姜"两片，竹叶十片去尖，他是不用的了。起码是芦根，须到河边去掘；一到经霜三年的甘蔗，便至少也得搜寻两三天。可是说也奇怪，大约后来总没有购求不到的。

据舆论说，神妙就在这地方。先前有一个病人，百药无效；待到遇见了什么叶天士先生，只在旧方上加了一味药引：梧桐叶。只一服，便霍然而愈了。"医者，意也。"其时是秋天，而梧桐先知秋气。其先百药不投，今以秋气动之，以气感气，所以……我虽然并不了然，但也十分佩服，知道凡有灵药，一定是很不容易得到的，求仙的人，甚至于还要拼了性命，跑进深山里去采呢。

这样有两年，渐渐地熟识，几乎是朋友了。父亲的水肿是逐日利害，将要不能起床；我对于经霜三年的甘蔗之流也逐渐失了信仰，采办药引似乎再没有先前一般踊跃了。正在这时候，他有一天来诊，问过病状，便极其诚恳地说：——

"我所有的学问，都用尽了。这里还有一位陈莲河先生，本领比我高。我荐他来看一看，我可以写一封信。可是，病是不要紧的，不过经他的手，可以格外好得快……"

这一天似乎大家都有些不欢，仍然由我恭敬地送他上轿。进来时，看见父亲的脸色很异样，和大家谈论，大意是说自己的病大概没有希望的了；他因为看了两年，毫无效验，脸又太熟了，未免有些难为情，所以等到危急时候，便荐一个生手自代，和自己完全脱了干系。但另外有什么法子呢？本城的名医，除他之外，实在也只有一个陈莲河了。明天就请陈莲河。

陈莲河的诊金也是一元四角。但前回的名医的脸是圆而胖的，他却长而胖了：这一点颇不同。还有用药也不同。前回的名医是一个人还可以办的，这一回却是一个人有些办不妥帖了，因为他一张药方上，总兼有一种特别的丸散和一种奇特的药引。

芦根和经霜三年的甘蔗，他就从来没有用过。最平常的是"蟋蟀一对"，旁注小字道："要原配，即本在一窠中者。"似乎昆虫也要贞节，续弦或再醮，连做药资格也丧失了。但这差使在我并不为难，走进百草园，十对也容易得，将它们用线一缚，活活地掷入沸汤中完事。然而还有"平地木十株"呢，这可谁也不知道是什么东西了，问药店，问乡下人，问卖草药的，问老年人，问读书人，问木匠，都只是摇摇头，临末才记起了那远房的叔祖，爱种一点花木的老人，跑去一问，他果然知道，是生在山中树下的一种小树，能结红子如小珊瑚珠的，普通都称为"老弗大"。

"踏破铁鞋无觅处，得来全不费功夫。"药引寻到了，然而还有一种特别的丸药：败鼓皮丸。这"败鼓皮丸"就是用打破的旧鼓皮做成；水肿一名鼓胀，一用打破的鼓皮自然就可以克伏他。清朝的刚毅因为憎恨"洋鬼子"，预备打他们，练了些兵称作"虎神营"，取虎能食羊，神能伏鬼的意思，也就是这道理。可惜这一种神药，全城中只有一家出售的，离我家就有五里，但这却不像平地木那样，必须暗中摸索了，陈莲河先生开方之后，就恳切详细地给我们说明。

"我有一种丹，"有一回陈莲河先生说，"点在舌上，我想一定可以见效。因为舌乃心之灵苗……价钱也并不贵，只要两块钱一盒……"

我父亲沉思了一会，摇摇头。

"我这样用药还会不大见效，"有一回陈莲河先生又说，"我想，可以请人看一看，可有什么冤愆……医能医病，不能医命，对不对？自然，这也许是前世的事……"

我的父亲沉思了一会，摇摇头。

凡国手，都能够起死回生的，我们走过医生的门前，常可以看见这样的匾额。现在是让步一点了，连医生自己也说道："西医长于外科，中医长于内科。"但是 S 城那时不但没有西医，并且谁也还没有想到天下有所谓西医，因此无论什么，都只能由轩辕岐伯的嫡派门徒包办。轩辕时候是巫医不分的，所以直到现在，他的门徒就还见鬼，而且觉得"舌乃心之灵苗"。这就是中国人的"命"，连名医也无从医治的。

不肯用灵丹点在舌头上，又想不出"冤愆"来，自然，单吃了一百多天的"败鼓皮丸"有什么用呢？依然打不破水肿，父亲终于躺在床上喘气了。还请一回陈莲河先生，这回是特拔，大洋十元。他仍旧泰然的开了一张方，但已停止败鼓皮丸不用，药引也不很神妙了，所以只消半天，药就煎好，灌下去，却从口角上回了出来。

从此我便不再和陈莲河先生周旋，只在街上有时看见他坐在三名轿夫的快轿里飞一般抬过；听说他现在还康健，一面行医，一面还做中医什么学报，正在和只长于外科的西医奋斗哩。

中西的思想确乎有一点不同。听说中国的孝子们，一到将要"罪孽深重祸延父母"的时候，就买几斤人参，煎汤灌下去，希望父母多喘几天气，即使半天也好。我的一位教医学的先生却教给我医生的职务道：可医的应该给他医治，不可医的应该给他死得没有痛苦。——但这先生自然是西医。

父亲的喘气颇长久，连我也听得很吃力，然而谁也不能帮助他。我有时竟至于电光一闪似的想道："还是快一点喘完了罢……"立刻觉得这思想就不该，就是犯了罪；但同时又觉得这思想实在是正当的，我很爱我的父亲。便是现在，也还是这样想。

早晨，住在一门里的衍太太进来了。她是一个精通礼节的妇人，说我们不应该空等著。于是给他换衣服；又将纸锭和一种什么《高王经》烧成灰，用纸包了给他捏在拳头里……

"叫呀，你父亲要断气了。快叫呀！"衍太太说。

"父亲！父亲！"我就叫起来。

"大声！他听不见。还不快叫？！"

"父亲！父亲！！"

他已经平静下去的脸，忽然紧张了，将眼微微一睁，仿佛有一些苦痛。

"叫呀！快叫呀！"她催促说。

"父亲！！"

"什么呢？……不要嚷……不……"他低低地说，又较急地喘着气，好一会，这才复了原状，平静下去了。

"父亲！！"我还叫他，一直到他咽了气。

我现在还听到那时的自己的这声音，每听到时，就觉得这却是我对于父亲的最大的错处。

十月七日。

智慧窗

　　人生阅历的疏密、时代氛围的错落，造就了不同时代人们的不同思想。缘于之前对鲁迅先生过多的"斗士"形象的渲染，让人过多地感受到先生的"冷峻"，但阅读"从记忆中抄出来"的"回忆文"《父亲的病》，可感知到他"冷峻"之外的温情及理性批判。

　　《父亲的病》作者通过回忆儿时为父亲延医治病的情景，描述了几位"名医"的行医态度、作风、开方等种种表现，揭示了这些人巫医不分、故弄玄虚、勒索钱财、草菅人命的实质。在本文看似平静的叙述中，蕴含着先生对父亲浓浓的深情。父亲曾让童年鲁迅困惑过，因为在他兴高采烈地要去看五猖会时，勒令他背书。但他从未指责过自己的父亲，相反，他忏悔的是未让父亲安静地逝去，这让他的心灵永远不安永远痛苦。由此我们可以感知到鲁迅先生对父亲强烈的爱。

(李丽霞)

阅览室

水样的春愁（节选）

◇郁达夫

　　同芭蕉叶似地重重包裹着的我这一颗无邪的心，不知在什么地方，透露了消息，终于被课堂上坐在我左边的那位同学看穿了。一个礼拜六的下午，落课之后，他轻轻地拉着我的手对我说："今天下午，赵家的那个小丫头，要上倩儿家去，你愿不愿意和我同去一道玩儿？"这里所说的倩儿，就是那两位他邻居的女孩子之中的一个的名字。我听了他的这一句密语，立时就涨红了脸，喘急了气，嗫嚅着说不出一句话来回答他，尽在拼命地摇头，表示我不愿意去，同时眼睛里也水汪汪地想哭出来的样子；而他却似乎已经看破了我的隐衷，得着了我的同意似地用强力把我拖出了校门。

　　到了倩儿她们的门口，当然又是一番争执，但经他大声的一喊，门里的三个女孩，却同时笑着跑出来了；已经到了她们的面前，我也没有什么别的办法了，自然只好俯着首，红着脸，同被绑赴刑场的死刑囚似地跟她们到了室内。经我那位同学带了滑稽的声调将如何把我拖来的情节说了一遍之后，她们接着就是一阵大笑。我心里有点气起来了，以为她们和他在侮辱我，所以于羞愧之上，又加了一层怒意。但是奇怪得很，两只脚却软落来了，心里虽在想一溜跑走，而腿神经终于不听命令。跟她们再到客房里去坐下，看他们四人捏起了骨牌，我连想跑的心思也早已忘掉，坐将在我那位同学的背后，眼睛虽则时时在注视着牌，但间或得着机会，也着实向她们的脸部偷看了许多次。等她们的输赢赌完，一餐东道的夜饭吃过，我也居然和她们伴熟，有说有笑了。临走的时候，倩儿的母亲还派了我一个差使，点上灯笼，要我把赵家的女孩送回家去。自从这一回后，我也居然入了我那同学的伙，不时上

赵家和另外的两女孩家去进出了；可是生来胆小，又加以毕业考试的将次到来，我的和她们的来往，终没有像我那位同学似的繁密。

正当我十四岁的那一年春天（一九〇九，宣统元年己酉），是旧历正月十三的晚上，学堂里于白天给了我以毕业文凭及增生执照之后，就在大厅上摆起了五桌送别毕业生的酒宴。这一晚的月亮好得很，天气也温暖得像二三月的样子。满城的爆竹，是在庆祝新年的上灯佳节，我于喝了几杯酒后，心里也感到了一种不能抑制的欢欣。出了校门，踏着月亮，我的双脚，便自然而然地走向了赵家。她们的女仆陪她母亲上街去买蜡烛水果等过元宵的物品去了，推门进去，我只见她一个人拖着一条长长的辫子，坐在大厅上的桌子边上洋灯底下练习写字，听见了我的脚步声音，她头也不朝转来，只曼声地问了一声："是谁？"我故意屏着声，提着脚，轻轻地走上了她的背后，一使劲一口就把她面前的那盏洋灯吹灭了。月光如潮水似地浸满了这一座朝南的大厅，她于一声高叫之后，马上就把头朝转来。我在月光里看见了她那张大理石似的嫩脸，和黑水晶似的眼睛，觉得怎么也熬忍不住了，顺势就伸出了两只手去，捏住了她的手臂。两人的中间，她也不发一语，我也并无一言，她是扭转了身坐着的，我是向她立着的。她只微笑着看看我看看月亮，我也只微笑着看看她看看中庭的空处，虽然此处的动作，轻薄的邪念，明显的表示，一点儿也没有，但不晓怎样一般满足，深沉，陶醉的感觉，竟同四周的月光一样，包满了我的全身。

两人这样的在月光里沉默着相对，不知过了多久，终于她轻轻地开始说话了："今晚上你在喝酒？""是的，是在学堂里喝的。"到这里我才放开了两手，向她边上的一张椅子里坐了下去。"明天你就要上杭州去考中学去么？"停了一会，她又轻轻地问了一声。"嗳，是的，明朝坐快班船去。"两人又沉默着，不知坐了几多时候，忽听见门外头她母亲和女仆说话的声音渐渐儿的近了，

她于是就忙着立起来擦洋火，点上了洋灯。

她母亲进到了厅上，放下了买来的物品，先向我说了些道贺的话，我也告诉了她，明天将离开故乡到杭州去；谈不上半点钟的闲话，我就匆匆告辞出来了。在柳树影里披了月光走回家来，我一边回味着刚才在月光里和她两人相对时的沉醉似的恍惚，一边在心的底里，忽儿又感到了一点极淡极淡，同水一样的春愁。

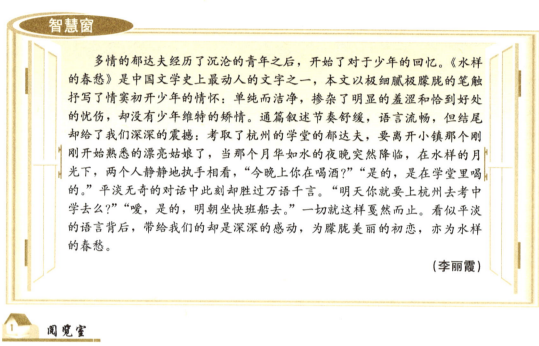

智慧窗

多情的郁达夫经历了沉沦的青年之后，开始了对于少年的回忆。《水样的春愁》是中国文学史上最动人的文字之一，本文以极细腻极朦胧的笔触抒写了情窦初开少年的情怀：单纯而洁净，掺杂了明显的羞涩和恰到好处的忧伤，却没有少年维特的矫情。通篇叙述节奏舒缓，语言流畅，但结尾却给了我们深深的震撼：考取了杭州的学堂的郁达夫，要离开小镇那个刚刚开始熟悉的漂亮姑娘了，当那个月华如水的夜晚突然降临，在水样的月光下，两个人静静地执手相看，"今晚上你在喝酒？""是的，是在学堂里喝的。"平淡无奇的对话中此刻却胜过万语千言。"明天你就要上杭州去考中学去么？""嗳，是的，明朝坐快班船去。"一切就这样戛然而止。看似平淡的语言背后，带给我们的却是深深的感动，为朦胧美丽的初恋，亦为水样的春愁。

(李丽霞)

阅览室

饿

◇萧 红

"列巴圈"挂在过道别人的门上，过道好像还没有天明，可是电灯已经熄了。夜间遗留下来睡朦朦的气息充塞在过道，茶房气喘着，抹着地板。我不愿醒得太早，可是已经醒了，同时再不能睡去。

厕所房的电灯仍开着，和夜间一般昏黄，好像黎明还没有到来，可是"列巴圈"已经挂上别人家的门了！有的牛奶瓶也规规矩矩地等在别的房间外。只要一醒来，就可以随便吃喝。但，这都只限于别人，是别人的事，与自己无关。

扭开了灯，郎华睡在床上，他睡得很恬静，连呼吸也不震动空气一下。听一听过道连一个人也没走动。全旅馆的三层楼都在睡中，越这样静越引诱我，我的那种想头越坚决。过道尚没有一点声息，过道越静越引诱我，我的那种想头越想越充胀我：去拿吧！正是时候，即使是偷，那就偷吧！

轻轻扭动钥匙，门一点响动也没有。探头看了看，"列巴圈"对门就挂着，东隔壁也挂着，西隔壁也挂着。天快亮了！牛奶瓶的乳白色看得真真切切，"列巴圈"比每天也大了些，结果什么也没有去拿，我心里发烧，耳朵也热了一阵，立刻想到这是"偷"。儿时的记忆再现出来，偷梨吃的孩子最羞耻。过了好久，我就贴在已关好的门扇上，大概我像一个没有灵魂的、纸剪成的人贴在门扇上。大概这样吧：街车唤醒了我，马蹄嗒嗒、车轮吱吱地响过去。我抱紧胸膛，把头也挂到胸口，向我自己心说：我饿呀！不是"偷"呀！

第二次也打开门，这次我决心了！偷就偷，虽然是几个"列巴圈"，我也偷，为着我"饿"，为着他"饿"。

第二次失败，那么不去做第三次了。下了最后的决心，爬上床，关了灯，推一推郎华，他没有醒，我怕他醒。在"偷"这一刻，郎华也是我的敌人；假若我有母亲，母亲也是敌人。

天亮了！人们醒了。做

家庭教师，无钱吃饭也要去上课，并且要练武术。他喝了一杯茶走的，过道那些"列巴圈"早已不见，都让别人吃了。

从昨夜到中午，四肢软一点，肚子好像被踢打放了气的皮球。

窗子在墙壁中央，天窗似的，我从窗口升了出去，赤裸裸，完全和日光接近；市街临在我的脚下，直线的，错综着许多角度的楼房，大柱子一般工厂的烟囱，街道横顺交织着，秃光的街树。白云在天空作出各样的曲线，高空的风吹乱我的头发，飘荡我的衣襟。市街像一张繁繁杂杂颜色不清晰的地图，挂在我们眼前。楼顶和树梢都挂住一层稀薄的白霜，整个城市在阳光下闪闪烁烁撒了一层银片。我的衣襟被风拍着作响，我冷了，我孤孤独独的好像站在无人的山顶。每家楼顶的白霜，一刻不是银片了，而是些雪花、冰花，或是什么更严寒的东西在吸我，像全身浴在冰水里一般。

我披了棉被再出现到窗口，那不是全身，仅仅是头和胸突在窗口。一个女人站在一家药店门口讨钱，手下牵着孩子，衣襟裹着更小的孩子。药店没有人出来理她，过路人也不理她，都像说她有孩子不对，穷就不该有孩子，有也应该饿死。

我只能看到街路的半面，那女人大概向我的窗下走来，因为我听见那孩子的哭声很近。

"老爷，太太，可怜可怜……"可是看不见她在逐谁，虽然是三层楼，也听得这般清楚，她一定是跑得颠颠断断地呼喘："老爷老爷……可怜吧！"

那女人一定正像我，一定早饭还没有吃，也许昨晚的也没有吃。她在楼下急迫地来回的呼声传染了我，肚子立刻响起来，肠子不住地呼叫……

郎华仍不回来，我拿什么来喂肚子呢？桌子可以吃吗？草褥子可以吃吗？

晒着阳光的行人道，来往的行人，小贩乞丐……这一些看得我疲倦了！打着呵欠，从窗口爬下来。

窗子一关起来，立刻生满了霜，过一刻，玻璃片就流着眼泪了！起初是一条条的，后来就大哭了！满脸是泪，好像在行人道上讨饭的母亲的脸。

我坐在小屋，像饿在笼中的鸡一般，只想合起眼睛来静着，默着，但又不是睡。

"咯，咯！"这是谁在打门！我快去开门，是三年前旧学校里的图画先生。

他和从前一样很喜欢说笑话，没有改变，只是胖了一点，眼睛又小了一点。他随便说，说得很多。他的女儿，那个穿红花旗袍的小姑娘，又加了一件黑绒上衣，她在藤椅上，怪美丽的。但她有点不耐烦的样子："爸爸，我们走吧。"小姑娘哪里懂得人生！小姑娘只知道美，哪里懂得人生？

曹先生问："你一个住在这里吗？"

"是——"我当时不晓得为什么答应"是"，明明是和郎华同住，怎么要说自己住呢？

好像这几年并没有别开，我仍在那个学校读书一样。他说：

"还是一个人好，可以把整个的心身献给艺术。你现在不喜欢画，你喜欢文学，就把全心身献给文学。只有忠心于艺术的心才不空虚，只有艺术才是美，才是真美情爱。这话很难说，若是为了性欲才爱，那么就不如临时解决，随便可以找到一个，只要是异性。爱是爱，爱很不容易，那么就不如爱艺术，比较不空虚……"

"爸爸，走吧！"小姑娘哪里懂得人生，只知道"美"，她看一看这屋子一点意思也没有，床上只铺一张草褥子。

"是，走——"曹先生又说，眼睛指着女儿："你看我，十三岁就结了婚。这不是吗？曹云都十五岁啦！"

"爸爸，我们走吧！"

他和几年前一样，总爱说"十三岁"就结了婚。差不多全校同学都知道曹先生是十三岁结婚的。

"爸爸，我们走吧！"

他把一张票子丢在桌上就走了！那是我写信去要的。

郎华还没有回来，我应该立刻想到饿，但我完全被青春迷惑了，读书的时候，哪里懂得"饿"？只晓得青春最重要，虽然现在我也并没老，但总觉得青春是过去了！过去了！

我冥想了一个长时期，心浪和海水一般翻了一阵。

追逐实际吧！青春唯有自私的人才系念她，"只有饥寒，没有青春"。

几天没有去过的小饭馆，又坐在那里边吃边喝了。"很累了吧！腿可疼？道外道里要有十五里路。"我问他。

只要有得吃，他也很满足，我也很满足。其余什么都忘了！

那个饭馆，我已经习惯，还不等他坐下，我就抢个地方先坐下，我也把菜的名字记得很熟，什么辣椒白菜啦，雪里红豆腐啦……什么酱鱼啦！怎么叫酱鱼呢？哪里有鱼！用鱼骨头炒一点酱，借一点腥味就是啦！我很有把握，我简直都不用算一算就知道这些菜也超不过一角钱。因此我用很大的声音招呼，我不怕，我一点也不怕花钱。

回来没有睡觉之前，我们一面喝着开水，一面说：

"这回又饿不着了，又够吃些日子。"

闭了灯，又满足又安适地睡了一夜。

智慧窗

　　中国现代作家中，没人像被誉为"30年代的文学洛神"的才女萧红这样被饥饿、寒冷、疾病逼到无可退避到死角而孤立无援。在《饿》中，作者直接坦荡的描写自己挨饿时的感受，对自我"饿"的生理与心理进行了深入剖析。她甚至写到饥饿得实在难以忍耐的时候，想要去偷，"肚子好像被踢打放了气的皮球"，她对着空荡荡的屋子，发出了"我拿什么来喂肚子呢？桌子可以吃吗？草褥子可以吃吗？"这类令人胆寒的疑问，给人带来从未有过的震撼，透过文字，我们看到了一个勇者直面自己灵魂的勇气！

（李丽霞）

阅览室

你好吗？

◇鲍志娇

　　久违了，我的梦的初夜，我初夜的梦。

　　今晚，孤独如我般的夜客，正踽踽地走出一种相仿的渴求。没有任何灯火标就前行或者退却的行程。

　　遥遥渺渺，你一痕微笑，使我小心翼翼地承负着切肤的疼痛。

　　一轮清淡的月亮竟自环抱着婆娑依依的桂树，正举向皓皓中天记忆的中天，不知远方的人，你好吗？

　　对于人生过多的禅悟，终究是一种溶释不开的郁悒。想年少时，令人啼笑不得的问询，对每一个未竟日子沥尽肝胆的放逐方式，不禁存有一丝涩重的怀念。

　　也许，生存着的幸运和幸福，真的就在于过程，岁月的荒漠烟笼一抹薄薄的忧伤，如果不是你远远地在尘埃中静静回眸，那岂不将永远是一道苍宁致远的风景。

　　为我所不动声色地紧紧收藏？

　　如同老屋外的月，你悄移脚步，走向或陌生或稔熟的视野。世界依旧蓝天碧海，好风好水。

　　记得吗？我们曾经涉足同一境地，站立同一角度，清楚地悉知同一种东西。理数那点点黄渍的余迹，如今的我是不是多少有一点老气横秋，不如往昔的幼稚可爱？

　　我想，事物只有在认真地揣摩之后，才可明白脆弱超常的心灵，最擅夸张所遭逢的艰难，既然星辰日月都堪为百代过客，酤生的红尘中人，我又何必强求每一个阶段的面貌而刻意达到永恒呢？只是，此刻在我漂泊于思想之上，追索某种无根的流浪时，你的那痕微笑，已然成为一个霏微的生命，徒徒远足的驿所，供其休憩乃至最后的息眠，远方的你，可知道？

　　梨花芳菲。

　　应该是一个古老的夏日午后，你用"再过几个月就可以吃上新鲜的梨"这样无望之望的藉言，试着挽留你钟宠了许多时日的女孩。

而倔强的女孩缘于生活万般颜色的诱惑，放弃了那次值得恩谢生命的感情历程。

多少年，就这样烟尘滚滚地湮逝了。

女孩从此再也没有那种如雪梨花般的赏激之情，她再也没尝过那种"再过几个月就可以吃上的新鲜的梨"。

老屋外的月，是我的月。

我悄移脚步，走向或陌生或稔熟的视野。棋布天幕的点点明星，粲若金盏，一切都重归依然。静卧这样一个安宁的寒夜，头脑中依然常有苍凉的往事徐徐浮沉起落。

而头脑转动得久了，就会木然如柴，但我还是期许着记忆的潮讯，想望那绝美凄凉的感情涌来时，不经意间冲撞的心悸；想望那悸动冲撞过后，便可以完全放下心来，默默地想着一个女孩最初的无疑与最后的犹像，再或是现实中难以定夺的荣辱与取舍。

夜色幽邃地弥深。

隔着冰凉的窗玻璃，明灭的彩灯把我伪装成参照的物体，漠然目送着寻梦者次第起程。

隐约地，仿佛一轮清淡的月，现在天穹，独自地行，老去的人，你好吗？

智慧窗

岁月流转中，曾经刻骨铭心的爱，却在现实生活中渐行渐远，多年以后，再回首，已是物是人非，夜色阑珊之时，因景生情，会使人的情感像一匹脱缰的野马，奔驰在爱的草原上。《你好吗？》语言细腻，深情的问候，承载了一切的一切；真挚的情感、默默地牵念，或许正是因为这是来自心底的语言，所以更感人至深。

也许，正如作者所说："生存着的幸运和幸福，真的就在于过程，岁月的荒漠烟笼一抹薄薄的忧伤，如果不是你远远地在尘埃中静静回眸，那岂不将永远是一道苍宁致远的风景。"虽然我们一直期许着记忆的潮讯，想望那绝美凄凉的感情涌来时，不经意间冲撞的心悸，但过往的一切都被时间抹上了淡淡的忧伤。

（李丽霞）

阅览室

痛苦的飘落（节选）

◇张立勤

我的长发，是我女孩子的生涯。

我的长发，是我女孩子的格调。

我的长发，是我女孩子的魅力。

谁会想象得到，没有了头发还叫什么女孩子。

没有了一走一甩的发梢，没有了迎风飘荡的江河。

什么都没有，一抹平川，凄荒荒的黄土地，滚过远去的风。什么都捎不去，唯有薄薄的尘埃，浮浮沉沉、浑黄一瞬，再跌落回来。

没有办法，戴一顶小白布帽。白天总要见人，医生是年轻的男子汉。

迟迟半年的荒芜。荒芜的土地暖日子来得如此缓慢。真不知道我的黄土地将到什么时候才能解冻。我只好戴着白布帽出了医院。入院前我刚考上甘城大学。回家休养了两个月便匆匆起程了。我的头发仍然长不出来，一连做了三顶白布帽，预备着夜深人静时分替换。不能让人看见，她们会吃惊，睁大眼睛，嘴咧开，甚至大叫一声，全屋子的女同胞朝这边看，目不转睛，好一片新大陆，振臂欢呼吧！

月牙挑着屋檐，屋檐上是厚厚的夜，夜上边是灰灰的天，天上有数不清的星星曳着，要不然夜掉下来会砸断屋檐，砸碎月牙。窗户上横七竖八糊满旧画报。屋子暗极了的时候，那上边的物件动起来，窗棂吱吱响。仿佛有美人鱼走下来，仿佛有出土文物泥人泥罐的碰撞声。上下床终于荡来了错落的轻轻鼾息，我钻出被子，拧亮床头灯，从床下拉出脸盆，开始我悄悄的事情。无论如何也不能叫她们望见，不愿意，连我自己也根本没有望见，我真不知道当初我是个什么模样，掀去白布帽的时刻我究竟是怎样的辉煌。唯有我的大自然望见了我，它们永远为我保守秘密。悄悄的不知有多少个悄悄的夜，有谁能望见那一片神奇的黄土地。我的黄土地在寒风中瑟瑟发抖，却从来没有忘怀地艰难地喘息甚至歌唱，迎接一次又一次光滑的淘洗，水波不被阻挡，夜色不被阻挡地在上面自由自在。谁能知道此刻有一颗女儿心的破碎，在孤零零的夜悄悄地流逝。她的全部的希望、热血和爱，伴着她的痛苦复苏的日日夜夜呀！

一个沉沉的夜，连月牙都没有窥伺的夜，连鱼美人和出土文物都没有骚动的夜。当我掀去白布帽的一刻，我的心剧烈地鸣响了，轰隆隆，夜空打开了一扇门，月亮飘过来——啊！怎么，黄土地不见了，一片茂密的丛林，太茂密了，像胡荽儿直挺挺不折不弯地耸立着。我的天！——那铺满我长发的漆黑的路，那阴森森的死神的门，那脊背朝着死神走去的梦，那对女孩子不能容忍的折磨，统统见鬼去吧！

我的头发重新诞生了！

我的女孩子的旗帜重新升起来！

我的女孩子的江河重新汩汩流淌！

从来没有过的漫长的日子我丑了这么漫长。从来没有过的漫长日子我难过了这么漫长。谁知道这样一来，我的今后的日子还会漫长长的俊下去么？

我真希望我的生活还像小时候那样天天变幻着，我今天变丑啦，我今天变俊啦，变丑的时候我低着头，谁也不看我；变俊的时候我仰头着，那么多人都看我！哦，一去不复返的诗，铭心镂骨的诗啊！

我终于开始了我的新生，或许长久或许短暂。不知道为什么，这些天，我怎么有这么多情思，这么多想写的文章，难道我真会面朝着那扇门走去么！看来背朝着那扇门是无济于事的。当我看清了那门的颜色和形状，看清了两个世界的区别，看清了两个世界壮观的临界点的时刻，我不无妩媚地死去。我的重新润生的长长的秀发会翩翩飘来，掩埋我的面庞我的身姿我的爱！

　　张立勤作为女性作家，其作品细腻、丰富，尤为令人称道的是其多层次的独到的心理描绘，往往使作者和读者之间实现了一种"零距离"接触，具有极强的艺术感染力。《痛苦的飘落》集中体现了作者散文的艺术特色：极力抒写个人内心哪怕是极其细微的感觉，且具有意识流作品的特点，着力抒写自己的感觉即意识的流动。本文主要描绘作者面临死神威胁，头发全部掉落的痛苦与失落及突然发现头发重生时的欣喜！在此文中，作者的内心感受，完全以个性化、独特化甚至陌生化的状态流泻了出来，似小溪流水，缓缓流淌。阅读本文，你会不由自主地被作家浓烈的个人情感所消融所同化，为她的痛苦而黯然神伤，为她的欣喜而欢呼雀跃！

(李丽霞)

阅览室

青春备忘录
◇王开林

　　有一种声音，很轻很轻，你却不能承受，这是为什么？

　　你使我又梦见了那片林子，因为密不可透的寂静，我们两颗心感觉到从未有过的热闹。像一片树叶叠着另一片树叶，你的手掌叠着我的手掌，不动也无言，我们各自选择一朵云，看它们依依聚散。

　　一堆鸟儿彼此用尖尖的喙梳理茸茸的羽毛，它们一定以为这世界很小很温馨，在这一片林子之外不再有另一片林子，在这一方天空之外不再有另一方天空。好美丽好亲睦的鸟儿，巢居在时光与感情的枝间，死守着一份天赐的安宁。

　　这并不值得歆羡。然而，你说，不轻言痛苦。身上难受了，就说疼；心里难受了，就说不高兴。

　　17岁。你只有一个心愿：买一套精装的《约翰·克里斯朵夫》。现在说来这也并不可笑，这份用钱可以买到而用钱又无法估价的快乐，你父母却不肯给你。你正读高三，你父母——两位高级知识分子禁绝你读闲书。他们认为《约翰·克里斯朵夫》是闲书！

　　17岁是雨季，等到18岁就晴和了。你考上了北京大学，于是，你有了自己的专用书架。无疑，那套书已崭新可爱地摆在你的床头。

　　然而，那种极致的渴望你却再也没有过。

　　19岁。你开始害怕内心的苍老。每个早晨照镜子，却又找不到一丝皱纹，你差不多使自己相信你的面庞将会像这镜面，只要擦拭，便总是光洁如初。然而，时光是砂纸，正轻轻地摩挲着你姣好的脸颊，不知不觉之中容光岂能没有减损？从此，你怕过生日，每增加一支蜡烛，便多流下一行泪。

　　20岁。不说痛苦，只一意地凝视着深沉夜色里的星光，忽闪而迷离；只一意地挽留斑斓梦境中的欢颜，单纯而执著。

烈风撕掳彤云。我们隔江眺望漂浮如一叶薄冰的小岛，岛凝止在我们视野的尽头，上面挤着一顷墨绿的柳林，隐约可见的柳条垂成静谧的风景。林子里倏忽射出几只鸟儿，犹如石子一样疾速地下坠。

我们坐在一块石头上，唯有一种心情，将那岛望成一个被放逐的流浪朋友。

岛孤独得有趣，岛孤独得无形。我们何时能到岛上去？那日子遥遥无期。于是，我们感到满心的渴望骤然如大出血一般流失了。

我们又要回归尘嚣，别离是注定的运数。在古都的风雪黄昏，你攥一把彻骨的春寒，不在祈求江水为竭的日子，只默念着，当时要有一只小帆船该多好啊。

没有张开双臂，围成一个你走不出的圆圈。但我还没有后悔。

我们是流云，聚少离多的流云。只有疲惫了的心灵才会想着怎样互相厮守，而我们却一次又一次地放弃各自的栖息地，像候鸟漂泊年年。

何时停歇下来？当似水的年华老去，当如歌的生命逝矣，我们兴许才能聚首，虽然不再有回忆的兴致，但你如果还提起那墨绿的小岛，我一定会拊掌而笑。

智慧窗

青春，令人向往，充满幻想的岁月，正如沈庆在《青春》中所说的那样："青春的花开花谢让我疲惫却不后悔/四季的雨飞雪飞让我心醉却不堪憔悴/轻轻的风青的梦/轻轻的晨晨昏昏/淡淡的云淡淡的泪/淡淡的年年岁岁。"如歌的青春诗行里，记录着青涩岁月的点点滴滴。拥有时，太年轻的我们或许并不知道珍惜，一旦它从你身边悄然溜走，又会心生无限惋惜！阅读《青春备忘录》，作者用诗意的语言向我们倾诉过来人的青春感悟，启示读者，珍惜拥有的青春岁月，换来的会是充实的人生！

(李丽霞)

 阅览室

永远的憧憬和追求
◇萧 红

一九一一年，在一个小县城里边，我生在一个小地主的家里。那县城差不多就是中国的最东最北部——黑龙江省——所以一年之中，倒有四个月飘着白雪。

父亲常常为着贪婪而失掉了人性。他对待仆人，对待自己的儿女，以及对待我的祖父都是同样的吝啬而疏远，甚至于无情。

有一次，为着房屋租金的事情，父亲把房客的全套的马车赶了过来。房客的家属们哭着，诉说着，向我的祖父跪了下来，于是祖父把两匹棕色的马从车上解下来还了回去。

为着这两匹马，父亲向祖父起着终夜的争吵。"两匹马，咱们是算不了什么的，穷人，这两匹马就是命根。"祖父这样说着，而父亲还是争吵。

九岁时，母亲死去。父亲也就更变了样，偶然打碎了一只杯子，他就要骂到使人发抖的程度。后来就连父亲的眼睛也转了弯，每从他的身边经过，我就像自己的身上生了针刺一样；他斜视着你，他那高傲的眼光从鼻梁经过嘴角而后往下流着。

所以每每在大雪中的黄昏里，围着暖炉，围着祖父，听着祖父读着诗篇，看着祖父读着诗篇时微红的嘴唇。

父亲打了我的时候，我就在祖父的房里，一直面向着窗子，从黄昏到深夜——窗外的白雪，好像白棉花一样飘着；而暖炉上水壶的盖子，则像伴奏的乐器似的振动着。

祖父时时把多纹的两手放在我的肩上，而后又放在我的头上，我的耳边便响着这样的声音："快快长吧！长大就好了。"

二十岁那年，我就逃出了父亲的家庭。直到现在还是过着流浪的生活。

"长大"是"长大"了，而没有"好"。

可是从祖父那里，知道了人生除掉了冰冷和憎恶而外，还有温暖和爱。

所以我就向这"温暖"和"爱"的方面，怀着永久的憧憬和追求。

智慧窗

　　家，一个温暖而美丽的名字。它是游子心底最深的牵挂，是夜晚耀亮心际的灯光；它是幸福甜蜜的港湾。但家对于萧红来说，虽有亲爱的祖父，和她儿童时玩耍的后花园，却不属于她。因为这里有凶恶的父亲，有童年时的痛苦的记忆，这里是她一生坎坷命运的开始。

　　但祖父的爱，对于萧红几乎成了一种精神的象征。安慰她孤独的童年生活，又似乎是一种衡量尺度和标准，使她离家后苦苦寻觅理想之爱，希望有人为她撑起一片爱的天空，让她可以寄托身心，如在祖父的庇护下那样的自由翱翔。虽然在现实中理想屡屡失败，但作者心中追求爱的信念是不变的。

（李丽霞）

阅览室

晶莹的泪滴

◇陈忠实

我手里捏着一张休学申请书朝教务处走去。

我要求休学一年。

我敲响了教务处的门板。获准以后便推开了门，一位年轻的女先生正伏在米黄色的办公桌上，手里捏着长杆蘸水笔在一本厚表册上填写着什么。"老师，给我开一张休学证书。"

她抬起头来，诧异地瞅了我一眼，拎起我的申请书来看着，长杆蘸水笔还夹在指缝之间。她很快看完了，又专注地把目光留滞在纸页下端班主任签写的一行意见和校长更为简洁的意见上面，似乎两个人连姓名在内的十来个字的意见批示，看去比我大半页的申请书还要费时更多。她终于抬起头来问：

"就是你写的这些理由吗？"

"就是的。"

"不休学不行吗？"

"不行。"

"亲戚全都帮不上忙吗？"

"亲戚……也都穷。"

"可是……你休学一年，家里的经济状况也不见得能改变，一年后你怎么能保证复学呢？"

于是我就信心十足地告诉她我父亲的精确计划：待到明年我哥哥初中毕业，父亲谋划着让他投考师范学校，师范生的学杂费和伙食费全由国家供给，据说还发三块零花钱。那时候我就可以复学接着念初中了。

我没有做更多的解释。我的爱面子的弱点早在此前已经形成。我不想再向任何人重复叙述我们家庭的困窘。父亲是个纯粹的农民，供着两个同时在中学念书的儿子。父亲供给两个中学生的经济支柱，一是卖粮，一是卖树，而我印象最深的还是卖树。我上完初一第一学期，寒假回到家中便预感到要发生重要变故了。父亲说出谋划已久的决策："你得休一年学，一年。"他强调了一年这个时限。我没有感到太大的惊讶……父亲接着就讲述了他的让哥哥一年后投考师范的谋略，然后可以供我复学念初中了。我说："休学？"父亲安慰我说："休学一年不要紧，你年龄小。"我也不以为休学一年有多么严重，我是班里年龄最小个头最矮的一个，座位排在头一张课桌上。我轻松地说："过一年个子长高了，我就不坐头排头一张桌子咧——上课扭得人脖子疼……"父亲依然无奈地说："钱的来路断咧！树卖完了——"

她轻轻舒了口气，拉开抽屉取出一本公文本在桌子上翻开，从笔筒里抽出那枝木杆蘸水笔，在墨水瓶里蘸上墨水后又停下手，问："你家里就再想不出办法了？"我看着那双滋浮着忧郁气色的眼睛，忽然联想到姐姐的眼神。这种眼神足以使任何被痛苦折磨的心平静下来，足以使任何被痛苦折磨得心力交瘁的灵魂得到抚慰，足以使人沉静地忍受痛苦和劫难而不至于沉沦。我突然意识到因为我的休学而使她心情不好这个最简单的推理，而在校长、班主任和她中间，她恰好是最不应该产生这种心理的。她是教务处的一位年轻职员，平时就是在教务处做些抄抄写写的事，在黑板上写一些诸如打扫卫生的通知之类的事，我和她几乎没有说过话，甚至至今也不知道她的姓名。我便说："老师，没关系。休学一年没啥关系，我年龄小。"她说："白白耽搁一年多可惜！"随之又换了一种口吻说："我知道你的名字也认得你。每个班前三名的学生我都认识。"我的心情突然灰暗起来而没有再开口。

她终于落笔填写了公文函，取出公章在下方盖了，又在切割线上盖上一枚合缝印章，吱吱吱撕下并不交给我，放在桌子上，然后把我的休学申请书抹上糨糊后贴在公文存根上。

她做完这一切才重新拿起休学证书交给我说："装好。明年复学时拿着来找我。"我把那张硬质纸印制的休学证书折叠了两番装进口袋。她从桌子那边绕过来，又从我的口袋里掏出来塞进我的书包里，说："明年这阵儿你一定要来复学。"我向她深深地鞠了躬就走出门去。我听到背后咣当一声闭门的声音，同时也听到一声"等等"。她拢了拢齐肩的头发朝我走来，和我并排在廊檐下的台阶上走着，两只手插在外套的口袋里。我忽然心情很不好受，在争取得到了休学证后我很不愿意看见同班同学的熟悉的脸孔，便低了头匆匆走起来，凭感觉可以知道她也加快了脚步，几乎和我同时走出学校大门。

学校门口又拥来一拨偏远地区的学生，熟悉的同学便连连问我："你来得早！报过名了吧？"我含糊地笑笑就走过去了，想尽快远离正在迎接新学期的洋溢着欢乐气氛的学校大门。她又喊了一声"等等"。我停住脚步。她走过来拍了拍我的书包："别把休学证弄丢了。"我点点头。她这时才有一句安慰我的话："我同意你的打算，休学一年不要紧，你年龄小。"

我抬头看她，猛然看见那双眼睫毛很长的眼眶里溢出泪水来，像雨雾中正在涨溢的湖水，泪珠在眼眶里打着旋儿，晶莹透亮。我瞬即垂下头避开目光，要是再在她的眼睛处多驻留一秒，我肯定就会号啕大哭。我低着头咬着嘴唇，脚下盲目地拨弄着一块碎瓦片来抑制情绪，感觉到有一股热辣辣的酸流从鼻腔倒灌进喉咙里去。我后来的生命历程中发生过多次这种酸水倒流的事，而倒流的渠道却是从14岁刚来到的这个生命年轮上第一次疏通的。第一次疏通的倒流酸水的渠道肯定狭窄，承受不下那么多的酸水，因而还是有一小股从眼睛里冒出来，模糊了双眼，顺手就用袖头揩掉了。我终于扬起头鼓起劲儿说："老师……我走咧……"

她的手轻轻搭上我的肩头："记住，明年的今天来报到复学。"

我看见两滴晶莹的泪珠从她眼睫毛上滑落下来，缓缓流过一段就在鼻翼两边挂住。我再次虔诚地深深鞠躬，然后就转过身走掉了。

……

25年后，曾卖树卖树根（劈柴）供我念书的父亲在弥留之际，对坐在他身边的我说："我有一件事对不住你……"

我惊讶得不知所措。

"我不该让你休那一年学！"

我浑身战栗，久久无言。我像被一吨烈性梯恩梯炸成碎块细末儿飞向天空，又似乎跌入千年冰窖而冻僵四肢，冻僵躯体，也冻僵了心脏。在我高中毕业名落孙山回到乡村的无边无际的彷徨苦闷中，我曾经猴急似的怨天尤人："全都倒霉在休那一年学……"我1962年毕业恰逢中国经济最困难的年月，高校招生任务大大缩小，我们班里，剃了光头，四个班也仅仅考取了一个个位数，而在上一年的毕业生里我们这所不属重点的学校也有50%的学生考取了大学。我如果不是休学一年当是1961年毕业……父亲说："错过一年……而今你还算熬出点名堂了……"

我感觉到炸飞的碎块细末儿又归结成了原来的我，冻僵的四肢自如了，冻僵的躯体灵便了，冻僵的心又噔噔噔跳起来的时候，猛然想起休学出门时那位女老师溢满眼眶又流挂在鼻翼上的晶莹的泪珠儿。我对已经跨进黄泉路上半步的依然向我忏悔的父亲讲了那一串泪珠的经历，父亲便安然合上了眼睛，喃喃地说："可你……怎么……不早点给我……说这女先生哩……"

我今天终于把几近40年前的这一段经历写出来的时候，对自己算是一种虔诚祈祷，当各种欲望膨胀成一股强大的浊流冲击所有大门、窗户和每一个心扉的当今，我便企望自己如女老师那种泪珠的泪腺不至于堵塞，更不敢枯竭，那是滋养生命灵魂的泉源，也是滋润民族精神的泉源哦……

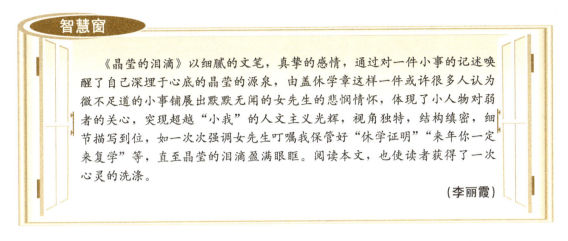

《晶莹的泪滴》以细腻的文笔，真挚的感情，通过对一件小事的记述唤醒了自己深埋于心底的晶莹的源泉，由盖休学章这样一件或许很多人认为微不足道的小事铺展出默默无闻的女先生的悲悯情怀，体现了小人物对弱者的关心，突现超越"小我"的人文主义光辉，视角独特，结构缜密，细节描写到位，如一次次强调女先生叮嘱我保管好"休学证明""来年你一定来复学"等，直至晶莹的泪滴盈满眼眶。阅读本文，也使读者获得了一次心灵的洗涤。

(李丽霞)

 欢乐吧

﹡ 三棵树

◇胡平波

一块大石头锁在门口，三棵树又把石头围住。三棵大小不一的树，最大的大概有两尺围，最小的有一尺围吧，尽管如此，它们的年岁可能非常长了。我活在世上三十多年，这三棵树没见得有什么变样。这是十分美好的三棵树，叫做红豆杉。叶子长得像梳子一样，和其他的杉树叶有点相近，但更细且没有刺。树枝弯曲散开，秋天，红红的像豆子一样有一点甜味的果子散落在枝丫间，星星点点像繁星一样（不知王维的相思红豆是什么样的）。树干很古朴也很结实，且是上好的木材，因此红豆杉显得十分珍贵。我当然懒得细细地想这些，我常绕着红豆杉散步，果实成熟的时候也顺便伸手摘一两个小果子，问题是有很多村童为摘红豆，常常把枝丫扳断。因此我时常踩着红杉豆的枝丫，慢慢打发闲散的时光。现在是夏季，红豆并没有成熟。但我经常来到红豆杉下面的大石头上纳凉，让暑热随着树枝间的风抛落到山谷。我会拿起书坐在树下面，让火热的时光暂时归于安静而清凉的文字。特别是正午，我会和着蝉声一起朗诵三棵树和天上云朵写满的安静之思。

我经常躺在石头上看自己木墙瓦顶的老屋，想着泉水通过竹筒流入厨房的石水缸，声音凉爽甜美地荡漾。一门刷着石灰的砖灶在其侧，每天上演柴米油盐酱醋茶的苦乐之事。我闻到过茶油在大铁锅四溅的香味。木柴往灶塘里扔着，火舌愉快地舔着锅底，妻子的脸通红而透亮，浸染着相思的血色。我呼吸着柴烟缭绕带来的深深的家乡之味，内心不由自主地生出一种饥渴。我更多地想到我的女儿，她喜欢坐在门口摆开凳子、小桌子做作业。小手捏着小笔在纸上轻轻地刮着，没有一丝尘世的灰尘和阴影的脸是那么洁白细腻，时时像山草中绽开的小白花。吃饭的时候女儿会走到三棵树旁来喊我，顺便叫我帮她捉一会儿蝴蝶。

现在我坐在三棵树下面写这几个文字。树和叶影在我的小本本上留下了光影。于是我脑子里就尽想到这三棵树。我首先要质疑的是为什么是三棵而不是四棵或者一棵，为什么它那么像相守

千年的三口之家？我有时站起身来抚摸着树，联想到我一家人是那么和睦地生活在擂鼓岭的山中，突然有些感动。

和三棵珍贵的树结邻而居，我是不是过于奢侈了。

离开大石头和三棵树是向下延伸的麻石阶梯。阶梯直通一条稍大的路奔向山外。大路旁边是奔突而出的发出哗哗响声的溪流。从三棵树下面离开村庄出远门的日子里，我经常忘记这三棵树的存在，但回来时在村口远远地看到就会很想念它们。

悦客群

含月弯弯：

"静念园林好，人间良可辞。"这栖林友鹤的生活，差不多是种禅境了。三棵树构成了作者独特的心灵背景。那是他心中生长的自然，是他与自然构成的一个天人合一的美妙境界。小则小之，大则大之，可以偃仰长啸，可以静听松涛。在这物欲横流、纷乱喧嚣的尘世间，那是"结庐在人境，而无车马喧。问君何能尔，心远地自偏"的心境。别说当今人心不古，风雅不再。我们还是该相信，任何一个时代总有那些固执地坚守着信仰的人，他们就是这个社会的灵魂和脊梁。

青苔小巷中的情书

　　问世间，情是何物？直教人生死相许。爱情是在佛前求了五百年才修来的缘分。无论是《初恋》中对所爱对象的绵延不绝的牵念，还是《受戒》中英子和海明的如诗如画、醉人心田的朦胧爱情，抑或是《永远的蝴蝶》所体现出来的那种"曾经沧海难为水，除却巫山不是云"的凄美，或是《爱情七里香》体现出的平平淡淡才是真的道理，都同样昭示着人们"执子之手，与子偕老"的爱情理想！

阅览室

初　恋

◇周作人

那时我十四岁，她大约是十三岁罢。我跟着祖父的姜宋姨太太寄寓在杭州的花牌楼，间壁住着一家姚姓，她便是那家的女儿。她本姓杨，住在清波门头，大约因为行三，人家都称她作三姑娘。姚家老夫妇没有子女，便认她做干女儿，一个月里有二十多天住在他们家里，宋姨太太和远邻的羊肉店石家的媳妇虽然很说得来，与姚宅的老妇却感情很坏，彼此都不交口，但是三姑娘并不管这些事，仍旧推进门来游嬉。她大抵先到楼上去，同宋姨太太搭讪一回，随后走下楼来，站在我同仆人阮升公用的一张板桌旁边，抱着名叫"三花"的一只大猫，看我映写陆润庠的木刻的字帖。

我不曾和她谈过一句话，也不曾仔细的看过她的面貌与姿态，大约我在那时已经很是近视，但是还有一层缘故，虽然非意识的对于她很是感到亲近，一面却似乎为她的光辉所掩，开不起眼来去端详她了。在此刻回想起来，仿佛是一个尖面庞，乌眼睛，瘦小身材，而且有尖小的脚的少女，并没有什么殊胜的地方，但是在我的性的生活里总是第一个人，使我于自己以外感到对于别人的爱着，引起我没有明了的性之概念的，对于异性的恋慕的第一个人了。

我在那时候当然是"丑小鸭"，自己也是知道的，但是终不以此而减灭我的热情。每逢她抱着猫来看我写字，我便不自觉的振作起来，用了平常所无的努力去映写，感着一种无所希求的迷蒙的喜乐。并不问她是否爱我，或者也还不知道自己是爱着她，总之对于她的存在感到亲近喜悦，并且愿为她有所尽力，这是当时实在的心情，也是她所给我的赐物了。在她是怎样不能知道，自己的情绪大约只是淡淡的一种恋慕，始终没有想到男女关系的问题。有一天晚上，宋姨太太忽然又发表对于姚姓的憎恨，末了说道：

"阿三那小东西，也不是好货，将来总要流落到拱辰桥去做婊子的。"

我不很明白做婊子这些是什么事情，但当时听了心里想道：

"她如果真是流落做了，我必定去救她出来。"

大半年的光阴这样的消费过去了。到了七八月里因为母亲生病，我便离开杭州回家去了。一个月以后，阮升告假回去，顺便到我家里，说起花牌楼的事情，说道：

"杨家的三姑娘患霍乱死了。"

我那时也很觉得不快，想象她的悲惨的死相，但同时却又似乎很是安静，仿佛心里有一块大石头已经放下了。

智慧窗

《初恋》虽算不上是周作人最负盛名的篇章，但它却有着独特的魅力，它集中体现了周作人散文的艺术成就：精致极化到淡化，结构从封闭到散漫化，语言从雅致到絮语的转变。

不加雕饰的语言，淡淡的情绪，就像作者说的"大约是恋慕"。

"每逢她抱着猫来看我写字，我便不自觉的振作起来，用了平常所无的努力去映写，感着一种无所希求迷蒙的喜乐。并不问她是否爱我，或者也还不知道自己是爱着她，总之对于她的存在感到亲近喜悦，并且愿为她有所尽力。"这种爱恋单纯美好得令人为之动容。

对于朦胧的初恋对象，没有海誓山盟，只是下决心她如果沦落为娼，自己必定去救她出来。而内心深处是决不相信三姑娘会沦落为娼的，所以听到死讯，虽然"不快"，"却仿佛心里有一块大石头已经放下了"。

对于作者来说，这意味着一段恋情的终结，说是"石头落地"，但字里行间，为所爱之人的牵念却绵延不绝！

(李丽霞)

 阅览室

受　戒（节选）

◇汪曾祺

"荸荠"，这是小英最爱干的生活。秋天过去了，地净场光，荸荠的叶子枯了，——荸荠的笔直的小葱一样的圆叶子里是一格一格的，用手一捋，哔哔地响，小英子最爱捋着玩，——荸荠藏在烂泥里。赤了脚，在凉浸浸滑溜溜的泥里踩着，——哎，一个硬疙瘩！伸手下去，一个红紫红紫的荸荠。她自己爱干这生活，还拉了明子一起去。她老是故意用自己的光脚去踩明子的脚。

她拎着一篮子荸荠回去了，在柔软的田埂上留了一串脚印。明海看着她的脚印，傻了。五个小小的趾头，脚掌平平的，脚跟细细的，脚弓部分缺了一块。明海身上有一种从来没有过的感觉，他觉得心里痒痒的。这一串美丽的脚印把小和尚的心搞乱了。

明子常搭赵家的船进城，给庵里买香烛，买油盐。闲时是赵大伯划船；忙时是小英子去，划船的是明子。

从庵赵庄到县城，当中要经过一片很大的芦花荡子。芦苇长得密密的，当中一条水路，四边不见人。划到这里，明子总是无端端地觉得心里很紧张，他就使劲地划桨。

小英子喊起来：

"明子！明子！你怎么啦？你发疯啦？为什么划得这么快？"……

明海到善因寺去受戒。

"你真的要去烧戒疤呀？"

"真的。"

"好好的头皮上烧十二个洞，那不疼死啦？"

"咬咬牙。舅舅说这是当和尚的一大关，总要过的。"

"不受戒不行吗？"

"不受戒的是野和尚。"

"受了戒有啥好处？"

"受了戒就可以到处云游，逢寺挂褡。"

"什么叫'挂褡'？"

"就是在庙里住。有斋就吃。"

"不把钱？"

"不把钱。有法事，还得先尽外来的师父。"

"怪不得都说'远来的和尚会念经'。就凭头上这几个戒疤？"

"还要有一份戒牒。"

"闹半天，受戒就是领一张和尚的合格文凭呀！"

"就是！"

"我划船送你去。"

"好。"

小英子早早就把船划到荸荠庵门前。不知是什么道理，她兴奋得很。她充满了好奇心，想去看看善因寺这座大庙，看看受戒是个啥样子。

善因寺是全县第一大庙，在东门外，面临一条水很深的护城河，三面都是大树，寺在树林子里，远处只能隐隐约约看到一点金碧辉煌的屋顶，不知道有多大。树上到处挂着"谨防恶犬"的牌子。这寺里的狗出名的厉害。平常不大有人进去。放戒期间，任人游看，恶狗都锁起来了。

好大一座庙！庙门的门槛比小英子的胈膝都高。迎门蠹着两块大牌，一边一块，一块写着斗大两个大字："放戒"，一块是："禁止喧哗"。这庙里果然是气象庄严，到了这里谁也不敢大声咳嗽。明海自去报名办事，小英子就到处看看。好家伙，这哼哈二将、四大天王，有三丈多高，都是簇新的，才装修了不久。天井有二亩地大，铺着青石，种着苍松翠柏。"大雄宝殿"，这才真是个"大殿"！一进去，凉飕飕的。到处都是金光耀眼。释迦牟尼佛坐在一个莲花座上，单是莲座，就比小英子还高。抬起头来也看不全他的脸，只看到一个微微闭着的嘴唇和胖墩墩的下巴。两边的两根大红蜡烛，一搂多粗。佛像前的大供桌上供着鲜花、绒花、绢花，还有珊瑚树、玉如意、整根的大象牙。香炉里烧着檀香。小英子出了庙，闻着自己的衣服都是香的。挂了好些幡。这些幡不知是什么缎子的，那么厚重，绣的花真细。这么大一口磬，里头能装五担水！这么大一个木鱼，有一头牛大，漆得通红的。她又去转了转罗汉堂，爬到千佛楼上看了看。真有一千个小佛！她还跟着一些人去看了看藏经楼。藏经楼没有什么看头，都是经书！妈呀！逛了这么一圈，腿都酸了。小英子想起还要给家里打油，替姐姐配丝线，给娘买鞋面布，给自己买两个坠围裙飘带的银蝴蝶，给爹买旱烟，就出庙了。

等把事情办齐，晌午了。她又到庙里看了看，和尚正在吃粥。好大一个"膳堂"，坐得下八百个和尚。吃粥也有这样多讲究：正面法座上摆着两个锡胆瓶，里面插着红绒花，后面盘膝坐着一个穿了大红满金绣袈裟的和尚，手里拿了戒尺。这戒尺是要打人的。哪个和尚吃粥吃出了声音，他下来就是一戒尺。不过他并不真的打人，只是做个样子。真稀奇，那么多的和尚吃粥，竟然不出一点声音！她看见明子也坐在里面，想跟他打个招呼又不好打。想了想，管他禁止不禁止喧哗，就大声喊了一句："我走啦！"她看见明子目不斜视地微微点了点头，就不管很多人都朝自己看，大摇大摆地走了。

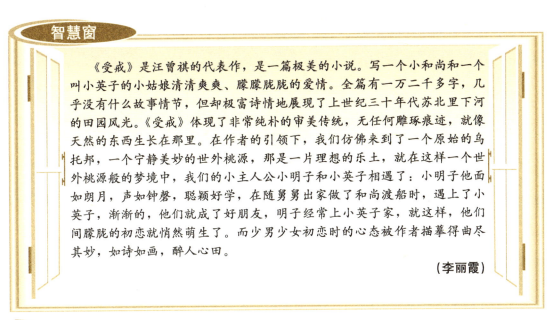

智慧窗

《受戒》是汪曾祺的代表作，是一篇极美的小说。写一个小和尚和一个叫小英子的小姑娘清清爽爽、朦朦胧胧的爱情。全篇有一万二千多字，几乎没有什么故事情节，但却极富诗情地展现了上世纪三十年代苏北里下河的田园风光。《受戒》体现了非常纯朴的审美传统，无任何雕琢痕迹，就像天然的东西生长在那里。在作者的引领下，我们仿佛来到了一个原始的乌托邦，一个宁静美妙的世外桃源，那是一片理想的乐土，就在这样一个世外桃源般的梦境中，我们的小主人公小明子和小英子相遇了：小明子他面如朗月，声如钟磬，聪颖好学，在随舅舅出家做了和尚渡船时，遇上了小英子，渐渐的，他们就成了好朋友，明子经常上小英子家，就这样，他们间朦胧的初恋就悄然萌生了。而少男少女初恋时的心态被作者描摹得曲尽其妙，如诗如画，醉人心田。

(李丽霞)

阅览室

等待散场
◇刘心武

已经是晚上 9 点钟了，我才到达剧场门前。剧场里的芭蕾舞剧《天鹅湖》肯定已经跳完了如梦如幻的第二幕，而且华丽诡异的第三幕说不定也所剩不多。我是个狂热的芭蕾舞迷，因此尽管因为业务上的急事耽搁到 8 点 40 分才得脱身，还是风风火火地跳进出租车赶到剧场。

我出了汽车才感觉到下着小雨。从我下车的地方到通向剧场大门的宽大阶梯，还有一小段距离，为了避免淋雨，我从售票处以及相连的平房那儿绕向阶梯，因为那里有挡雨的棚檐。我一边小跑，一边朝剧院大门望去，慌急中，我忽然撞到一个人的肩膀上，我立足定神一看，是个小伙子，戴着一副眼镜。他的眼珠子在镜片后也细打量着我。

"您有票吗？"

我吃了一惊。竟还有比我更痴迷芭蕾舞的。这剧场前的小广场上，在路灯光下，霏霏细雨中活像巨型甲虫的小汽车，默然地斜趴成一大排，除了我们俩再没别的人影。里面舞台上剧已过半，他还在这里等退票？

"我自己要看！"我一边回答他，一边掏我的票。咦，怎么没有？

"不，"那小伙子蔼然地对我说，"我不要您的票，您快进去看吧!"

我从衣兜里掏出一堆名片，从中抽出了那张宝贵的剧票，顺口问："你不看，呆在这儿干什么?"

"等散场。等她出来。"

我立刻明白，是一对恋人同来等退票，只等到一张，因此小伙子让姑娘先进去了。我倏地忆及自己的青春，一些当年的荒唐与甜蜜场景碎片般闪动在我心间，我不由表态："啊，你比我更需要……你进去吧!"

我把票递给他，他接过去，仔细地看了一下排数座号，退给了我，我那张票是头等席，180元一张，他是等我主动打折么? 我忙表态："不用给钱，快进去吧!"他却仍然把我持票的手推开了。

我觉得这个小伙子很古怪。

小伙子很难为情，解释说："我答应在外面等她……她也许会随时提前出来……我还是要在这儿一直等着散场……"说着便扭头朝剧场大门张望，生怕在我们交谈的一瞬间，那姑娘会从门内飘出，而他没能及时迎上去。

我抛开那小伙子，跑向剧场大门。小雨如酥，我险些滑跌在门前的台阶上。从每扇门的大玻璃都可以看到前廊里亮着的灯光，可是我推了好几扇门都推不开。后来我发现最边上的一扇是虚掩的，忙推开闪进。前廊里有位女士，我走过去把票递给她，她吃了一惊，迷惘地看看我，摇头；紧跟着前廊与休息厅的收票口那儿走来一位穿制服的人。显然，那才是收票员。他先问那位女士："您不看了吗?"又问我："您是……怎么回事儿?"我发现先遇上的那位女士，不，应该说是一位妙龄女郎，站在前廊门边，隔着玻璃朝外看，我也扭身朝外望去，只见那个小伙子仍在原地，双臂抱在胸前，痴痴地朝剧场大门这边守候着……

从演出区泻出《天鹅湖》最后一景的乐曲，王子与白天鹅的爱情即将冲破恶魔的阻挠而终于圆满。妙龄女郎望着雨丝掩映的那个身影，忽然咬紧嘴唇，眼里闪出异样的光……我站在那儿，摩挲着鬓边白发，沉浸在永恒的旋律里……

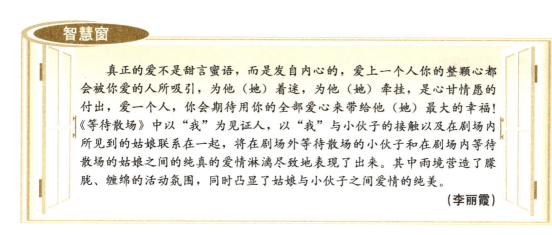

智慧窗

真正的爱不是甜言蜜语，而是发自内心的，爱上一个人你的整颗心都会被你爱的人所吸引，为他（她）着迷，为他（她）牵挂，是心甘情愿的付出，爱一个人，你会期待用你的全部爱心来带给他（她）最大的幸福！《等待散场》中以"我"为见证人，以"我"与小伙子的接触以及在剧场内所见到的姑娘联系在一起，将在剧场外等待散场的小伙子和在剧场内等待散场的姑娘之间的纯真的爱情淋漓尽致地表现了出来。其中雨境营造了朦胧、缠绵的活动氛围，同时凸显了姑娘与小伙子之间爱情的纯美。

(李丽霞)

爱我少一点，我请求你

◇张晓风

爱我少一点，我请求你。

有一个秘密，不知道该不该告诉你，其实，我爱的并不是你，当我答应你的时候，我真正的意思是：我愿意和你在一起，一起去爱这个世界，一起去爱人世，并且一起去承受生命之杯。

所以，如果在春日的晴空下你肯痴痴地看一株粉色的"寒绯樱"，你已经给了我最美丽的示爱。如果你虔诚地站在池畔看三月雀榕树上的叶苞如何——骄傲专注地等待某一定时定刻的爆放，我已一世感激不尽。你或许不知道，事实上那棵树就是我啊！在春日里急于释放绿叶的我啊！至于我自己，爱我少一点吧！我请求你。

爱我少一点，因为爱使人痴狂，使人颠倒，使我牵挂，我不忍折磨你。如果你一定要爱我，且爱我如清风来水面，不黏不滞。爱我如黄鸟渡青枝，让飞翔的仍去飞翔，扎根的仍去扎根，让两者在一刹的相逢中自成千古。

爱我少一点，因为"我"并不只住在这一百六十厘米的身高中，并不只容纳于这方趾圆颅内。请在书页中去翻我，那里有缔造我骨血的元素，请到闹市的喧哗纷杂中去寻我，那里有我的哀恸与关怀；并且尝试到送殡的行列里去听我，其间有我的迷惑与哭泣；或者到风最尖啸的山谷，浪最险恶的悬崖，落日最凄艳的草原上去探我，因为那些也正是我的悲怆和叹息。我不只在我这里，我在风我在海我在陆地我在星，你必须少爱我一点，才能去爱那藏在大化中的我。等我一旦烟消云散，你才不致猝然失去我，那时，你仍能在蝉的初吟、月的新圆中找到我。

爱我少一点，去爱一首歌好吗？因为那旋律是我；去爱一幅画，因为那流溢的色彩是我；去爱一方印章，我深信那老拙的刻痕是我；去品尝一坛佳酿，因为坛底的醉意是我；去珍惜一幅编织，那其间的纠结是我；去欣赏舞蹈和书法吧——不管是舞者把自己挥洒成行草篆隶，或是寸管把自己飞舞成腾跃旋挫，那其间的狂喜和收敛都是我。

爱我少一点，我请求你，因为你必须留一点柔情去爱你自己。因你爱我，你便不再是你自己，你已是我的一部分，所以，把爱我的爱也分回去爱惜你自己吧！

听我最柔和的请求，爱我少一点，因为春天总是太短太促太来不及，因为有太多的事等着在这一生去完成去偿还，因此，请提防自己，不要爱我太多，我请求你。

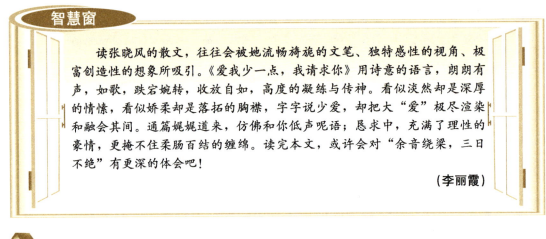

智慧窗

读张晓风的散文，往往会被她流畅骑旎的文笔、独特感性的视角、极富创造性的想象所吸引。《爱我少一点，我请求你》用诗意的语言，朗朗有声，如歌，跌宕婉转，收放自如，高度的凝练与传神。看似淡然却是深厚的情愫，看似娇柔却是落拓的胸襟，字字说少爱，却把大"爱"极尽渲染和融会其间。通篇娓娓道来，仿佛和你低声呢语；恳求中，充满了理性的豪情，更掩不住柔肠百结的缠绵。读完本文，或许会对"余音绕梁，三日不绝"有更深的体会吧！

（李丽霞）

阅览室

梅子的爱情
◇陈永林

这天，梅子格外勤快，啥事都抢着干，做饭、喂猪食、洗衣服、浇水，手脚没停过。梅子的娘笑着说："今天太阳从西边出来了。"梅子嗔怪地喊："娘——"娘说："有啥事求娘就说。"往日，梅子一有事求娘，就不停地干活。梅子说："没事。"娘说："没事，那我去睡觉。"梅子又喊："娘——"梅子欲言又止的样子。娘说："你今天咋变得婆婆妈妈的有事就说。"梅子张张嘴，没声音，脸却红得桃花一样。娘见梅子这害羞样，心里明白了，说："是不是哪个毛头小伙子爱上我的千金了？"梅子低下头，脸更红了。娘问："谁？"梅子不回答。娘一连问了几遍，梅子才说："我说了，你可要同意。"娘笑着一口应承。梅子便说了。娘听了，一口回绝："木子？不行，决不行。"娘的语气斩钉截铁的，没点商量的余地。梅子的声音很小："咋不行？"娘说："他太穷，你跟他过日子会吃苦的。"梅子说："吃苦我也情愿。再说我们有两双手，只要勤快，不愁没好日子过。"娘说："你跟他好决不行。"梅子的语气也极硬："我就要跟他好！"

第二天，梅子娘又好言好语劝："你为啥要跟木子好呢？他连屋都没有，一家人挤一幢低矮的泥坯屋。你如嫁给他，得挣钱做屋，那你一辈子没好日子过。"梅子一个字也听不进。梅子铁了心同木子好。娘就发了脾气，恶着脸骂梅子："你要同木子好，我就打断你的腿。"梅子的犟脾气来了："来呀，你打，打死了我更好。"梅子往娘身边凑，娘顺手拿了根木棍就往梅子身上打，梅子不躲，任娘打。幸好邻居来了，邻居抢了梅子娘手里的木棍。

梅子娘见硬的不行，就来软的。娘说："你如要跟木子好，我这就死给你看。"梅子说："那你去死。"梅子这样说，娘极伤心，娘的泪水就扑啷啷地淌下来了。娘在墙角里拿了瓶农药，拧开盖，就往嘴里送。梅子就抢了农药，说："你要死不要当着我的面死。"梅子说着把药瓶放在桌上，说："我这就走。我走了后，你再喝。"梅子说着就走。梅子一出门，娘就号啕大哭起来，边哭边骂："我上辈子造的啥孽，生下这么一个没心没肝的女儿？唉，我当初生她时，真后悔没把她闷死在粪坑里……"娘想到自己既当爹又当娘抚养梅子的不易，哭得更伤心了，又怪死去的男人来，"你这死鬼倒会享福，眼一闭，腿一蹬，啥事都不管……"

娘再怎样觅死觅活的反对，也没用，梅子仍同木子好。梅子三天二天同木子幽会。梅子还坐在木子的自行车后，搂着木子的腰，去城里玩。

如果木子不出事，那梅子准会嫁给木子。可是那天木子出事了。那天傍晚，木子同梅子在马路上散步。木子见一辆摩托车疯了一样朝他俩飞来，木子狠劲把梅子往路边一推，梅子掉进了稻田，可木子却躺倒在路上。摩托车从木子的腿上压过去了。木子怎么也站不起来。木子喊："我的腿呢？我的腿哪里去了？"

木子被送进了医院。

木子在医院里呆了半个月，就出院了。可木子的一条腿废了，走路高一脚低一脚的，跛得厉害。梅子再不理木子了，梅子提出同木子断。木子不甘心，一跛一跛的去梅子家求梅子。梅子躲在房里不出门。梅子的娘很热情的给木子让座，还泡茶，又喊："梅子，木子来看你了。"梅子不开门。梅子的娘问木子："你们吵架了？"木子说："梅子要同我断。"木子说这话时，眼泪掉下来了。梅子的娘听了，气得把梅子的门踢得砰砰响。"开门，开门。"梅子开了门，说："啥事？"娘说："做人得有良心。人家的腿是为了救你才拐的。"梅子说："你以前不是一直觅死觅活反对我同他好吗？现在咋又要我同他好？"娘说："以前娘瞎了眼，没看出木子是个有情有义的好人。"梅子说："我死也不会同一个拐子结婚。穷不怕，只要四肢健全，手脚勤快点，不愁过不上好日子。可拐了腿，啥事都不能做了……"木子的脸变得死白。娘抢起手，"啪"的一声，梅子脸上狠狠挨了娘的一巴掌。梅子白嫩的脸上很快有了五个鲜红的指印。

木子一跛一跛地走了。

娘对一脸泪水的梅子说："你若不同木子结婚，就滚，滚得越远越好。"梅子说："滚就滚！"梅子进了房，片刻，梅子提着一个包就出了门。

梅子的娘双手捂着脸蹲下来，泪水从指缝里透出来，扑嗒扑嗒掉在地上。

智慧窗

《梅子的爱情》以梅子和娘对木子的前后态度形成强烈的对比，使得两种立场的人物之间最初的矛盾最后转化为与之相反的矛盾，给读者带来全新的视觉效果，更带来了强烈的震撼。梅子爱上了家境贫穷的木子，娘坚决不同意，怕梅子和木子结婚后受苦，甚至以死相逼，但梅子铁了心，梅子和娘的立场形成了鲜明的对比，但一个意外事件，让两者的立场发生了逆转，木子为了救梅子，在车祸中断了腿。这件事情，使梅子和娘的立场发生了质的变化，梅子实质的自私与娘的善良又形成了鲜明的对比，双情节线由始至终对比鲜明，给人以强烈的震撼！

(李丽霞)

玫瑰往事（外二首）

◇林清玄

11岁的时候，他喜欢上教他国文的女老师，老师25岁，有一对黑眼珠和深深的酒窝。

　　那时他的父亲种了一亩玫瑰，他每天偷剪一朵父亲的玫瑰，起得绝早，在暝色中将玫瑰放在老师讲台的抽屉，然后回家睡觉，再假装没事人一样到学校上课。

　　老师对每天的一朵玫瑰调查了好几次，但从来不知道是谁放的。他也不敢承认，只要看到老师每天拿起玫瑰时那带着酒窝的微笑，他就一天都很快乐，甚至唱着小调回家。他在老师抽屉放玫瑰花足足放了两年，直到他从乡下的小学毕业。

20年后，他的老师还在乡下教书，有一回在街上遇到，老师的头发白了，酒窝还在，他很想说出20年前那一段属于玫瑰的往事，但终于没有说出口。

让玫瑰有它自己的生命吧！那样已经够了，他想。

金急雨

金急雨是一种花的名字，花谢时像乱雨纷飞。他常站在她家巷口前的金急雨花下，看着落了一地的金黄色花瓣。有时风起，干落的花瓣就四散飞去，但不改金黄的颜色，仿佛满天飞起的黄蝴蝶。

有四年的时间，他几乎天天在花下等她，然后一起走过长长的红砖道路。

他们分开的那一夜是在金急雨花的树下，他看她的背影沉默地消失在黑夜的巷子，心中一片茫然，如同电影放映时的断片，往事一幕幕地从黑巷里放映出来，他一滴泪也没有落，竟感觉那夜的天星比平常更明亮。

他捧起一把落地的金急雨，让它们从手指间静静地滑落，那时他真切地体会到，如果金急雨不落下，明年就没有新的芽，也不会开出新的花。萎落的花并非死亡，而是一种成长，一种等待，等待下一个季节。

相识的时候是花结成蕾，相爱的时候是繁花盛开，离别之际是花朵落在微风抖颤的黑夜。为了体会到这种惊奇的成长，他竟落下泪来。

情 重

所有的人都喜欢丈量爱情，而且量的单位用厚、薄、深、浅，常常用深厚来与浅薄相对照，每个人都痴迷地执著自己爱情的深厚。我独独喜爱以"重"为单位丈量，因为只是重，才会稳然地立着；也只有重，才能全然表现出情爱除了享乐还有负荷的责任。爱情只有在重量里，才可以象征精神的和物质的质量。

平静相守真正爱情的可贵不在于突破、创造，能够平静地相守才是真正的可贵。因为"守静"不只是爱情，也是生命的最高情操。那样的感觉像是：航过千辛万难、惊涛骇浪而渐渐驶进一个安全的港湾。纵任有万劫不磨的情爱，终也会倦于漂泊流浪吧。

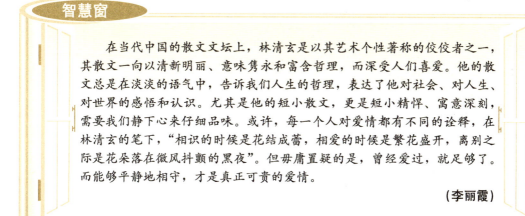

智慧窗

在当代中国的散文文坛上，林清玄是以其艺术个性著称的佼佼者之一，其散文一向以清新明丽、意味隽永和富含哲理，而深受人们喜爱。他的散文总是在淡淡的语气中，告诉我们人生的哲理，表达了他对社会、对人生、对世界的感悟和认识。尤其是他的短小散文，更是短小精悍、寓意深刻，需要我们静下心来仔细品味。或许，每一个人对爱情都有不同的诠释，在林清玄的笔下，"相识的时候是花结成蕾，相爱的时候是繁花盛开，离别之际是花朵落在微风抖颤的黑夜"。但毋庸置疑的是，曾经爱过，就足够了。而能够平静地相守，才是真正可贵的爱情。

（李丽霞）

永远的蝴蝶

◇陈启佑

那时候刚好下着雨，柏油路面湿冷冷的，还闪烁着青、黄、红颜色的灯火。我们就在骑楼下躲雨，看绿色的邮筒孤独地站在街的对面。我白色风衣的大口袋里有一封要寄给在南部母亲的信。

樱子说她可以撑伞过去帮我寄。我默默点头，把信给她。

"谁教我们只带来一把小伞哪。"她微笑着说，一面撑起伞，准备过马路去帮我寄信。从她伞骨渗下来的小雨点溅在我眼镜玻璃上。

随着一阵拔尖的刹车声，樱子的一生轻轻地飞了起来，缓缓地，飘落在湿冷的街面，好像一只夜晚的蝴蝶。

虽然是春天，好像已是深秋了。

她只是过马路去帮我寄信。这简单的动作，却要教我终生难忘了。我缓缓睁开眼，茫然站在骑楼下，眼里裹着滚烫的泪水。世上所有的车子都停了下来，人潮拥向马路中央。没有人知道那躺在街面的，就是我的，蝴蝶。这时她只离我五公尺，竟是那么遥远。更大的雨点溅在我的眼镜上，溅到我的生命里来。

为什么呢？只带一把雨伞？然而我又看到樱子穿着白色的风衣，撑着伞，静静地过马路了。她是要帮我寄信的，那，那是一封写给在南部的母亲的信，我茫然站在骑楼下，我又看到永远的樱子走到街心。其实雨下得并不大，却是一生一世中最大的一场雨。而那封信是这样写的，年轻的樱子知不知道呢？

妈：我打算在下个月和樱子结婚。

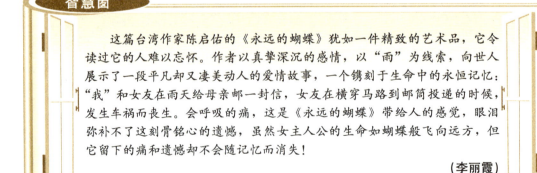

智慧窗

这篇台湾作家陈启佑的《永远的蝴蝶》犹如一件精致的艺术品，它令读过它的人难以忘怀。作者以真挚深沉的感情，以"雨"为线索，向世人展示了一段平凡却又凄美动人的爱情故事，一个镌刻于生命中的永恒记忆："我"和女友在雨天给母亲邮一封信，女友在横穿马路到邮筒投递的时候，发生车祸而丧生。会呼吸的痛，这是《永远的蝴蝶》带给人的感觉，眼泪弥补不了这刻骨铭心的遗憾，虽然女主人公的生命如蝴蝶般飞向远方，但它留下的痛和遗憾却不会随记忆而消失！

(李丽霞)

致胡也频的情书

◇丁　玲

爱人：

先说这时候，是十一点半，夜里。大的雷电已响了四十分钟，是你走后的第二次了。雨的声音也庞杂，然而却只更显出了夜的死寂。一切的声音都消去了，唯有那无止的狂吼的雷雨和着怕人的闪电在人间来示威。我是不能睡去的，但也并不怎样便因这而更感到寂寞和难过，这是因为在吃晚饭前曾接到一封甜蜜的信，是从青岛寄来的。大约你总可猜到这是谁才有这荣幸吧。不能睡！一半为的是雷电太大了，即便睡下去，也不会睡着，或更会无聊起来，一半也是为的人有点兴奋，愿意来同我爱说点话。在这样静寂的雨夜里，和着紧张的雷雨的合奏，来细细的像我爱就在眼前一样的说一点话，不是更有趣味吗？（这趣味当然还是我爱所说的："趣味的孤独。"）

电灯也灭了，纵使再能燃，我也不能开，于是我又想了一个老法子，用猪油和水点了一盏小灯，这使我想起五年前在通丰公寓的一夜来。灯光微小的很，仅仅只能照在纸上，又时时为水爆炸起来，你可以从这纸上看出许多小油点。我是很艰难的写着这封信，自然也是有趣味的。

再说我的心情吧，我是多么感激你的爱。你从一种极颓废，消极，百无聊赖的生活中救了我。你只要几个字便能将我的已灭的意志唤醒来，你的一句话便给我无量的勇气和寂寞的生活去奋斗了。爱！我要努力，我有力量努力，不是为了钱，不是为了名，即使约微补偿我们分离的苦绪也不是，是为了使我爱的希望不要失去，是为的我爱的欢乐啊！过去的，糟蹋了我的成绩太惭愧，然而从明天起我必须遵照我爱的意思去生活。而且我是希望爱要天天来信勉励我，因为我是靠着这而生存的。

你刚走后，我是还可以镇静，也许是一种兴奋吧，不知为什么，从前天下午起，就是从看电影戏起便一切全变了。××邀我去吃饭，我死也不肯，××房里也不去，一人蹲在家里只想哭。昨天一清早，楼下听差敲房门（因为××也没有用娘姨）说有快信，我糊里糊涂地爬起来，满以为是你来的信，高兴的了不得，谁知预备去看时，才知道是×××来的，虽然他为我寄了十一元钱来，我是一点也不快乐的，而且反更添了许多懊恼了。下午一人在家（××两人看电影去了），天气又冷，烧了一些报纸和《红黑》《华严》，人是无聊得很，几次想给你写信，但是不敢写，因为我不敢告诉你我的快死的情形，几次这样想，不进福民也算了，不写文章也算了，借点钱跑到济南去吧。总之我还是不写，我想过了几天再写给你，说是忙得很便算了。一直到晚上才坐到桌边，想写一首诗，用心想了好久，总不会，只写了四句散文，自己觉得太不好，且觉得无希望，所以又只好搁笔。现抄在下面你看看，以为如何（自然不会好）：

没有一个譬喻，

没有一句恰当的成语；

即便是伟大的诗人啊，也体会不到一个在思念着爱人的心情。

唉！频！你真不晓得一个人在自己烧好饭又去吃饭的心情，我是屡次都为了这而忍不住大哭起来的。

楼下听差我给了他一块钱，因为我常常要他开门和送信。因此自己觉得更可怜了，便也曾哭过的。

今天一起身看见天气好，老早爬起来，想振作，吃了一碗现饭，便拿了《壁下译从》到公园去了。谁知太阳靠不住，时隐时现，而风却很大，我望着那蠢然大块压着的灰色的重云，我想假使我能在天上，也不会快乐的了。我不久便又踽踽的走回来了。下午××两人又去看电影，邀我去，我不愿，我是宁可一个人在家思念我的爱而不愿陪人去玩，说得老实点，说是想依着别人去混过无聊的时日，在丁玲是不干的。可是天气还是冷，你知道，一冷我是无办法，所以在黄昏我便买了半块钱的炭回来了。现在还是很暖和的一边烤着火，一边为你写信，若是没有一点火，我是不坐下来的。

现在呢，人很快乐。有你一切都好，有你爱我，我真幸福，我会写文章的。而且我决定安心等到暑假再和你相聚，照我们的计划做去，而且也决心，也宣誓以后再不离开了。

雷电已过去，只下着小雨，夜是更深了。灯也亮了，人也倦了，明天再谈吧，祝我的爱好好的睡！我真的是多么甜蜜而又微笑的吻了你的来信好几十下呢！

一点差十分

你爱的曼伽

智慧窗

丁玲曾说，她最纪念的是胡也频。不论1931年以后的丁玲生命中走入的是怎样的男子，至少在她爱情世界中永远给胡也频留下一个位置。丁玲与胡也频在北京相识，当时的丁玲正在为弟弟的夭折和命运艰辛而痛苦，对比她还小一岁的胡也频毫不动心。当胡也频得知丁玲失弟之痛后，就用纸盒装满玫瑰，写下字条："你一个新的弟弟所献。"后丁玲回到湖南老家，胡也频闻讯后，向朋友借钱追到湖南。他贫困潦倒，连人力车夫的钱也是丁玲母亲给付。但他风尘仆仆地出现在丁玲面前时，丁玲被深深感动了，爱情之门豁然开启。后为了还债，胡也频离开上海赴山东省立高中教书。在胡也频走的当晚，丁玲就给胡也频写信，第二天又写。一个多月后，忍受不了相思煎熬的丁玲也来到了济南。《致胡也频的情书》体现了丁玲对胡也频的爱恋与相思之苦，感情真挚，语言婉约。

(李丽霞)

阅览室

爱情七里香

◇叶细细

和葛小陪是如何开始的，我一点也不记得了。只记得那天去花店给朋友买花，他在旁边一个劲地阻止我，他说，不如送一盒巧克力算了。

我最忍受不了没有情调的男子了，于是反问，为什么？

他答，花一落就什么都没有了，什么情深义重，全都完了。

我说，那巧克力呢，吃过了不也什么都完了。

葛小陪说了一句让我哭笑不得的话，起码，还可以获得脂肪一块。

大家都看到了，我这么一个浪漫的女子就是和这样一个毫无情调可言的男人谈着恋爱。

两年过去，他没送过我一朵花。

过情人节的前夜，我拼命的启发他，小陪，我不想做编辑了，想开个花店。

葛小陪在一旁打哈哈，别神经了，侍候花有什么好的，康乃馨那么丑；勿忘我死了之后还不落，最后成了干花，好像僵尸一般；最要命的是百合，怎么满城的花店里都是德国进口的种，长的怪怪的不说，还没有一点香味。

我启发他到了极限，那玫瑰总不错吧？是可以表达心意的。

葛小陪这回打了个哈欠，你不说玫瑰我还忘了，我对它早是气不打一处来，无论红的，白的，还是黄的，都那样浓艳，好像一个个没有灵魂的女人似的。

结果，情人节那天，他送了我一把冬青，省了他一小笔钱。

也许是因为别的，也许是因为花，我逐渐与葛小陪疏远了。那段日子，我在忙一些属于自己的事情。他打电话过来，我不接。打传呼，我也不回。

日日躲在家里写小说，写累了就去舞厅，唱歌，跳舞，喝酒，完全忘记了他的存在。

这时候，一个叫苏多的作家闯进了我的生活。

苏多是一家纯文学期刊的编辑，35 岁，不高不矮，不胖不瘦，眼睛看人的时候有些热情过度，时刻都在沸点。

他的眼睛让我燃烧。

在葛小陪给我的平稳的爱情里，我太需要一种可以创作的激情了。

以后的日子，我埋头苦写一部中篇，余下的时候与苏多轻歌曼舞，他说，细细，我一定能够捧红你的。

其实，我需要的承诺不是这个。对于我来说，成名不吸引我，我渴望港湾。

一日，我去苏多的家里谈我的小说创作情况，由于兴奋过度，与苏多畅饮，喝多了，头昏沉沉的，但脑子里还有七八分的清醒。这时，苏多一反常态，过来抱我，我刚好吐酒，遂将他 5000 元的西装吐了个稀里哗啦。苏多立刻松开我，直奔洗手间紧急处理他的宝贝西装。我心灰意冷，这就是我在他心里的位置，不值 5000 元，虚伪的家伙。

我没有等他出来，就独自开了门，歪歪斜斜的上了计程车。

回到住处，见门外放着一把冬青，打开，没有留一个字，但我知道是葛小陪过来了，只有他会送我冬青。

以后的日子，传呼机上不断重复两个人的数码，葛小陪和苏多。但我那段日子爱的只是小说。两个人的电话全不回。

打开电脑，与网上一些与爱情无关的写手交流，一位叫小 B 的女子，她说小说已经写完，去编辑部送稿，但是，编辑苏多要她用最宝贵的东西来交换。她不知道是什么？

我的键盘飞快地敲下几个字：傻瓜，当然是女编辑不要的东西拉。随后把我不值 5 000 元的笑话对她简单复述了一遍。

小B在网上敲来几个字：哈哈哈，太好玩了，明天我让他穿一套9 000元的西装来见我，我要让他的新衣四处开花。

此后我和苏多再也没有联系。我的中篇还是发了，我直接寄给了他们那个拥有一双慧眼的老总。

写完了小说，我开始四处游玩，去了欧洲，回来的时候，门口已经堆满了冬青。

那天傍晚，我去久已未去的花园，还没走进，不知道哪来的一股清香四溢开来。

寻香味的源头去，于是我看见了那七里之外尤有的香味正来自那一丛丛矮墩墩的冬青，上面有小小的黄豆大的白花，如果不是它的香气袭人，它是很容易被人忽略的。

那晚，葛小陪在我的手机上打了一行字：细细，在这个爱情没有保障的年代里，我如果对你说，你是我的唯一，你会相信吗？这么久了，其实我一直想送你一种花，那就是——七里香。我喜欢这样的爱情，你呢？

面对这样的话，我没有理由不热泪盈眶。

智慧窗

　　席慕蓉在其《七里香》里这样描述："溪水急着要流向海洋，浪潮却渴望重回土地，在绿树白花的篱前，曾那样轻易地挥手道别，而沧桑了二十年后，我们的魂魄却夜夜归来，微风拂过时，便化作满园的郁香。"其实，在《爱情的七里香》里真正懂得爱情真谛的人是葛小陪，他知道珍惜，懂得宽容，他始终把握着若即若离、不离不弃的距离与分寸，用心经营着爱情的花朵永不褪色，永不凋零……正如作者描述的那样："寻香味的源头去，于是我看见了那七里之外尤有的香味正来自那一丛丛矮墩墩的冬青，上面有小小的黄豆大的白花，如果不是它的香气袭人，它是很容易被人忽略的。"它似乎以独特的方式在昭示人们：平平淡淡才是真！

（李丽霞）

多年父子成兄弟

　　父母是赐予我们生命的人，父母是呵护着我们成长的人，父母更是领着我们在自己的人生道路上行走的人……父母是我们生命中永恒的牵系和港湾。

　　当有一日，我们发现自己拥有了最宝贵的青春，为那最美好的青春感到兴奋和骄傲的时候，却常常忽视了父母头上悄然出现的白发和额头上不知何时长出的皱纹。我们渐渐地长大，他们渐渐地老去。他们看到我们的成长，总是惊喜的；他们感受到自己的老去，却是无怨无悔的。而我们呢？在享受成长、享受青春的时候，永远都不会忘记有那样一双怀抱，有那样两双目光，有那样一个家园永远是我们心灵上的依靠和港湾，他们对我们的爱，是最温暖的力量！而我们，也应该通过自己的努力去回报他们最无私、最伟大的爱。

阅览室

背　影

◇朱自清

我与父亲不相见已二年余了，我最不能忘记的是他的背影。

那年冬天，祖母死了，父亲的差使也交卸了，正是祸不单行的日子。我从北京到徐州，打算跟着父亲奔丧回家。到徐州见着父亲，看见满院狼藉的东西，又想起祖母，不禁簌簌地流下眼泪。父亲说："事已如此，不必难过，好在天无绝人之路！"

回家变卖典质，父亲还了亏空；又借钱办了丧事。这些日子，家中光景很是惨淡，一半为了丧事，一半为了父亲赋闲。丧事完毕，父亲要到南京谋事，我也要回北京念书，我们便同行。

到南京时，有朋友约去游逛，勾留了一日；第二日上午便须渡江到浦口，下午上车北去。父亲因为事忙，本已说定不送我，叫旅馆里一个熟识的茶房陪我同去。他再三嘱咐茶房，甚是仔细。但他终于不放心，怕茶房不妥帖；颇踌躇了一会。其实我那年已二十岁，北京已来往过两三次，是没有什么要紧的了。他踌躇了一会，终于决定还是自己送我去。我再三劝他不必去；他只说："不要紧，他们去不好！"

我们过了江，进了车站。我买票，他忙着照看行李。行李太多了，得向脚夫行些小费，才可过去。他便又忙着和他们讲价钱。我那时真是聪明过分，总觉他说话不大漂亮，非自己插嘴不可。但他终于讲定了价钱；就送我上车。他给我拣定了靠车门的一张椅子；我将他给我做的紫毛大衣铺好座位。他嘱我路上小心，夜里要警醒些，不要受凉。又嘱托茶房好好照应我。我心里暗笑他的迂；他们只认得钱，托他们只是白托！而且我这样大年纪的人，难道还不能料理自己么？唉，我现在想想，那时真是太聪明了！

我说道："爸爸，你走吧。"他往车外看了看说："我买几个橘子去。你就在此地，不要走动。"我看那边月台的栅栏外有几个卖东西的等着顾客。走到那边月台，须穿过铁道，须跳下去又爬上去。父亲是一个胖子，走过去自然要费事些。我本来要去的，他不肯，只好让他去。我看见他戴着黑布小帽，穿着黑布大马褂，深青布棉袍，蹒跚地走到铁道边，慢慢探身下去，尚不大难。可是他穿过铁道，要爬上那边月台，就不容易了。他用两手攀着上面，两脚再向上缩；他肥胖的身子向左微倾，显出努力的样子。这时我看见他的背影，我的泪很快地流下来了。我赶紧拭干了泪，怕他看见，也怕别人看见。我再向外看时，他已抱了朱红的橘子往回走了。过铁道时，他先将橘子散放在地上，自己慢慢爬下，再抱起橘子走。到这边时，我赶紧去搀他。他和我走到车上，将橘子一股脑儿放在我的皮大衣上。于是扑扑衣上的泥土，心里很轻松似的，过一会说："我走了，到那边来信！"我望着他走出去。他走了几步，回头看见我，说："进去吧，里边没人。"等他的背影混入来来往往的人里，再找不着了，我便进来坐下，我的眼泪又来了。

近几年来，父亲和我都是东奔西走，家中光景是一日不如一日。他少年出外谋生，独力支持，做了许多大事。哪知老境却如此颓唐！他触目伤怀，自然情不能自已。情郁于中，自然要发之于外；家庭琐屑便往往触他之怒。他待我渐渐不同往日。但最近两年的不见，他终于忘却我的不好，只是惦记着我，惦记着我的儿子。我北来后，他写了一信给我，信中说道："我身体平安，唯膀子疼痛利害，举箸提笔，诸多不便，大约大去之期不远矣。"我读到此处，在晶莹的泪光中，又看见那肥胖的、青布棉袍黑布马褂的背影。唉！我不知何时再能与他相见！

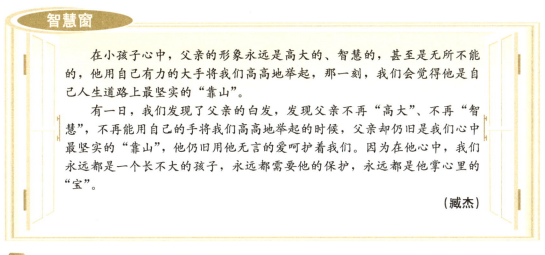

智慧窗

　　在小孩子心中，父亲的形象永远是高大的、智慧的，甚至是无所不能的，他用自己有力的大手将我们高高地举起，那一刻，我们会觉得他是自己人生道路上最坚实的"靠山"。

　　有一日，我们发现了父亲的白发，发现父亲不再"高大"、不再"智慧"，不再能用自己的手将我们高高地举起的时候，父亲却仍旧是我们心中最坚实的"靠山"，他仍旧用他无言的爱呵护着我们。因为在他心中，我们永远都是一个长不大的孩子，永远都需要他的保护，永远都是他掌心里的"宝"。

（臧杰）

阅览室

父子情（节选）

◇舒　乙

　　在我两岁零三个月的时候，父亲离开济南南下武汉，加入到抗战洪流中。再见到父亲时，我已经八岁。一见面，我觉得父亲很苍老。他刚割完盲肠，腰直不起来，站在那里两只手一起压在手杖上。我怯生生地喊他一声"爸"，他抬起一只手臂，摸摸我的头，叫我"小乙"。对他，对我，爷儿俩彼此都是陌生的。他当时严重贫血，整天抱怨头昏，但还是天天不离书桌，写《四世同堂》。他很少到重庆去，最高兴的时候是朋友来北平看望他。只有这个时候他的话才多，变得非常健谈，而且往往是一张嘴就是一串笑话，逗得大家前仰后合。渐渐地，我把听他说话当成了一种最有吸引力的事，总是静静地在一边旁听，还免不了跟着傻笑。父亲从不赶我走，还常常指着我不无亲切地叫我"傻小子"。他对孩子们的功课和成绩毫无兴趣，一次也没问过，也没辅导过，采取了一种绝对超然的放任自流的态度。他表示赞同的，在我当时看来，几乎都是和玩有关的事情，比如他十分欣赏我对书画有兴趣，对唱歌有兴趣，对参加学生会的社会活动有兴趣。他很爱带我去访朋友，坐茶馆，上澡堂子。走在路上，总是他挂着手杖在前面，我紧紧地跟在后面，他从不拉我的手，也不和我说话。我个子矮，跟在他后面，看见的总是他的腿和脚，还有那双磨歪了后跟的旧皮鞋。就这样，跟着他的脚印，我走了两年多，直到他去了美国。现在，一闭眼，我还能看见那双歪歪的鞋跟。我愿跟着它走到天涯海角，不必担心，不必说话，不必思索，却能知道整个世界。

再见到父亲时，我已经是十五岁的少年了，是个初三学生。他给我从美国带回来的礼物是一盒矿石标本，里面有二十多块可爱的小石头，闪着各种异样的光彩，每一块都有学名，还有简单的说明。

我奇怪地发现，此时此刻的父亲已经把我当成了一个独立的大人，采取了一种异乎寻常的大人对大人的平等态度。他见到我，不再叫"小乙"，而称呼"舒乙"，而且伸出手来和我握手，好像彼此是朋友一样。他的手很软，很秀气，手掌很红，握着他伸过来的手，我的心充满了惊奇，顿时感到自己长大了，不再是他的小小的"傻小子"了。高中毕业后，我通过了留学苏联的考试，父亲很高兴。五年里，他三次到苏联去开会，都专程到列宁格勒去看我。他没有给我写过信，但是常常得意地对朋友们说：儿子是学理工的，学的是由木头里炼酒精！

虽然父亲诚心诚意地把我当成大人和朋友对待，还常常和我讨论一些严肃的问题，我反而常常强烈地感觉到，在他的内心里我还是他的小孩子。有一次，我要去东北出差，临行前向他告别，他很关切地问车票带了吗，我说带好了，他说："拿给我瞧瞧！"直到我由口袋中掏出车票，他才放心了。接着又问："你带了几根皮带？"我说："一根。"他说："不成，要两根！""干吗要两根？"他说："万一那根断了呢，非抓瞎不可！来，把我这根也拿上。"父亲的这两个问题，让我笑了一路。

对我的恋爱婚事，父亲同样采取了超然的态度，表示完全尊重孩子的选择。他送给我们一幅亲笔写的大条幅，红纸上八个大字"勤俭持家，健康是福"，下署"老舍"。这是继矿石标本之后他送给我的第二份礼物，以后，一直挂在我的床前。可惜，后来红卫兵把它撕成两半，扔在地上乱踩，等他们走后，我从地上将它们拣起藏好，保存至今，虽然残破不堪，却是我的最珍贵的宝贝。

智慧窗

小时候，我们总是觉得父亲的形象无比高大，并且觉得他是一个无比智慧的人，我们遇到了困难，总是会向他寻求帮助；我们提出来的问题，也总是能够从他那里得到答案。

父亲对我们的影响常常是潜移默化的，或者是对我们性格上的影响，或者是对我们为人处世方面的影响，也或者是对我们人生道路上选择的影响。那些影响常常会伴随着我们的一生，成为我们生命中的烙印和记忆中的点滴。而我们的成长，似乎也早已被父亲看在眼里，虽然他们的赞许常常是无言的，我们却仍旧能够从他们的眼神中发现那掩饰不住的惊喜和激动。

(臧杰)

多年父子成兄弟 （节选）

◇汪曾祺

这是我父亲的一句名言。

父亲是个绝顶聪明的人。他是画家，会刻图章，画写意花卉。图章初宗浙派，中年后治汉印。他会摆弄各种乐器，弹琵琶，拉胡琴，笙箫管笛，无一不通。他认为乐器中最难的其实是胡琴，看起来简单，只有两根弦，但是变化很多，两手都要有功夫。他拉的是老派胡琴，弓子硬，松香滴得很厚——现在拉胡琴的松香都只滴了薄薄的一层。他的胡琴音色刚亮。胡琴码子都是他自己刻的，他认为买来的不中使。他养蟋蟀，养金铃子。他养过花，他养的一盆素心兰在我母亲病故那年死了，从此他就不再养花。

父亲是个很随和的人，我很少见他发过脾气，对待子女，从无疾言厉色。他爱孩子，喜欢孩子，爱跟孩子玩，带着孩子玩。我的姑妈称他为"孩子头"。春天，不到清明，他领一群孩子到麦田里放风筝。他用钻石刀把玻璃裁成不同形状的小块，再一块一块斗拢，接缝处用胶水粘牢，做成小桥、小亭子、八角玲珑水晶球。桥、亭、球是中空的，里面养了金铃子。他会做各种灯。我们在这些灯里点了蜡烛，穿街过巷，邻居的孩子都跟过来看，非常羡慕。

父亲对我的学业是关心的，但不强求。我小时候，国文成绩一直是全班第一。我的作文，时得佳评，他就拿出去到处给人看。我的数学不好，他也不责怪，只要能及格，就行了。他画画，我小时也喜欢画画，但他从不指点我。他画画时，我在旁边看，其余时间由我自己乱翻画谱，瞎抹。我对写意花卉那时还不太会欣赏，只是画一些鲜艳的大桃子，或者我从来没有见过的瀑布。我小时字写得不错，他倒是给我出过一点主意。在我写过一阵"圭峰碑"和"多宝塔"以后，他建议我写写"张猛龙"。这建议是很好的，到现在我写的字还有"张猛龙"的影响。我初中时爱唱戏，唱青衣，我的嗓子很好，高亮甜润。在家里，他拉胡琴，我唱。我十七岁初恋，暑假里，在家写情书，他在一旁瞎出主意。我十几岁就学会了抽烟喝酒。他喝酒，给我也倒一杯。抽烟，一次抽出两根，他一根我一根。他还总是先给我点上火。我们的这种关系，他人或以为怪。父亲说："我们是多年父子成兄弟。"

我和儿子的关系也是不错的。我戴了"右派分子"的帽子下放张家口农村劳动，他那时从幼儿园刚毕业，刚刚学会汉语拼音，用汉语拼音给我写了第一封信。我也只好赶紧学会汉语拼音，好给他写回信。"文化大革命"期间，我被打成"黑帮"，送进"牛棚"。偶尔回家，孩子们对我还是很亲热。我的老伴告诫他们"你们要和爸爸'划清界限'"，儿子反问母亲："那你怎么还给他打酒？"只有一件事，两代之间，曾有分歧。他下放山西忻县"插队落户"，按规定，春节可以回京探亲。我们等着他回来。不料他同时带回了一个同学。他这个同学的父亲是一位正受林彪迫害，搞得人囚家破的空军将领。这个同学在北京已经没有家，按照大队的规定是不能回北京的，但是这孩子很想回北京，在一伙同学的秘密帮助下，我的儿子就偷偷地把他带回来了。他连"临时户口"也不能上，是个"黑人"，我们留他在家住，等于"窝藏"了他。公安局随时可能来查户口，街道办事处的大妈也可能举报。当时人人自危，自顾不暇，儿子惹了这么一个麻烦，使我们非常为难。我和老伴把他叫到我们的卧室，对他的冒失行为表示很不满，我责备他："怎么事前也不和我们商量一下！"我的儿子哭了，哭得很委屈，很伤心。我们当时立刻明白了：他是对的，我们是错的。我们这种怕担干系的思想是庸俗的。我们对儿子和同学之间的义气缺乏理解，对他的感情不够尊重。他的同学在我们家一直住了四十多天，才离去。

对儿子的几次恋爱，我采取的态度是"闻而不问"。了解，但不干涉。我们相信他自己的选择，他的决定。最后，他悄悄和一个小学时期的女同学好上了，结了婚。有了一个女儿，已近七岁。

我的孩子有时叫我"爸"，有时叫我"老头子"！连我的孙女也跟着叫。我的亲家母说这孩子"没大没小"。我觉得一个现代化的、充满人情味的家庭，首先必须做到"没大没小"。父母叫人敬畏，儿女"笔管条直"最没有意思。

儿女是属于他们自己的。他们的现在，和他们的未来，都应由他们自己来设计。一个想用自己理想的模式塑造自己的孩子的父亲是愚蠢的，而且，可恶！另外作为一个父亲，应该尽量保持一点童心。

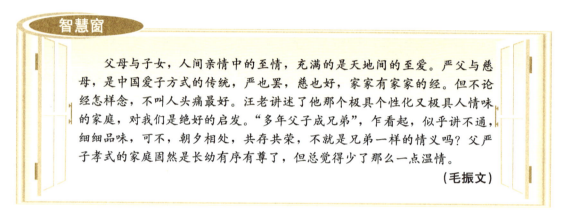

智慧窗

　　父母与子女，人间亲情中的至情，充满的是天地间的至爱。严父与慈母，是中国爱子方式的传统，严也罢，慈也好，家家有家家的经。但不论经怎样念，不叫人头痛最好。汪老讲述了他那个极具个性化又极具人情味的家庭，对我们是绝好的启发。"多年父子成兄弟"，乍看起来，似乎讲不通，细细品味，可不，朝夕相处，共存共荣，不就是兄弟一样的情义吗？父严子孝式的家庭固然是长幼有序有尊了，但总觉得少了那么一点温情。

（毛振文）

阅览室

这年冬天的家书（节选）

◇张悦然

妈妈我现在很害怕你。

世界上再也没有比一个无比美丽和善良的女人老去更可怕的事情了。妈妈你不要老好吗？我就回去，回家，我会跑得很快很快。不用你来机场接，我知道让计程车司机在第三个路口转弯然后直行比较近，你告诉过我的。妈妈，我真想，就穿着这件热带的蕾丝裙子飞快跑回去，经过我们家门口的湖和泉水。妈妈我还看见了我们从前养的那只猫。可它为什么没良心地走掉了呢？我们对它这么好。妈妈我真的想这样一路跑回去，穿越大峡谷、热带雨林还有海。我翻过高山，走过麦田和北方的靛蓝色的平原。我将穿着我最好看的一件裙子站在你的面前。可是妈妈，为什么又是冬天了呢？为什么荷花凋谢泉水哽咽了呢？妈妈我是在冬天离开你的吗？整整一年，有吗有吗，这样的久我不能相信了啊。

我穿着我最好看的裙子站在雪地里，北方的风从四个方向吹过来。我看见风在我心里汇成的旋涡。旋涡，倒映下你颀长的影子。妈妈，我是害怕你的。没有一件事情比你老去更使我难过。你看我回来了。蕾丝裙子是你喜欢的样子，我知道你喜欢的呀，妈妈我们两个一起穿蕾丝裙子好吗？

妈妈你的手上为什么仍旧有伤痕。是你给我掰核桃留下的吗？妈妈我看见你手上的伤痕，我看到那些尖利的东西欺负你，我讨厌它们。妈妈我怨恨核桃了不再喜欢了你不要剥给我了好吗。

妈妈你说我回去后的第一天我们做些什么呢。你说我们，我们两个做些什么好呢？妈妈我们再来养一只猫好么？我们的老猫咪真是糟糕。它承诺我的啊，我走之后它会乖乖在家里，好好陪着你，可是可是它走得比那个冬天还要快。我们这次好好养好么，我们养只忠诚的猫，或者狗，随你喜欢。我们带它去散步，给它挂银闪闪的牌子，一起给它洗澡好吗。妈妈，我多想有个小家伙陪着你。

妈妈或者我们一起去买菜吧，你说好吗？我还是不会还价，可是我会挑拣了呀。妈妈你给我买件围裙吧。你送给过我数也数不清的衣服，可是现在我想要一件围裙，你说好吗？我要和你一样的。零星小花和黄晶晶的油配在一起真是好看。要爸爸来给我们照相吧。我们都穿黑色蕾丝裙子。我们都穿围裙。妈妈你相信我，仍旧会有一样多的人说我们像姐妹的。

妈妈，你想要我陪你去做什么我都去。妈妈我们再看电视吧。我在天寒的时候坐过来抢你的毛衣。妈妈你就把那件毛衣送给了我。可是我现在在永远28度的天气里，我没有穿它。妈妈我对不起你和你的毛衣。其实我不喜欢它，我和你抢是因为我喜欢你穿它的样子。嘿嘿，我以为我穿上也会是一样的好看。

妈妈，我今天病了，因为我昨天夜里有一个非常壮丽的梦。我穿着我好看的裙子回家了。翻山越岭，我甚至还碰到那只背叛的猫，我抓起它的耳朵带它回去见你。可是我真的没有料想是一个冬天。我离开有一年了吗？

妈妈，如果是真的，如果我那么英勇地回去，你答应我，你什么都不要做，你就在门边等我好吗？你答应我带着你一年前的样子站在门边等我好吗？

妈妈，我在小心地走近你和看清你，我们都小声点好么，我不想吵醒这个华彩的梦。

智慧窗

在我们每个人的心中，母亲永远是这世界上最美丽的人，她不仅仅给予了我们生命，更给予了我们最无私的爱与关怀。欣喜时、无助时、开心时、痛苦时……她会是与我们分享、帮我们分担的"最佳人选"。

当有一日，我们发现自己长大了，不再是个小孩子的时候，最惧怕的事情似乎就是看到那个给予我们生命、呵护着我们成长的母亲变老了吧？尤其是对于女孩子，能够和自己的母亲像姐妹一般地分享生活中的幸福与美好，似乎是她们永恒的心愿。

（臧杰）

我的母亲（节选）

◇胡　适

　　大人们鼓励我装先生样子，我也没有嬉戏的能力和习惯，又因为我确是喜欢看书，故我一生可算是不曾享过儿童游戏的生活。每年秋天，我的庶祖母同我到田里去"监割"，我总是坐在小树下看小说。十一二岁时，我稍活泼一点，居然和一群同学组织了一个戏剧班，做了一些木刀竹枪，借得了几副假胡须，就在村口田里做戏。我做的往往是诸葛亮、刘备一类的文角儿，只有一次我做史文恭，被花荣一箭从椅子上射倒下去，这算是我最活泼的玩意儿了。

　　我在这九年之中，只学得了读书写字两件事。在文字和思想的方面，不能不算是打了一点底子。但别的方面都没有发展的机会。有一次我们村里"当朋"筹备太子会，有人提议要派我加入前村的昆腔队里学习吹笙或吹笛。族里长辈反对，说我年纪太小，不能跟着太子会走遍五朋。于是我便失掉了这学习音乐的唯一机会。三十年来，我不曾拿过乐器，也全不懂音乐；究竟我有没有一点学音乐的天资，我至今还不知道。至于学图画，更是不可能的事。我常常用竹纸蒙在小说书的石印绘像上，摹画书上的英雄美人。有一天，被先生看见了，挨了一顿大骂，抽屉里的图画都被抽出撕毁了。于是我又失掉了学做画家的机会。

　　但这九年的生活，除了读书看书之外，究竟给了我一点做人的训练，在这一点上，我的恩师便是我的慈母。

　　每天天刚亮时，我母亲便把我喊醒，叫我披衣坐起。我从不知道她醒来坐了多久了。她看我清醒了，便对我说昨天我做错了什么事，说错了什么话，要我认错，要我用功读书。有时候她对我说父亲的种种好处，她说："你总要踏上你老子的脚步。我一生只晓得这一个完全的人，你要学他，不要跌他的股。"（跌股便是丢脸，出丑）她说到伤心处，往往掉下泪来。到天大明时，她才把我的衣服穿好，催我去上早学。学堂门上的钥匙放在先生家里；我先到学堂门口一望，便跑到先生家里去敲门。先生家里有人把钥匙从门缝里递出来，我拿了跑回去，开了门，坐下念生书。十天之中，总有八九天我是第一个去开学堂的。等到先生来了，我背了生书，才回家吃早饭。

　　我母亲管束我最严，她是慈母兼任严父。但她从来不在别人面前骂我一句，打我一下，我做了错事，她只对我一望，我看见了她的严厉眼光，便吓住了，犯的事小，她等到第二天早晨我眠醒时才教训我。犯的事大，她等到晚上人静时，关了房门，先责备我，然后行罚，或罚跪，或拧我的肉。无论怎样重罚，总不许我哭出声音来，她教训儿子不是借此出气叫别人听的。

　　一个初秋的傍晚，我吃了晚饭，在门口玩，身上只穿着一件单背心。这时候我母亲的妹子玉英姨母在我家住，她怕我冷了，拿了一件小衫出来叫我穿上。我不肯穿，她说："穿上吧，凉了。"我随口回答："娘（凉）什么！老子都不老子呀。"我刚说了这一句，一抬头，看见母亲从家里走出，我赶快把小衫穿上。但她已听见这句轻薄的话了。晚上人静后，她罚我跪下，重重地责罚了一顿。她说："你没了老子，是多么得意的事！好用来说嘴！"她气得坐着发抖，也不许我上床去睡。我跪着哭，用手擦眼泪，不知擦进了什么细菌，后来足足害了一年多的眼翳病。医来医去，总医不好。

我母亲心里又悔又急，听说眼翳可以用舌头舔去，有一夜她把我叫醒，她真用舌头舔我的病眼。这是我的严师，我的慈母。

智慧窗

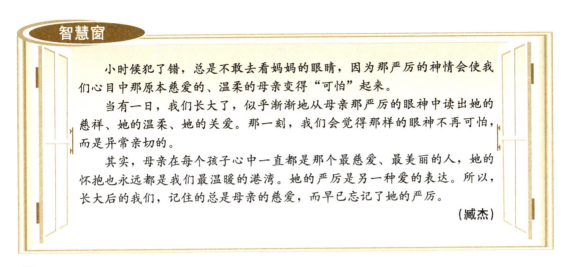

小时候犯了错，总是不敢去看妈妈的眼睛，因为那严厉的神情会使我们心目中那原本慈爱的、温柔的母亲变得"可怕"起来。

当有一日，我们长大了，似乎渐渐地从母亲那严厉的眼神中读出她的慈祥、她的温柔、她的关爱。那一刻，我们会觉得那样的眼神不再可怕，而是异常亲切的。

其实，母亲在每个孩子心中一直都是那个最慈爱、最美丽的人，她的怀抱也永远都是我们最温暖的港湾。她的严厉是另一种爱的表达。所以，长大后的我们，记住的总是母亲的慈爱，而早已忘记了她的严厉。

（臧杰）

 阅览室

母亲，不识字的导师（节选）
◇梁晓声

父亲对我走上文学道路从未施加过任何有益的影响。不仅因为他是文盲，也因为从1956年起，我7岁的时候，他便离开哈尔滨市建设大西北去了。从此每隔两三年他才回家与我们团聚一次。我下乡以后，与父亲团聚一次更不易了。在我的记忆中，父亲是反对我们几个孩子"看闲书"的。父亲常因母亲给我们钱买"闲书"而对母亲大发其火，家里穷，父亲一个人挣钱养家糊口，也真难为他。每一分钱都是他用汗水换来的。父亲的工资仅够勉强维持一个家庭最低水平的生活。

母亲也是文盲。但母亲与父亲不一样，父亲是个崇尚力气的文盲，母亲是个崇尚文化的文盲。对我们几个孩子寄托的希望也便截然对立，父亲希望我们将来都能靠力气吃饭，母亲希望我们将来都能成为靠文化自立于社会的人。希望矛盾，对我们的教育宗旨、教育方式便难统一。父亲的教育方式是严厉的训斥和惩罚，母亲对我们的教育则注重在人格、品德、礼貌和学习方面。值得庆幸的是，父亲常年在大西北，我们从小接受的是母亲的教育。母亲的教育至今仍对我为人处世深有影响。

母亲从外祖父那里知道许多书中的人物和故事，而且听过一些旧戏，乐于将书或戏中的人物和故事讲给我们。母亲年轻时记忆强，什么戏剧什么故事，只要听过一遍，就能详细记住。母亲善于讲故事，讲时带有很浓的个人感情色彩。我从五六岁起，就从母亲口中听到过《包公传》《济公传》《杨家将》《岳家将》《侠女十三妹》的故事。母亲是个很善良的女人。善良的女人大多喜欢悲剧。母亲尤其愿意、尤其善于讲悲剧故事：《秦香莲》《枫波亭》《赵氏孤儿》《杜十娘怒沉百宝箱》……母亲边讲边落泪，我们边听边落泪。

我于今在创作中追求悲剧情节，悲剧色彩，不能自已地在字里行间流溢浓重的主观感情色彩，可能正是由于小时候听母亲带着她浓重的主观感情色彩讲了许多悲剧故事的结果。我认为，文学对于一个作家儿童时代的心灵所形成的直接或间接的影响，对一个作家在某一时期或某一阶段的创作风格起着"先天"的、潜意识的制约。

我们长大了，母亲衰老了。母亲再也不像我们小时候那样给我们讲故事了。母亲操持着全家人的生活，没有时间、没有精力、没有心思重复那些典型的中国式的悲剧色彩很浓的传统故事了。母亲一生就是一个悲剧。她至今没过上一天无忧无虑的生活。

我们也不再满足于听母亲讲故事了。我们都能读书了，我们渴望读书。只要是为了买书，母亲给我们钱时从未犹豫过。母亲没有钱，就向邻居借。母亲这个没有文化的女人，凭着做母亲的本能认为，读书对于她的孩子们总归是有益的事。

家中没有书架，也没有摆书架的地方。母亲为我们腾出了一只旧木箱。我们买的书，包上书皮儿，看过后存放在箱子里。

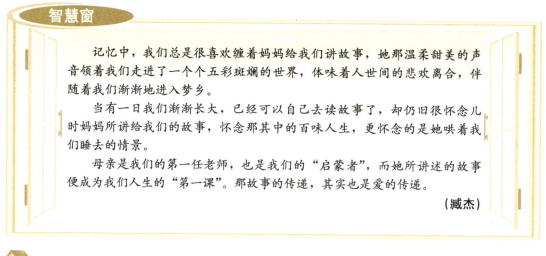

智慧窗

　　记忆中，我们总是很喜欢缠着妈妈给我们讲故事，她那温柔甜美的声音领着我们走进了一个个五彩斑斓的世界，体味着人世间的悲欢离合，伴随着我们渐渐地进入梦乡。

　　当有一日我们渐渐长大，已经可以自己去读故事了，却仍旧很怀念儿时妈妈所讲给我们的故事，怀念那其中的百味人生，更怀念的是她哄着我们睡去的情景。

　　母亲是我们的第一任老师，也是我们的"启蒙者"，而她所讲述的故事便成为我们人生的"第一课"。那故事的传递，其实也是爱的传递。

（臧杰）

阅览室

回家去问妈妈（节选）
◇毕淑敏

　　妈妈说你生在新疆，长在北京。难道你是飞来的不成？以前我一说起带你赶路的事情，你就嫌烦。说知道啦，别再啰嗦。我说，我以为你是坐火车来的，一件司空见惯的事情。

　　妈妈依旧淡淡地说，那时候哪有火车？从星星峡经柳园到兰州，我每天抱着你，天不亮就爬上装货卡车的大厢板，在戈壁滩上颠呀颠，半夜才到有人烟的地方。你脏得像个泥巴娃娃，几盆水也洗不出本色……

　　我静静地倾听妈妈的描述，才知道我在幼年时曾带给母亲那样的艰难，才知道发生在安西的感动源远流长。

　　我突然意识到，在我和最亲近的母亲之间，潜伏着无数盲点。

　　我们总觉得已经成人，母亲只是一间古老的旧房。她给我们的童年以遮蔽，但不会再提供新的风景。我们急切地投身外面的世界，寻找自我的价值。全神贯注地倾听上司的评论，字斟句酌地印证众人的口碑，反复咀嚼朋友随口吐露的一滴印象，甚至会为恋人一颦一笑的涵义彻夜思索……我们极其在意世人对我们的看法，因为世界上最困难的事莫过于认识自己。我们恰恰忘了，当我们环视整个世界的时候，有一双微微眯起的眼睛，始终在背后凝视着我们。

那是妈妈的眼睛啊！

我们幼年的顽皮，我们成长的艰辛，我们与生俱来的弱点，我们异于常人的禀赋……我们从小到大最详尽的档案，我们失败与成功每一次的记录，都贮存在母亲宁静的眼中。

她是世界上第一个认识我们的人。我们何时长第一颗牙？我们何时说第一句话？我们何时跌倒了不再哭泣？我们何时骄傲地昂起了头颅？往事像长久不曾加洗的旧底片，虽然暗淡却清晰地存放在母亲的脑海中，期待着我们将它放大。

所有的妈妈都那么乐意向我们提起我们小时的事情，她们的眼睛在那一瞬露水般的年轻。我们是她们制造的精品，她们像手艺精湛的老艺人，不厌其烦地描绘打磨我们的每一个过程。

于是我们不客气地对妈妈说：老提那些过去的事，烦不烦呀？别说了，好不好？！

从此，母亲就真的噤了声，不再提起往事。有时候，她会像抛上岸的鱼，突然张开嘴，急速地扇动着气流……她想起了什么，但她终于什么也没有说，干燥地合上了嘴唇。我们熟悉了她的这种姿势，以为是一种默契。

为什么怕听母亲讲过去的事情？是不愿承认我们曾经弱小？是不愿承载亲人过多的恩泽？我们在人海茫茫世事纷繁中无暇多想，总以为母亲会永远陪伴在身边，总以为将来会有某一天让她将一切讲完。

在一个猝不及防的刹那，冰冷的铁门在我们身后戛然落下。温暖的目光折断了翅膀，掩埋在黑暗的那一边。

我们在悲痛中愕然回首，才发现自己远远没有长大。

我们像一本没有结尾的书，每一个符号都是母亲用血书写。我们还未曾读懂，著者已撒手离去。从此我们面对书中的无数悬念和秘密，无以破译。

我们像一部手工制造的仪器，处处缠绕着历史的线路。母亲走了，那唯一的图纸丢了。从此我们不得不在暗夜中孤独地拆卸自己，焦灼地摸索着组合我们性格的规律。

当那个我们快乐时，她比我们更欢喜；我们忧郁时，她比我们更苦闷的人，头也不回地远去的时候，我们大梦初醒。

损失了的文物永不能复原，破坏了的古迹再不会重生。我们曾经满世界地寻找真诚，当我们明白最晶莹的真诚就在我们身后时，猛回头，它已永远熄灭。

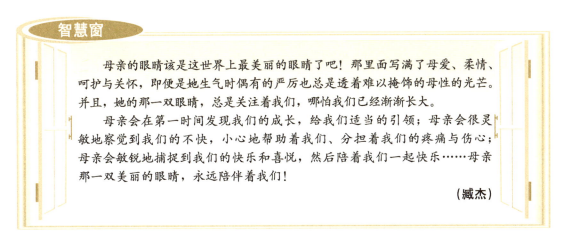

智慧窗

母亲的眼睛该是这世界上最美丽的眼睛了吧！那里面写满了母爱、柔情、呵护与关怀，即便是她生气时偶有的严厉也总是透着难以掩饰的母性的光芒。并且，她的那一双眼睛，总是关注着我们，哪怕我们已经渐渐长大。

母亲会在第一时间发现我们的成长，给我们适当的引领；母亲会很灵敏地察觉到我们的不快，小心地帮助着我们、分担着我们的疼痛与伤心；母亲会敏锐地捕捉到我们的快乐和喜悦，然后陪着我们一起快乐……母亲那一双美丽的眼睛，永远陪伴着我们！

（臧杰）

白发与脐带（节选）

◇林文月

五个素色纸盒，在一具用旧了的衣橱底层找到，母亲有五个子女，这许多年来的舟车转徙，母亲竟然完整携带着，分别安放的五条脐带。

害怕整理梳妆台的抽屉，大概是出于一种逃避心理。

在那些瓶瓶罐罐琐物杂陈的后段隐蔽处，有两样心爱的东西，每回见了，都令我十分心痛。

这些年以来，我已经深切体会，悲伤不是抽象的心理感受，并且更是极具体实在的生理痛苦。那种感受会从懵懂的意识变为十分明显的疼痛，直袭胸口。

我害怕面对那样的身心痛苦感受，所以不敢轻易清理这个抽屉。早晚打开抽屉的时候，总是让它停留在半开状态，最多也不超过三分之二，因为在那隐蔽的三分之一后段，藏着母亲遗留的白发，与曾经联系着母亲和她胎内的我的脐带。

白发用一张淡色的信纸包着，脐带安放在素色小纸盒内。每回重见这两样东西，都不得不教我回忆那个悲伤的黄昏。

办完丧事后的黄昏，我们都回到母亲的卧室，凄楚地清理她的遗物。"但余平生物，举目情凄洏。"那个黄昏，夕阳冉冉，犹有些许燠热，但失去母亲的子女，心中只有一片冰寒。我们衔悲默默，分头清理，没有费多少时间就做完了工作。

唉，人的一生中所能拥有的身外物看似不少，其实真是有限。

五个素色纸盒，在一具用旧了的衣橱底层找到。母亲有五个子女，除了弟弟因避上海事变在东京出世外，我们四姊妹先后都在上海诞生。母亲生前没有谈起过这件事。意外的发现，着实令我们讶异且感动。十几年之间，我们的家庭经历过多少次大迁移，由上海而东京，再由东京而上海，最后自上海而台北。实在想不透，这许多年来的舟车转徙，母亲竟然完整地携带着分别安放的五条脐带！

我们各自辨认盒上褪色的钢笔字迹，小心翼翼分留下来。无需任何言语作注，那五个纸盒本身就是"母爱"两字的最原始的诠释。

那一团白发，与一些梳具同放在梳妆台右上方的小抽屉里。母亲终身未曾剪发。记得她从前丰饶的黑发几乎与身高等长，随着岁月流逝，逐渐转白，也逐渐脱落变稀。她总是把梳栉之际脱落的发丝缠盘成团，兴致高的时候，偶尔也会用布缝制成实用而美观的插针包。

是我在那个小抽屉内发现母亲遗下的落发。那上面还残留着属于母亲的独特香泽。摩挲着，嗅闻着，想到母亲的躯体已尊嘱火化，而那团白发乃是她躯体仅留的部分，便有心碎的怀念与哀痛，眼泪遂纷纷落下。即将于次日返归异国居地的大妹看见，悲苦地央求分与她一些发丝。我便将那一团白发分成五分，让弟妹们带回去珍藏。心想：这样子，母亲就可以跟着她所疼爱的五个子女分散各地而无处不在了。

属于我的一绺白发与装着脐带的小盒，三年多来一直深藏在我自己的卧室内梳妆台的抽屉里。

纸盒内垫着一些棉花。原先应该是纯白的棉花，如今已年久发黄。那一条枯干如草的脐带便弯弯地搁在棉花上面，较粗的一头还打了两个小小的结。

初时，我有点害怕，不敢正视它，也不敢去碰触它，但想到那是曾经将自己和母亲牢牢联系的东西，便有一种温暖亲热的感觉漾荡心上。我轻轻将它拿起。放在右手食指上端详。

智慧窗

　　脐带是我们在未出生时与母亲最紧密的牵系，那一刻，似乎就已经注定了母爱的无私。我们出生的时候，医生小心翼翼地剪断了脐带，却并没有剪断我们与母亲之间的牵系，更没有剪断母亲对我们无私的爱与奉献。

　　小的时候，我们会羡慕母亲那又黑又亮的长发，那时候我们一定不会想到这么黝黑的头发会有变白的一天。大抵是因为在我们心中，总是不希望那个我们爱的并且也爱着我们的人老去吧。

　　脐带见证着我们与母亲最紧密的牵系，母亲的白发却不仅仅见证了时光的流逝，更见证了我们的成长。珍藏它们，似乎也是在珍藏着我们与母亲之间最美好的爱！

　　　　　　　　　　　　　　　　　　　　　　　　　　　　（臧杰）

 阅览室

天 才 梦

◇张爱玲

　　我是一个古怪的女孩，从小被视为天才，除了发展我的天才外别无生存的目标。然而，当童年的狂想逐渐褪色的时候，我发现我除了天才的梦之外一无所有——所有的只是天才的乖僻缺点。世人原谅瓦格涅的疏狂，可是他们不会原谅我。

　　加上一点美国式的宣传，也许我会被誉为神童。我三岁时能背诵唐诗。我还记得摇摇摆摆地立在一个满清遗老的藤椅前朗吟"商女不知亡国恨，隔江犹唱后庭花"，眼看着他的泪珠滚下来。七岁时我写了第一部小说，一个家庭悲剧。遇到笔画复杂的字，我常常跑去问厨子怎样写。第二部小说是关于一个失恋自杀的女郎。我母亲批评说：如果她要自杀，她决不会从上海乘火车到西湖去自溺。可是我因为西湖诗意的背景，终于固执地保存了这一点。

　　我仅有的课外读物是《西游记》与少量的童话，但我的思想并不为它们所束缚。八岁那年，我尝试一篇类似乌托邦的小说，题名《快乐村》。快乐村人是一好战的高原民族，因征服苗人有功，蒙中国皇帝特许，免征赋税，并予自治权。所以快乐村是一个与外界隔绝的大家庭，自耕自织，保存着部落时代的活泼文化。

　　我特地将半打练习簿缝在一起，预期一本洋洋大作，然而不久我就对这伟大的题材失去了兴趣。现在我仍旧保存着我所绘的插画多帧，介绍这种理想社会的服务、建筑、室内装修，包括图书馆、"演武厅"、巧克力店、屋顶花园。公共餐室是荷花池里一座凉亭。我不记得那里有没有电影院与社会主义——虽然缺少这两样文明产物，他们似乎也过得很好。

　　九岁时，我踌躇着不知道应当选择音乐或美术作我终生的事业。看了一张描写穷困的画家的影片后，我哭了一场，决定做一个钢琴家，在富丽堂皇的音乐厅里演奏。对于色彩、音符、字眼，我极为敏感。当我弹奏钢琴时，我想象那八个音符有不同的个性，穿戴了鲜艳的衣帽携手舞蹈。

我学写文章，爱用色彩浓厚、音韵铿锵的字眼，如"珠灰""黄昏""婉妙"，因此常犯堆砌的毛病。直到现在，我仍然爱看《聊斋志异》与俗气的巴黎时装报告，便是为了这种有吸引力的字眼。

在学校里我得到自由发展。我的自信心日益坚强，直到我十六岁时，我母亲从法国回来，将她暌隔多年的女儿研究了一下。"我懊悔从前小心看护你的伤寒症，"她告诉我，"我宁愿看你死，不愿看你活着使你自己处处受痛苦。"

我发现我不会削苹果。经过艰苦的努力我才学会补袜子。我怕上理发店，怕见客，怕给裁缝试衣裳。许多人尝试过教我织绒线，可是没有一个成功。在一间房里住了两年，问我电铃在哪儿我还茫然。我天天乘黄包车上医院去打针，接连三个月，仍然不认识那条路。总而言之，在现实的社会里，我等于一个废物。

我母亲给我两年的时间学习适应环境。她教我煮饭，用肥皂粉洗衣，练习行路的姿势，看人的眼色，点灯后记得拉上窗帘，照镜子研究面部神态，如果没有幽默天才，千万别说笑话。在待人接物的常识方面，我显露惊人的愚笨。我的两年计划是一个失败的试验。除了使我的思想失去均衡外，我母亲的沉痛警告没有给我任何的影响。

生活的艺术，有一部分我不是不能领略。我懂得怎么看"七月巧云"，听苏格兰兵吹 bagpipe，享受微风中的藤椅，吃盐水花生，欣赏雨夜的霓虹灯，从双层公共汽车上伸出手摘树巅的绿叶。在没有人与人交接的场合，我充满了生命的欢悦。可是我一天不能克服这种咬啮性的小烦恼，生命是一袭华美的袍，爬满了虱子。

智慧窗

　　古人云：鱼和熊掌不能兼得。有得必有失。在生活中我们何尝不是如此呢？一个人在光鲜亮丽的光环下必有他人所不得而知的苦楚，必有他为获得此殊荣所丧失的东西。不必强求自己，只要懂得"善取善舍"。

（杨慧）

海内存知己

在每个人的成长道路上，不能缺少父母的关怀，不能缺少老师的教导，也不能缺少朋友之间的扶持与帮助。

很多人回忆往事，都会觉得最珍贵的友情是出现在他们的青年时代。那个时候，朋友之间亲切得宛如兄弟姐妹一般，大家在一起，分享着彼此之间的小秘密，许下过"惊天动地"的誓言。那些小秘密、那些誓言也许会随着时光的流转渐渐淡去，但是，那段青葱岁月，那些朋友之间温暖的感情，那些相互抚慰、相互支持的时光，是每一个走过青春年华的人都会用心去珍藏的吧！

阅览室

范爱农

◇鲁 迅

在东京的客店里，我们大抵一起来就看报。学生所看的多是《朝日新闻》和《读卖新闻》，专爱打听社会上琐事的就看《二六新闻》。一天早晨，劈头就看见一条从中国来的电报，大概是：——

"安徽巡抚恩铭被 JoShikiRin 刺杀，刺客就擒。"

大家一怔之后，便容光焕发地互相告语，并且研究这刺客是谁，汉字是怎样三个字。但只要是绍兴人，又不专看教科书的，却早已明白了。这是徐锡麟，他留学回国之后，在做安徽候补道，办着巡警事物，正合于刺杀巡抚的地位。

大家接着就预测他将被极刑，家族将被连累。不久，秋瑾姑娘在绍兴被杀的消息也传来了，徐锡麟是被挖了心，给恩铭的亲兵炒食净尽。人心很愤怒。有几个人便秘密地开一个会，筹集川资；这时用得着日本浪人了，撕乌贼鱼下酒，慷慨一通之后，他便登程去接徐伯荪的家属去。

照例还有一个同乡会，吊烈士，骂满洲；此后便有人主张打电报到北京，痛斥满政府的无人道。会众即刻分成两派：一派要发电，一派不要发。我是主张发电的，但当我说出之后，即有一种钝滞的声音跟着起来：——

"杀的杀掉了，死的死掉了，还发什么屁电报呢。"

这是一个高大身材，长头发，眼球白多黑少的人，看人总象在渺视。他蹲在席子上，我发言大抵就反对；我早觉得奇怪，注意着他的了，到这时才打听别人：说这话的是谁呢，有那么冷？认识的人告诉我说：他叫范爱农，是徐伯荪的学生。

我非常愤怒了，觉得他简直不是人，自己的先生被杀了，连打一个电报还害怕，于是便坚执地主张要发电，同他争起来。结果是主张发电的居多数，他屈服了。其次要推出人来拟电稿。

"何必推举呢？自然是主张发电的人罗——"他说。

我觉得他的话又在针对我，无理倒也并非无理的。但我便主张这一篇悲壮的文章必须深知烈士生平的人做，因为他比别人关系更密切，心里更悲愤，做出来就一定更动人。于是又争起来。结果是他不做，我也不做，不知谁承认做去了；其次是大家走散，只留下一个拟稿的和一两个干事，等候做好之后去拍发。从此我总觉得这范爱农离奇，而且很可恶。天下可恶的人，当初以为是满人，这时才知道还在其次；第一倒是范爱农。中国不革命则已，要革命，首先就必须将范爱农除去。

然而这意见后来似乎逐渐淡薄，到底忘却了，我们从此也没有再见面。直到革命的前一年，我在故乡做教员，大概是春末时候罢，忽然在熟人的客座上看见了一个人，互相熟视了不过两三秒钟，我们便同时说：——

"哦哦，你是范爱农！"

"哦哦，你是鲁迅！"

不知怎地我们便都笑了起来，是互相的嘲笑和悲哀。他眼睛还是那样，然而奇怪，只这几年，头上却有了白发了，但也许本来就有，我先前没有留心到。他穿着很旧的布马褂，破布鞋，显得很寒素。谈起自己的经历来，他说他后来没有了学费，不能再留学，便回来了。回到故乡之后，又受着轻蔑，排斥，迫害，几乎无地可容。现在是躲在乡下，教着几个小学生糊口。但因为有时觉得很气闷，所以也乘了航船进城来。

他又告诉我现在爱喝酒，于是我们便喝酒。从此他每一进城，必定来访我，非常相熟了。我们醉后常谈些愚不可及的疯话，连母亲偶然听到了也发笑。一天我忽而记起在东京开同乡会时的旧事，便问他：——

"那一天你专门反对我，而且故意似的，究竟是什么缘故呢？"

"你还不知道？我一向就讨厌你的，——不但我，我们。"

"你那时之前，早知道我是谁么？"

"怎么不知道。我们到横滨，来接的不就是子英和你么？你看不起我们，摇摇头，你自己还记得么？"

我略略一想，记得的，虽然是七八年前的事。那时是子英来约我的，说到横滨去接新来留学的同乡。汽船一到，看见一大堆，大概一共有十多人，一上岸便将行李放到税关上去候查检，关吏在衣箱中翻来翻去，忽然翻出一双绣花的弓鞋来，便放下公事，拿着仔细地看。我很不满，心里想，这些鸟男人，怎么带这东西来呢。自己不注意，那时也许就摇了摇头。检验完毕，在客店小坐之后，即须上火车。不料这一群读书人又在客车上让起坐位来了，甲要乙坐在这位子，乙要丙去坐，做揖未终，火车已开，车身一摇，即刻跌倒了三四个。我那时也很不满，暗地里想：连火车上的坐位，他们也要分出尊卑来……自己不注意，也许又摇了摇头。然而那群雍容揖让的人物中就有范爱农，却直到这一天才想到。岂但他呢，说起来也惭愧，这一群里，还有后来在安徽战死的陈伯平烈士，被害的马宗汉烈士；被困在黑狱里，到革命后才见天日而身上永带着匪刑的伤痕的也还有一两人。而我都茫无所知，摇着头将他们一并运上东京了。徐伯荪虽然和他们同船来，却不在这车上，因为他在神户就和他的夫人坐车走了陆路了。

我想我那时摇头大约有两回，他们看见的不知道是那一回。让坐时喧闹，检查时幽静，一定是在税关上的那一回了，试问爱农，果然是的。

"我真不懂你们带这东西做什么？是谁的？"

"还不是我们师母的？"他瞪着他多白的眼。

"到东京就要假装大脚，又何必带这东西呢？"

"谁知道呢？你问她去。"

到冬初，我们的景况更拮据了，然而还喝酒，讲笑话。忽然是武昌起义，接着是绍兴光复。第二天爱农就上城来，戴着农夫常用的毡帽，那笑容是从来没有见过的。

"老迅，我们今天不喝酒了。我要去看看光复的绍兴。我们同去。"

我们便到街上去走了一通，满眼是白旗。然而貌虽如此，内骨子是依旧的，因为还是几个旧乡绅所组织的军政府，什么铁路股东是行政司长，钱店掌柜是军械司长……这军政府也到底不长久，几个少年一嚷，王金发带兵从杭州进来了，但即使不嚷或者也会来。他进来以后，也就被许多闲汉和新进的革命党所包围，大做王都督。在衙门里的人物，穿布衣来的，不上十天也大概换上皮袍子了，天气还并不冷。

我被摆在师范学校校长的饭碗旁边，王都督给了我校款二百元。爱农做监学，还是那件布袍子，但不大喝酒了，也很少有工夫谈闲天。他办事，兼教书，实在勤快得可以。

"情形还是不行，王金发他们。"一个去年听过我的讲义的少年来访我，慷慨地说，"我们要办一种报来监督他们。不过发起人要借用先生的名字。还有一个是子英先生，一个是德清先生。为社会，我们知道你决不推却的。"

我答应他了。两天后便看见出报的传单，发起人诚然是三个。五天后便见报，开首便骂军政府和那里面的人员；此后是骂都督，都督的亲戚、同乡、姨太太……

这样地骂了十多天，就有一种消息传到我的家里来，说都督因为你们诈取了他的钱，还骂他，要派人用手枪来打死你们了。

别人倒还不打紧，第一个着急的是我的母亲，叮嘱我不要再出去。但我还是照常走，并且说明，王金发是不来打死我们的，他虽然绿林大学出身，而杀人却不很轻易。况且我拿的是校款，这一点他还能明白的，不过说说罢了。

果然没有来杀。写信去要经费，又取了二百元。但仿佛有些怒意，同时传令道：再来要，没有了！

不过爱农得到了一种新消息，却使我很为难。原来所谓"诈取"者，并非指学校经费而言，是指另有送给报馆的一笔款。报纸上骂了几天之后，王金发便叫人送去了五百元。于是乎我们的少年们便开起会议来，第一个问题是：收不收？决议曰：收。第二个问题是：收了之后骂不骂？决议曰：骂。理由是：收钱之后，他是股东；股东不好，自然要骂。

我即刻到报馆去问这事的真假。都是真的。略说了几句不该收他钱的话，一个名为会计的便不高兴了，质问我道：——

"报馆为什么不收股本？"

"这不是股本……"

"不是股本是什么？"

我就不再说下去了，这一点世故是早已知道的，倘我再说出连累我们的话来，他就会面斥我太爱惜不值钱的生命，不肯为社会牺牲，或者明天在报上就可以看见我怎样怕死发抖的记载。

然而事情很凑巧，季弗写信来催我往南京了。爱农也很赞成，但颇凄凉，说：——

"这里又是那样，住不得。你快去罢……"

我懂得他无声的话，决计往南京。先到都督府去辞职，自然照准，派来了一个拖鼻涕的接收员，我交出账目和余款一角又两铜元，不是校长了。后任是孔教会会长傅力臣。

报馆案是我到南京后两三个星期了结的，被一群兵们捣毁。子英在乡下，没有事；德清适值在城里，大腿上被刺了一尖刀。他大怒了。自然，这是很有些痛的，怪他不得。他大怒之后，脱下衣服，照了一张照片，以显示一寸来宽的刀伤，并且做一篇文章叙述情形，向各处分送，宣传军政府的横暴。我想，这种照片现在是大约未必还有人收藏着了，尺寸太小，刀伤缩小到几乎等于无，如果不加说明，看见的人一定以为是带些疯气的风流人物的裸体照片，倘遇见孙传芳大帅，还怕要被禁止的。

我从南京移到北京的时候，爱农的学监也被孔教会会长的校长设法去掉了。他又成了革命前的爱农。我想为他在北京寻一点小事做，这是他非常希望的，然而没有机会。他后来便到一个熟人的家里去寄食，也时时给我信，景况愈困穷，言辞也愈凄苦。终于又非走出这熟人的家不可，便在各处飘浮。不久，忽然从同乡那里得到一个消息，说他已经掉在水里，淹死了。

我疑心他是自杀。因为他是凫水的好手，不容易淹死的。

夜间独坐在会馆里，十分悲凉，又疑心这消息并不确，但无端又觉得这是极其可靠的，虽然并无证据。一点法子都没有，只做了四首诗，后来曾在一种日报上发表，现在是将要忘记完了。只记得一首里的六句，起首四句是："把酒论天下，先生小酒人，大圜犹酩酊，微醉合沉沦。"中间忘掉两句，末了是："旧朋云散尽，余亦等轻尘。"

后来我回故乡去，才知道一些较为详细的事。爱农先是什么事也没得做，因为大家讨厌他。他很困难，但还喝酒，是朋友请他的。他已经很少和人们来往，常见的只剩下几个后来认识的较为年青的人了，然而他们似乎也不愿意多听他的牢骚，以为不如讲笑话有趣。

"也许明天就收到一个电报，拆开来一看，是鲁迅来叫我的。"他时常这样说。

一天，几个新的朋友约他坐船去看戏，回来已过夜半，又是大风雨，他醉着，却偏要到船舷上去小解。大家劝阻他，也不听，自己说是不会掉下去的。但他掉下去了，虽然能浮水，却从此不起来。

第二天打捞尸体，是在菱荡里找到的，直立着。

我至今不明白他究竟是失足还是自杀。

他死后一无所有，遗下一个幼女和他的夫人。有几个人想集一点钱作他女孩将来的学费的基金，因为一经提议，即有族人来争这笔款的保管权，——其实还没有这笔款，大家觉得无聊，便无形消散了。

现在不知他唯一的女儿景况如何？倘在上学，中学已该毕业了罢。

十一月十八日。

智慧窗

　　那是一个怎样动乱的时代？那是一个怎样革命的时代？在那样一个大背景下，又有着怎样的读书人？那又是怎样的一个范爱农？又会有多少个那样的"范爱农"？清高却孤僻，自大而多疑，爱国却彷徨，忧民又不容于世，刚直却又怯懦，革命又易妥协，为革命之成功欣喜若狂，为自身之安危又懦弱畏惧，那一代的读书人，身上孕育着莫大的悲剧，亦是时代的大悲剧。范爱农终究是死了的，更多的"范爱农"终究会是死了的，彷徨而茫然的奔赴另一个世界，不知是一种悲剧还是解脱？读书人的种子差点沉沦在那个扭曲的旧世界，悲苦的他们到底没有能够看一眼接踵而来的新世界！

（刘倩）

风雨中忆萧红

◇丁　玲

本来就没有什么地方可去，一下雨便更觉得闷在窑洞里的日子太长。要是有更大的风雨也好，要是有更汹涌的河水也好，可是仿佛要来一阵骇人的风雨似的，那么一块肮脏的云成天盖在头上，水声也是那么不断地哗啦哗啦在耳旁响，微微地下着一点看不见的细雨，打湿了地面，那轻柔的柳絮和蒲公英都飘舞不起而沾在泥土上了。这会使人有遐想，想到随风而倒的桃李，在风雨中更迅速迸出的苞芽。即使是很小的风雨或浪潮，都更能显出百物的凋谢或生长，丑陋或美丽。

世界上什么是最可怕的呢，决不是艰难险阻，决不是洪水猛兽，也决不是荒凉寂寞。而难于忍耐的却是阴沉和絮聒；人的伟大也不是能乘风而起，青云直上，也不只是能抵抗横逆之来，而是能在阴霾的气压下，打开局面，指示光明。

时代已经非复少年时代了，谁还有悠闲的心情在闷人的风雨中煮酒烹茶与琴诗为侣呢？或者是温习着一些细腻的情致，重读着那些曾经被迷醉过被感动过的小说，或者低徊冥思那些天涯的故人？流着一点温柔的泪，那些天真、那些纯洁、那些无疵的赤子之心，那些轻微的感伤，那些精神上的享受都飞逝了，早已飞逝得找不到影子了。这个飞逝得很好，但现在是什么呢？是听着不断的水的絮聒，看着脏布也似的云块，痛感着阴霾，连寂寞的宁静也没有，然而却需要阿底拉斯的力背负着宇宙的时代所给予的创伤，毫不动摇的存在着，存在便是一种大声疾呼，便是一种骄傲，便是给絮聒以回答。

然而我决不会麻木的，我的头成天膨胀着要爆炸，它装得太多，需要呕吐。于是我写着，在白天，在夜晚，有关节炎的手臂因为放在桌子上太久而疼痛，患砂眼的眼睛因为在微小的灯光下而模糊。但幸好并没有激动，也没有感慨，我不缺乏冷静，而且很富有宽恕，我很愉快，因为我感到我身体内有东西在冲撞；它支持了我的疲倦，它使我会看到将来，它使我跨过现在，它会使我更冷静，它包括了真理和智慧，它是我生命中的力量，比少年时代的那种无愁的青春更可爱啊！

但我仍会想起天涯的故人的，那些死去的或是正受着难的。前天我想起了雪峰，在我的知友中他是最没有自己的了。他工作着，他一切为了党，他受埋怨过，然而他没有感伤，他对名誉和地位是那样地无睹，那样不会趋炎附势，培植党羽，装腔作势，投机取巧。昨天我又苦苦地想起秋白，在政治生活中过了那么久，却还不能彻底地变更自己，他那种二重的生活使他在临死时还不能免于有所申诉。我常常责怪他申诉的"多余"，然而当我去体味他内心的战斗历史时，却也不能不感动，哪怕那在整体中，是很渺小的。今天我想起了刚逝世不久的萧红，明天，我也许会想到更多的谁，人人都与这社会有关系，因为这社会，我更不能忘怀于一切了。

萧红和我认识的时候，是在一九三八年春初。那时山西还很冷，很久生活在军旅之中，习惯于粗犷的我，骤睹着她的苍白的脸，紧紧闭着的嘴唇，敏捷的动作和神经质的笑声，使我觉得很特别，而唤起许多回忆，但她的说话是很自然而真率的。我很奇怪作为一个作家的她，为什么会那样少于世故，大概女人都容易保有纯洁和幻想，或者也就同时显得有些稚嫩和软弱的缘故吧。但我们都很亲切，彼此并不感觉到有什么孤僻的性格。我们尽情地在一块儿唱歌，每夜谈到很晚才睡觉。当然我们之中在思想上，在感情上，在性格上都不是没有差异，然而彼此都能理解，并不会因为不同意见或不同嗜好而争吵，而揶揄。接着是她随同我们一道去西安，我们在西安住完了一个春天。我们痛饮过，我们也同度过风雨之夕，我们也互相倾诉。然而现在想来，我们谈得是多么地少啊！我们似乎从没有一次谈到过自己，尤其是我。然而我却以为她从没有一句话是失去了自己的，因为我们实在都太真实，太爱在朋友的面前赤裸自己的精神，因为我们又实在觉得是很亲近的。但我仍会觉得我们是谈得太少的，因为，像这样的能无妨嫌、无拘束、不须警惕着谈话的对手是太少了啊！

那时候我很希望她能来延安，平静地住一时期之后而致全力于著作。抗战开始后，短时期的劳累奔波似乎使她感到不知在什么地方能安排生活。她或许比我适于幽美平静。延安虽不够作为一个写作的百年长计之处，然在抗战中，的确可以使一个人少顾虑于日常琐碎，而策划于较远大的。并且这里有一种朝气，或者会使她能更健康些。但萧红却南去了。至今我还很后悔那时我对于她生活方式所参与的意见是太少了，这或许由于我们相交太浅，和我的生活方式离她太远的缘故，但徒劳的热情虽然常常于事无补，然在个人仍可得到一种心安。

我们分手后，就没有通过一封信。端木曾来过几次信，在最后的一封信上（香港失陷约一星期前收到）告诉我，萧红因病始由皇后医院迁出。不知为什么我就有一种预感，觉得有种可怕的东西会来似的。有一次我同白朗说："萧红决不会长寿的。"当我说这话的时候，我是曾把眼睛扫遍了中国我所认识的或知道的女性朋友，而感到一种无言的寂寞。能够耐苦的，不依赖于别的力量，有才智、有气节而从事于写作的女友，是如此其寥寥啊！

不幸的是我的杞忧竟成了现实，当我昂头望着天的那边，或低头细数脚底的泥沙，我都不能压制我丧去一个真实的同伴的叹息。在这样的世界中生活下去，多一个真实的同伴，便多一分力量，我们的责任还不只于打开局面，指示光明，而还是创造光明和美丽；人的灵魂假如只能拘泥于个体的褊狭之中，便只能陶醉于自我的小小成就。我们要使所有的人都能有崇高的享受，和为这享受而做出伟大牺牲。

生在现在的这世界上，活着固然能给整个事业添一分力量，而死对于自己也是莫大的损失。因为这世界上有的是戮尸的遗法，从此你的话语和文学将更被歪曲，被侮辱；听说连未死的胡风都有人证明他是汉奸，那么对于已死的人，当然更不必贿买这种无耻的人证了。鲁迅先生的"阿Q"曾被那批御用文人歪曲地诠释，那么《生死场》的命运也就难免于这种灾难。在活着的时候，你不能不被逼走到香港；死去，却还有各种污蔑在等着，而你还不会知道；那些与你一起的脱险回国的朋友们还将有被监视和被处分的前途。我完全不懂得到底要把这批人逼到什么地步才算够？猫在吃老鼠之前，必先玩弄它以娱乐自己的得意。这种残酷是比一切屠戮都更恶毒，更需要毁灭的。

只要我活着，朋友的死耗一定将陆续地压住我沉闷的呼吸。尤其是在这风雨的日子里，我会更感到我的重荷。我的工作已经够消磨我的一生，何况再加上你们的屈死，和你们未完的事业，但我一定可以支持下去。我要借这风雨，寄语你们，死去的，未死的朋友们，我将压榨我生命所有的余剩，为着你们的安慰和光荣。那怕就仅仅为着你们也好，因为你们是受苦难的劳动者，你们的理想就是真理。

风雨已停，朦朦的月亮浮在西边的山头上，明天将有一个晴天。我为着明天的胜利而微笑，为着永生而休息。我吹熄了灯，平静地躺到床上。

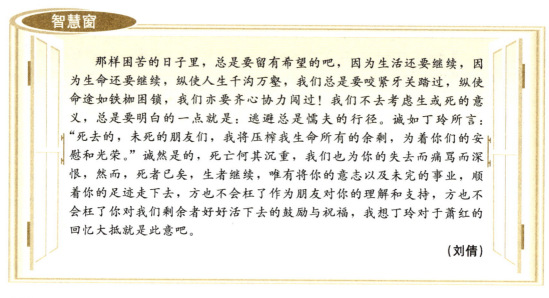

智慧窗

　　那样困苦的日子里，总是要留有希望的吧，因为生活还要继续，因为生命还要继续，纵使人生千沟万壑，我们总是要咬紧牙关踏过，纵使命途如铁枷困锁，我们亦要齐心协力闯过！我们不去考虑生或死的意义，总是要明白的一点就是：逃避总是懦夫的行径。诚如丁玲所言："死去的，未死的朋友们，我将压榨我生命所有的余剩，为着你们的安慰和光荣。"诚然是的，死亡何其沉重，我们也为你的失去而痛骂而深恨，然而，死者已矣，生者继续，唯有将你的意志以及未完的事业，顺着你的足迹走下去，方也不会枉了作为朋友对你的理解和支持，方也不会枉了你对我们剩余者好好活下去的鼓励与祝福，我想丁玲对于萧红的回忆大抵就是此意吧。

（刘倩）

阅览室

悼范兄

◇巴 金

　　昨夜窗外落着大雨，刚刚修补好的屋顶，阻止不了雨水的浸污，我用一个面盆做武器，跟那接连不断的雨滴战斗。我躺在床上，整夜发着高热，不能闭上眼睛，那些时候我都想起你，我善良、仁厚的亡友。我的心燃烧着，我的身体燃烧着，但我的头脑却是清醒的。在这凌乱地堆满家具和书报的宽大楼房的黑暗中展开了十二年的友情。你的和蔼的清瘦的面颜，通过了十二年的长岁月，在这雨夜里发亮。在闽南一个古城的武庙中，我们第一次握手，这是我最初从你的亲切的话里得到温暖和鼓舞。没有经过第三个人的介绍，我们竟然彼此深切地了解了。是社会改革的伟大理想把我们拉拢的。你围着自己的理想劳苦了二十年，你把你的心血、精力、肌肉都献给了它，人们看见你一天天地瘦下去，弱下去。一直到死，你没有停止过你的笔和唇舌。

　　我没有忘记，就是在十二年前那个南国的秋天里，我们在武庙的一个凉台上喝着绿豆粥，过了二三十个黄昏，我们望着夜渐渐地从庭前两棵大榕树繁茂的枝叶间落到地上，畅快的谈论着当前的社会问题和美丽的未来的梦景。让我们热情的声音，在晚风中追逐。参加谈话的人，我记得有时是五个，有时是六个。他们如今散处在四方，都还活得相当结实，却料不到偏偏少了一个你。

　　在朋友中你是一个切实的人。即使在侈谈梦景的时候，你也不曾让热情把你引到幻想的境遇里去。在第一次闲谈中我就看出来，甚至当崇高的理想在你脸上发光的时候，你也仍旧保持着科学的头脑。靠着你，我多知道一些事情，我知道怎样节制我的幻想，不让夸张的梦景迷住了我的眼睛。凉台上的夜谈并不是白费的。至少对我已经发生影响了。

在那个古城里，我们常常同看秋夜的星空。在那些夜里我也曾发着高热，喝着大碗神曲汁，但是亿万的发光的生命，使我忘记了身体的燃烧。从星球的生命中，我更了解了"存在界"的意义。你告诉我许多关于星球的事，让我知道你怎样由宇宙问题的探讨，而构成了你的生活哲学。

白天你又从外面那些浮着绿萍的水沼、水潭里带回来一杯、一瓶的污水，于是在你的书桌上，显微镜下面展开了一滴水中的世界，使我看见无数的原生动物的活动与死亡。

在你这里我看见了那无穷大的世界，在你这里我也看见了那无穷小的世界。我知道人并不是宇宙的骄子，我知道生命无处不在，我知道生命绵延不绝。你的生活哲学影响了我的。你的待人的态度也改变了我的。倘使我今天从我的生活中完全抽去了你的影响，则我将成为一个忘恩的人而辜负了亡友的期望了。

你不是一个空谈家，也不是一个发号施令的英雄。在武庙凉台上的夜谈中你就显露了你的真实面目。谦虚、大量、勤勉、刻苦，这都是你的特点。你不是一个充满夺目光彩的豪士，也不是一个口如悬河的辩才。你是用诚挚，用理智，用坚信，用恒心来感动人的。别人把崇高的理想用来做成自己头顶上的圆光的时候，你却默默的在打算怎样为它工作，为它牺牲。所以你牺牲了健康，牺牲了家庭幸福，将自己的心血作为燃料，供给那理想多放一点光辉，却少有人知道你的名字，或者还有些不做一事的人随意用轻蔑的态度抹煞了你的工作。

的确在生前你是常常被人误解的。有人把你看作一个神经质的肺病患者，有人把你视为一个虚伪的道学家，还有人以为你只是一个被生活担子压得透不过气来的读书人。有好多次那些狂妄的、或者还带有中伤意味的话点燃了我的怒火，我愤慨地、热烈地争辩，我甚至愿意挖出我的心，只为了使友人能够更明白地了解你。我这争辩自然是没有用处的，我的话并不曾给你的面影增加光彩。后来还是你自己用你的笔、你的唇舌、你的工作精神、你的生活态度把许多颗年轻的心拉到你的身边，还是你自己用这些把别人投掷在你的面影上的污泥洗去，是你自己拨开了那些空谈家的烟雾，直立在人们的面前，不像一个病人，却像一个战士，一个被称为"生命的象征"的战士（一个朋友称你做"生命的象征"，她这话的确不错）。

诚然十二年前我就知道你是一个肺病患者，而且我们也想得到有一天你终于会死在这个不治之症上。但是和你在一起时我却始终忘记你是一个病人。你的思想、你的言语和你的行为都不带丝毫的病态。人从你的身上看不到一点犹疑，一丝悲观，一毫畏怯。你不寻求休息，却渴望工作。你在各处散布生命，你应该是一个散播生命种子的人。十几年前你写过歌颂战士的文章，到临死前你还写出了《生之欢乐》。你最后留下遗言，望年轻人爱真理向前努力。

在《战士颂》中你坦白地说过："我激荡在这绵绵不息、滂沱四方的生命洪流中，我就应该追逐着洪流，而且追过它，自己去制造更广、更深的洪流。我如果是一盏灯，这灯的用处便是照彻那多量的黑暗。我如果是海潮，便要鼓起波涛去洗涤海边一切陈腐的积物。"

在《生之欢乐》的开端，你更鲜明的承认："有人把人生当作秕糠，我却以为它是谷粒。有人把人生视同幻梦，我却以为它是实在。有人把人生作为苦乐，我却以为它是欢乐。有许多人以人生为苦恼、黑暗、艰难、乏味、滞钝、不自由、憎恨、丑恶、柔弱的象征，我却认为人生是爱、美、光明、自由、活泼、有为、创造、进步的本身。"

你还勇敢地叫喊："人生的美、爱、力量，都是从奋斗中创造出来的。所以人不是环境的奴隶，而是环境的主人……从奋斗的人格中，我们窥见生之光明，生之进步，生之有为，生之自由。……人生的解释受了积极思想的指导，人将为自由，为光明，为爱，为美，为创造，为进步而生，因此人将与压迫、黑暗、暴行、丑恶搏斗。燧石因相击而生火，人则由奋斗而尝到生之欢乐。"

我从未听见过像这么美丽的洋溢着生命的战歌！在朋友中就只有你一个人是这么热情的在各处散布生命，鼓舞希望！在一个孩子的纪念册上你写着："希望是人生所需要的，人如没有希望，何异江河涸了流水。"你这条江一生就没有涸过流水。不但这样，而且你这条江更投入在"那个人类生活的大海里"，用你自己的话，"在大海里你得到了伟大的生命力，发现了不灭的希望"，的确一直到死，你没有失掉希望。

你和我都曾歌颂过战士，我们的战士所用的武器，不是枪和刀，却是知识、信仰，和自觉的意志。他把自己的意志锻炼成比枪刀更锋利、更坚实、更耐久的东西。他永远追求光明。他并不躺在晴空下面享受阳光，他却在暗夜里燃起火炬给人们照亮道路。对于他，生活便是不停的战斗。他不是取得光明而生存，便是带着满身伤痕而死去。你正是这类战士的一个典型，你从不知道灰心与绝望，你永没有失去青春的活力。

"除非他死，人不能使他放弃工作。"这是我称誉战士的话。你确实做到了这个地步。甚至在你的最后两年间，你的肺病已经进入第三期，你受着那么大的肉体痛苦的折磨，在死的黑影的威胁下，你还实践了你那"以有限的余生，为社会文化、思想运动作最后努力"的约言，完成了《科学与人生》《达尔文》《科学方法精华》三部译著。这许多万字，都应该是在"胸部剧痛"和"咳嗽厉害"中写成的。最后躺在死床上，你还努力写着你那篇题作《理想社会》的文章。可见一直到死都是些什么事情牵系住你的心。

十几年来你努力跟死挣扎，你几次征服了死，最后终于给死捉了去。这应该是一个悲剧。但是想到你怎样在死的威胁下努力工作，又以怎样的心情去接受死，我觉得这是一个壮观。一个朋友说，临死的你比任何强健的友人"都更富于生命力"！另一个青年却因为你以濒死之躯竟能够如此平静的保持着"坚决的信仰和旷达的态度"而感到惭愧。一个温柔的女性的心灵曾经感动地为你写下这样的赞辞："透过那为病菌磨枯了的身体，我望见了一个比谁都富于生命的欣欣向荣的灵魂！永远不绝望，永远在求生，——为工作而生。"我应该给她添上几句：而且像一个播种的农夫，永远在散播生命的种子。你以一种超人的力量平静地吞食了那一切难忍的病痛，将它们化作生命的甘泉而吐出来。难道世间还有比这更强健的人？还有比这更美丽的生命的表现？

自然在你一生中，经济的压迫与生活的负担很少放松过你。要是换上一个环境，你也许至今还在美国的实验室里度着岁月。你也并不是没有"向上爬"的机会。对你的生活有决定影响的更不是经济的压迫。你为了理想才选取现在走的这条路，而且也是为了理想才选取了过去所走过的路。甘愿过着贫苦生活，默默地埋头工作，在绝望的情形下苦苦地支撑着你的教育事业，把忌恨和责难全引到自己的身上，一直到用尽了自己的力量，使事情告一个段落，才又默默地卸下两肩的责任，去到另一个地方开始接受新的工作。倘若单是为了个人的生活，你不会让工作把你的身体磨到这样；倘若单是为了个人的生活，你又不会有那么坚强、充实的精力，在患病垂危的最后二年间还做出那样多的事情。

通过了你的一生，你始终把握着战士的武器。你的一生就是意志征服环境的一个最有力的表现，你做了许多在你的处境里似乎是不可能的事情。你在艰苦的环境中锻炼自己，创造自己，只为了来完成更大的工作。你终于留下不少的成绩和不小的影响而去了。你的死使我想到了法国大革命时期的启蒙学者龚多赛，他在服毒以前安静地写下了遗言："科学要征服死。"我又想起一个躺在战场上的兵，他看见自己的战胜的旗帜在敌人的阵地上飘扬，才安然闭上燃烧的眼睛。

有了这样辉煌的战绩以后，你对自己的死应该没有遗憾了。你是完成了你的任务以后才倒下的。而我们呢？作为你的朋友的我们，至少我是没有理由来哀悼你的。失去了这个散布生命的人，失去这个"生命的象征"，像这样一个生命的壮观如今竟然在我们的面前永久消去，我们应该感到何等的寂寞。我们应该为这个巨大的损失悲痛。

在这里我不敢提说到个人的私谊，这几年我已经失掉不少能够了解我、鼓舞我、督责我、安慰我、帮助我的友人，如今又失去这个不可少的你！十二年来的关切、鼓励、期望、扶助（我永不能忘记"八·一三"以后两个月你汇款给我的事，那时你自己也是相当困苦的），现在都成了一阵烟，一阵雾。我在成都得到你的死讯回来，读到你生前寄出的告别信。我读了开头的几句："无论属于公的或属于私的，我有千言万语需要对你说，但我无从说起。"我只有伏在书桌上淌泪，范兄，我不是在为你流泪，我是在哭我自己。

在你的告别信里还有两段我不能卒读的话，我不知道你是怎样把它们写下来的，你甚至带点残酷的说：

"自去年冬至节以后，忽然变成终日喘哮不绝，且痰塞喉间，乎卢乎卢作响，咽喉剧痛，声音全都哑失。现由中西医诊断，谓阴历十二月一个月为生死关键。

最近几个月来我已受够了病的痛苦，因为喉痛，连鲜牛乳、鸡汁都不能自由的吃。四肢和身躯已成枯柴，仅剩了骨和不光泽的皮。我已不能自己穿衣，不能自己研墨执笔，我的身体可说完全失去了自由。"

在我们这些活着的友人中间有谁受过这样痛苦的病的折磨？又有谁能够忍受着一切而勇敢地一直工作到死？更有谁在自己就要失去生命的时候还能够那么热情地到处散布生命，写出洋溢着生命的歌颂生之欢乐的文章？倘若有一天我也到了你这样的境地，我不知道自己是否可以保持着你的十分之一的勇敢和热情，像一个战士那样屹立在人世的波涛中间？我更担心自己是否还可以像你那么宁静，那么英勇地去迎接死？

今天仍旧在这间堆满家具和书报的宽大楼房里，窗外街中响着喧嚣的汽车声，尘土和炎热不断地落到我的头上，身上，手上和纸上。时间已是开篇所谓"昨夜"后的第四天了，我的高热刚刚退尽。这几天里我不能够做别的事情，我就只想到你，我善良仁厚的亡友。你现在永远地离开我们了。一直到最后你还给我们留下一个战士的榜样，你还指示我们一个充实的生命的例子，你对自己，对朋友都可以说是毫无遗憾的。正如我在前面说的那样，你是尽了你的战士的任务躺下了，你把这广大的世界和这么多待做的工作留给我们。继续你的遗志前进，这正是作为你的友人的我们的责任。范兄！你静静的安息罢，我不能再辜负你的殷切的期望了。

从炎热的下午到了阴雨的深夜，雨洗去了闷热，但也给我带来寂寞。而且这是带来悲凉味的寂寞。一切都睡去了，除了狗吠和蛙鸣。十二年的友情又来折磨我的心。我从凌乱的书桌上，拿起你的信函，你那垂死的手写出来的有力的字迹，正在诉说十二年中间两个友人的故事。武庙中第一次的握手，也就是同样的写这信的手和拿这信的手罢，那么这应该是我们的最后一次的握手了。这样的告别，这是多么可悲痛的告别啊！

但是望着眼前你的活跃的字迹，我能够相信你已经离开了我们这个世界么？

凉风从窗外吹入，我伸出头去望天空，雨天自然没有星光，但是我的眼前并不是一片黑暗。我想起了一颗死去的星。星早已不存在于宇宙间了，但是它的光芒在若干年后才达到地球，而且照耀在地球上。范兄，你就是这样的一颗星，你的光现在还亮在我的眼前，它在给我照路！

1941 年 6 月 17 日夜在重庆沙坪坝。

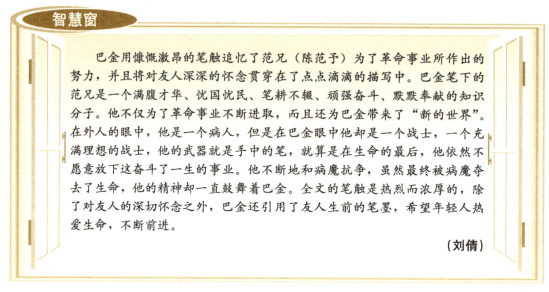

智慧窗

巴金用慷慨激昂的笔触追忆了范兄（陈范予）为了革命事业所作出的努力，并且将对友人深深的怀念贯穿在了点点滴滴的描写中。巴金笔下的范兄是一个满腹才华、忧国忧民、笔耕不辍、顽强奋斗、默默奉献的知识分子。他不仅为了革命事业不断进取，而且还为巴金带来了"新的世界"。在外人的眼中，他是一个病人，但是在巴金眼中他却是一个战士，一个充满理想的战士，他的武器就是手中的笔，就算是在生命的最后，他依然不愿意放下这奋斗了一生的事业。他不断地和病魔抗争，虽然最终被病魔夺去了生命，他的精神却一直鼓舞着巴金。全文的笔触是热烈而浓厚的，除了对友人的深切怀念之外，巴金还引用了友人生前的笔墨，希望年轻人热爱生命，不断前进。

（刘倩）

 阅览室

我的青春姐妹们（节选）

◇张曼娟

我是在这座村子里长大的，那时候村子四周都是田垄，是风中飘扬的稻香，是那时起时落的白鹭，放学回家一不小心就会踩一脚牛粪。村子的周围栽着高大的乔木，我一直以为是松树，很后来才知道，原来是木麻黄，是防风的林木。防风防灾，让村子里的孩子慢慢长大。长大的男孩子都离开了村子自立门户，长大了的女孩子都到哪里去了呢？

十四岁那年，我与家人搬离了村子，天上下着小雨，我与那些姐妹们挥别，对她们说："我会回来找你们！"

"一定要回来啊！"她们追着车子跑着，挥着手。

我们都没有哭，因为觉得一切都没有改变，我反正还会回来的。

车子驶过我们捉蝴蝶的花园，那园里的花总开得那么好；车子驶过我们放风筝的小广场，跑啊跑的风筝就飞起来了，我们都开心地笑了……

从小我就好希望可以有一个姐妹，却一直不能如愿，对门的昌家有两个女儿，与我年龄相仿，比我大的叫做恬恬，比我小的叫做净净，去她们家睡午觉，三个小女生挤在一张床的亲密感，就是我最初对于姐妹含义的理解了。我们总是喜欢把蚊帐撑起来，枕头堆得高高的，建立起只有三个女生的小小王国，分享一些小秘密。恬恬还是小女孩时就已经够漂亮了，常收到男生的情书，我和净净故意怪腔怪调地念出来，恬恬将手帕扑在脸上，随着信上的字句笑起来，气息一掀一掀，使得薄薄的帕子在她脸上飘啊飘的。阳光斜斜地照在洁白的手帕上，我注视着，想象着将来的恬恬会是一个多么幸福美丽的新娘子。

"恬恬！将来你结婚的时候，我要当伴娘。"我摇着恬恬，急切地要一个承诺。

"那我怎么办哪？"净净也急了。

是啊，人家才是姐妹，我是什么？谁稀罕我当伴娘呢？我不说话，躺下来，红了眼睛。

"我决定了，"恬恬坐在高高的枕头上宣布着，"我结婚要请你们两个人当伴娘，谁说伴娘只有一个的？我就要两个！"

"真的吗？"我翻身过来，揉着眼睛："你不可以反悔的！"

从那天开始，我们多了一个秘密，恬恬结婚要两个伴娘，缺一个都不行。

与恬恬相比，我和净净显得失色太多了，可是净净很会捉蝴蝶，我生平第一只凤蝶就是她捉给我的。在那片开满各色野花野莓的草地上，飞翔着许多粉蝶，有时也会有凤蝶，净净追到蝴蝶用裙子一扑，蝴蝶就落了地。我们将它围在中间，等着它死去，带回家做标本，等了好久好久，凤蝶仍奋力振动它的翅膀。怎么办呢？我们捕捉了美丽，但它有自己的生命与意志，它并不属于我们。

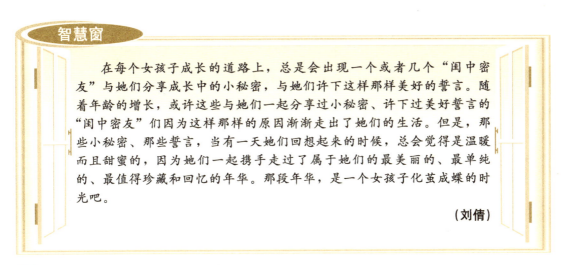

智慧窗

在每个女孩子成长的道路上，总是会出现一个或者几个"闺中密友"与她们分享成长中的小秘密，与她们许下这样那样美好的誓言。随着年龄的增长，或许这些与她们一起分享过小秘密、许下过美好誓言的"闺中密友"们因为这样那样的原因渐渐走出了她们的生活。但是，那些小秘密、那些誓言，当有一天她们回想起来的时候，总会觉得是温暖而且甜蜜的，因为她们一起携手走过了属于她们的最美丽的、最单纯的、最值得珍藏和回忆的年华。那段年华，是一个女孩子化茧成蝶的时光吧。

（刘倩）

阅览室

灯 火

◇席慕蓉

在夜雾里，请你为我点起这所有的灯火。

一

他曾经在她五岁那年，来过她家。

他们两家原是世交，然而那次会面的实际情形到底如何，经过了这几十年，真是怎么也记不起来了，只是两人都因而有了一种朦胧的认定：在她五岁那年，他们就已经见过面了。

在父执辈的筵席上，她偶尔会遇到那样的场面：父亲举杯向一位朋友劝酒，那位伯伯坚决不肯喝，父亲就会说：

"怎么？五十年前就认得了的朋友，竟然连一杯酒的交情都没有了吗？"

说也奇怪，原来千推万辞说是有心脏病有胃病的伯伯忽然什么话也说不出来，马上举杯一饮而尽，并且容光焕发地在众人的鼓掌声中转过来笑着要父亲再来干一杯了。

那时候，她的心里总会有一种温热的感动。五十年！五十年！而且是怎样流离颠沛的五十年啊！在那样漫长艰困的岁月之后还能与年轻时的朋友再相见，再来举杯，这样的一杯酒怎能不一饮而尽呢？

她慢慢能体会出这种心情了。在已经进入中年的此刻，能够有个像他那样的朋友坐在面前，听她一五一十地把最近种种苦乐的遭遇都说了出来，实在是一种幸福。

而无论她说了什么，他都会默默聆听，间或插进一两句话，剩下的时间，他总是用一种宽容的眼神睐着她，唇边还带着笑意，好像是在说：

"随你怎么闹吧，反正，我是从你五岁的时候就已经知道你了。"

在那种时刻里，她不禁要感谢那一直被她怨恨着的飞驰的时光了。就是因为时光飞驰，她才能在短短的几十年里，一次再次地印证着这种单纯的幸福。她喜欢这种感觉，就好像无论在多么阴沉的天空里，总有人肯为她留下一块非常干净又非常透明的蔚蓝。

那是只有五岁时的天空才能有的颜色吧，而五岁时所有其他的朋友们呢？

二

他是她的朋友里最有学问的一个，因为他知道所有花树草木的名字。

认得他不过才两三年，却很快就熟识得象相交了一辈子的老朋友那样。那是因为只要看到一种不知名的花草，就会让她想起他来，想他一定会知道这棵植物的名字。

而他从来都没让她失望过。只要她把植物的形状颜色特征说了出来，在电话那一端的他立刻就会有回答，不但会说出植物的名字，还会告诉她在哪一本书里去查对。那些书都是他送给她的，里面收藏着这个岛上所有芬芳珍奇的植物资料。

他也常带她和朋友们一起上山下海去看这些植物。那天，下着好大的雨，他们到北部一座山上去看"红心杜鹃"，那是一种只长在悬崖峭壁上濒临灭绝危机的高大花树。雨下得好大，阴暗的山林中又湿又滑，向上攀爬不知道要向哪里用力，跌进泥泞中时又不知道该怎样才能再爬起，不一会儿工夫，她的身上就因为出汗和雨水而变得又湿又滑了。

他却一直谈笑自若地在前面带路，还随时回过头来指点她观察那些长在岩石下和树根旁的小小植物，时时还弯身去拨弄一下，看看它们开了花没有。她心里好羡慕，羡慕这个朋友能够拥有一种极为美丽与丰盛的世界。

终于走出丛林，来到了这座山的边缘，雨停了，阳光把对面山上所有的草木照耀得闪闪发光。在两面峭壁之间，喜欢生长在岩石缝隙上的红心杜鹃正是怒放的时候，高大而又盘曲的树木在顶梢上开满了粉白粉白的花朵，她不禁雀跃欢呼起来，而他却在旁边轻声地说：

"可是，你要知道，我们也就只剩下这么几棵了。"

她回头看他，忽然间开始明白他从来很少说出的那一面了。眼看着一种又一种珍贵的植物在我们这一代里消失绝灭，在他心里承担着的，是怎样的悲愁和寂寞呢。

对这个美丽与丰盛的世界知道得太多了以后，也必然会爱得太多和担忧得太多的吧？那么，他那渊博的学问在这种时刻里似乎不再令她羡慕，却反倒要让她觉得无限同情起来了。

三

每次与他交谈之后，她的心里都会觉得比较平安，也比较能够重新珍惜自己。

原来，在这个纷纭杂乱的世间，能够保有一些不变的感觉和心情其实是不可能的。岁月在变，周遭在变，自己本身也是逐渐而缓慢地在改变，所谓永远所谓永恒似乎是非常脆弱的假象了。

　　但是，他是那种能够让你重新认识自己，重新对一切有了信心的朋友。

　　那夜，在山路上与他道别之后，她和朋友们缓步走回去的时候，心里就是这样在感激着他的。那夜并没有月亮，周遭却有着一层淡淡的月光，整座山林安静沉寂。有人在白天烧过杂草，入夜之后那种灼热的焦味还留在空气里，风吹过来，似清凉却又带着一丝温热，朋友们开始轻声地唱起歌来。她想，生命里一些无法触及的东西应该就藏在这样美丽的夜晚里吧？

　　这么多年来，对于自己的创作生活，她一直怀着一种矛盾的心情，好像是在夜雾里摸索。作品没有完成之前，不知道自己的要求是什么，但是一旦完成了，她马上能够确定这里有多少是她所喜欢的，有多少是她所不喜欢的。所以，她同时是一个能够容忍一切而却又会在突然间变得爱憎分明的人。日子就这样不断反复地过去。

　　他却可以用短短的几个句子让她能回过头来省视自己，知道这世间其他的人也和她一样，也是要在长路上跋涉，也是要在夜雾里摸索，也是要在变动与不安里逐渐寻找自我的面貌。路很长，雾很浓，但是，如果肯保有一颗谦卑与洁净的心，一定会在前路上找到一个更为开阔的世界，在那里，生命另有一种无法言传的尊严与价值。

　　她愿意相信他，也愿意相信这个世界。

四

　　和她们在一起，总有一种隐隐的豪情，好像总想向生命争夺出一些什么来。

　　那天。她说：

　　"在这一生里，好想去交一场朋友。好想去走一趟丝路。

　　交一场那种能为你生为你死的朋友，走一趟那条能令你欢呼令你落泪的丝路。

　　走一趟丝路，去塔克拉玛干大沙漠，去克里雅河，去楼兰，去罗布泊，就这样一路携手走下去。假如身边的朋友是男的，那么，风沙袭来的时候，能有宽阔的肩膀为你阻挡，在枯萎的红柳树丛和野生的白杨树之间，想象着千百年前曾经有过的充满了柔情的春天，再怎样艰难困苦的跋涉也会像神话一样美丽的吧？

　　假如身边的朋友是女的，那么，在三四个人一起走着的时候，就可以不断地唱起歌来。在湛蓝的星空下，披着一式手织的黑毛线披风，对着有限的岁月无限的江山，我们必然会怀着同样苍凉而又同样豪迈的胸襟的吧？"

　　听了她的话，她们开始笑了起来，笑声里藏着一些轻微的叹息。是啊！她们每个人的梦里不是都一直有着那样的一条丝路吗？然而，那样的梦，那样的豪情什么时候才会成真呢？

　　于是，只有在相聚的时候安排一些小小的意外或者一些突发的奇想。在有限的时间里，只能偶尔与生命做一些小小的争夺。也许是走上一条陌生的山径，也许是去到一处无人的海边，只能偶尔去走上一回，去看上一眼，偶尔在一个她们原来也可以享有却永远无法享有的世界里稍作流连。

　　而在深夜的画室里，她开始把那条丝路画在画布上，在涂抹之间，想象着万里之外那繁星下的沙漠，心里像有烈火在烧灼。

五

　　也同样是一个有着淡淡月光的晚上，他指着山坡下的万家灯火向她说：

　　"你知道《小王子》的作者吗？他是个飞行员。常常飞过沙漠的上空，他曾经描述过在夜里飞过荒寂无人的沙漠之后，忽然看到远远一处城市的灯火时的那种感动。因为有灯火的地方必定有人类。有灯火的地方也必定有着关爱……"

她完全相信那种感动。她也完全相信，有灯火的地方也必定会有愿意原谅她、愿意引导她、愿意接纳她和愿意与她共享一个梦境的朋友。

人生真的不过只是短短几十年的光景而已，在这几十年里，还免不了要有误解，要有争战，要有悲愁病苦和别离，但是，因为有了这些不同的朋友，生命又是怎样一段令人爱恋和感动的岁月啊！在她走过来的这条长路上，在每一个转折和每一处角落上，在她察觉得到和察觉不到的时刻里，都有朋友在默默地为她点起一盏灯火。

能够来到这世间，能够与相识或者不相识，记得或者不记得的朋友们共度这几十年的时光，是一种怎样的幸福啊！

所以，她也愿意举起她手中的那一盏，在夜雾里，回答着那远远的亲切的呼唤。

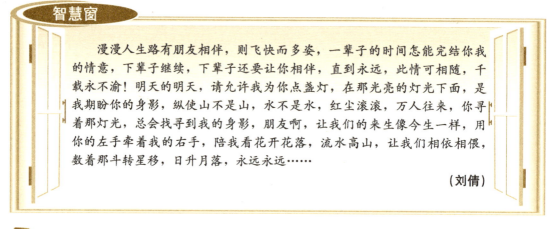

智慧窗

　　漫漫人生路有朋友相伴，则飞快而多姿，一辈子的时间怎能完结你我的情意，下辈子继续，下辈子还要让你相伴，直到永远，此情可相随，千载永不渝！明天的明天，请允许我为你点盏灯，在那光亮的灯光下面，是我期盼你的身影，纵使山不是山，水不是水，红尘滚滚，万人往来，你寻着那灯光，总会找寻到我的身影，朋友啊，让我们的来生像今生一样，用你的左手牵着我的右手，陪我看花开花落，流水高山，让我们相依相偎，数着那斗转星移，日升月落，永远永远……

（刘倩）

阅览室

十八岁的姐姐

◇毕淑敏

昆仑山有一个漫长的冬季，长得叫人忘掉一年当中还有其他季节。

昆仑山距平原很远很远，远得让我们这批小女兵几乎怀疑世界上还有平原存在。

冷和高使得平凡的蔬菜成为一种奢侈品。属于温暖和平原的蔬菜，要经过汽车和一个星期的颠簸才能抵达高原。它们要么像植物标本，干燥萎黄，纸一样单薄；要么碧绿得令人生疑，用手一弹，果然发出翡翠般的金石之声——途中遭遇了暴风雪，暴风雪使蔬菜们永远年轻。

没有鲜菜吃，后勤部门就每月给大家发其他的吃食以弥补亏嘴。有水果罐头、核桃、葡萄干儿、花生米、白砂糖……农村来的兵，舍不得吃，便把这些好东西攒起来，探亲时与家人共享。只可怜了那些汽车兵，他们万里迢迢地将物品拉上昆仑山，又万里迢迢地把它们从昆仑山上拉下去。

发的食品可谓五花八门，可是，奇怪的是从不发一块糖。不知山下的军需部门是无意间疏忽了，还是认为真正的军人不宜在嘴里含糖？

能够随便在嘴里含糖，听坚硬的糖块把牙齿敲出搪瓷碰撞般的声音，感觉尖锐的糖块在温暖的舌尖变得圆润光滑……真是少年人最美妙的享受之一。我们当时不过十六七岁，在一个风雪弥漫的早晨，不知谁说了一句："真想吃块糖啊!"我们就从此朝思暮想在嘴里含一块真正的水果糖!

希冀只要一萌生，除了实现它，你别无他法。

我们没有块糖，但我们有砂糖，好像是当年古巴贸易给我们的货色，像海滩上的沙砾，淡黄色很粗大的颗粒。我们取出牙膏牙刷，用空牙缸盛上古巴糖，放在炉火上烤；糖堆就像雪人似地塌陷下去，融为杏黄色裹着泡沫的糖浆。

"这叫糖稀。"一位年龄最大的女兵说。她已经18岁了，是我们的姐姐。

但糖稀怎么才能变成块糖呢？见多识广的姐姐指挥我们去提一桶水来。

昆仑山的水好凉啊!亘古不化的寒冰所融之水，发出幽蓝色的荧光。那袅袅上升的森严冷气，像雾一样盘绕在山的四周。

水提来了，我们不知道它有什么用处，18岁的姐姐端起牙缸，把冒着泡的糖稀缓缓倾于冰水之中。

糖稀吱吱叫着急遽下沉，好像一串被击中了的黄鸟，它们在水中凝固成一粒粒橙黄色琥珀样的颗粒，略作沉浮，便如一颗颗精致的小水雷，蛰伏在水底。

18岁的姐姐有条不紊地操作着，我们看得发呆。

"愣着干什么？快拿勺子到桶底去舀着吃，这是真正的糖豆啊!"18岁的姐姐大声招呼我们。

这种真正的糖豆松软酥脆，凉的像一枚枚小冰雹。但它的确能与牙齿碰出悦耳的响声，能在舌尖迅速缩小……我们便吃得十分惬意。

我们的吃速比糖豆的生产要快得多，不一会儿，桶底便被捞净，我们就眼巴巴地看着18岁的姐姐制造糖豆。她制得越多，我们就吃得越快，突然有人发现，18岁的姐姐一直在为我们操劳，她自己连一个糖豆还没吃上呢!

"这一锅给你吃!"我们异口同声地说。

所谓一锅，就是一缸子煮沸了的古巴糖糖稀。昆仑山缺氧炉火不旺，要煮好一缸糖稀，也得耐心地用勺子搅拌一段时间。

18岁的姐姐接受了我们的好意，格外精心地操作着。糖稀冒泡了……糖稀变成橘红色了……糖稀散发出蜂蜜一样略带涩涩的清香……这是最妙的火候了，我们知道，18岁的姐姐要从从容容地制出一盘最甜最美的糖豆来了。

是时候了!18岁的姐姐高高地举起茶缸，糖稀漾出一道美而红亮的弧线，砰然溅落水中。

想象中该出现珊瑚珠一样晶莹的糖豆了……时间一秒钟一秒钟地逝去，糖豆像被人施了魔法，隐匿着不肯出现，只见澄清的水渐渐变得浑浊，犹如一股橙色牛奶注入其中。

这是怎么回事？是谁把糖豆藏起来了？

我们面面相觑。

18岁的姐姐想了想说："也许是水不凉了，所以，糖稀不再凝聚为糖豆……"

我们半信半疑，伸出舌尖去舔桶里的水。

水很甜很温暖，带有一种奇异的味道，好像一个在太阳下成熟的果子挤出的浆汁。

18岁的姐姐终于没能尝到她亲手制作的糖豆，一粒也没有。

我们拎起桶要换一桶新的凉水，她说："别去别去，这桶水里融进了这么多砂糖，不喝太可惜了。"说着，她喝了满满一碗。

我们不知道该怎样感谢 18 岁的姐姐，只有同她一道喝那温暖甜蜜而又挟带这冰雪气息的凉水，一碗又一碗……

许多年过去了，那水的奇异味道一直存在我的舌尖……

智慧窗

这篇散文写出了一群处在花季中的女兵在高原为了吃到糖，用开水熬糖稀的故事。这其实是一件很小的事情，但是在这件小事中我们看到了高原生活的艰苦，同时也看到了"18 岁的姐姐"那美好的心灵。她对比她小的女兵们十分关心，真正是一个体贴、细心的大姐。自然条件的艰苦没有阻挡人们之间亲情、友情的流露。女兵将自己的青春年华贡献给了祖国的边防事业，在绿色军营里，她们之间展露的更是人间最为珍贵的东西，人类精神的伟大带给我们强烈的心灵冲击和感悟。

(刘倩)

阅览室

老 哥 哥
◇臧克家

秋是怀人的季候。深宵里，床头上叫着蟋蟀，凉风吹一缕明光穿过纸窗来。在我没法合紧双眼的当儿，一个意态龙钟的老人的影像便朦胧在我眼前了。

可以说，我的心无论什么时候都给老哥哥牵着的，在青岛住过了五年，可是除了友情没有什么使我在回忆里怅惘，有那便是老哥哥了。青岛离家很近，起早也不过天把的路程呢。记得在中山路左角一家破旧的低级的交易场中常常可以得到老哥哥的消息。前来的乡人多半是贩卖鸡子回头带一点洋货，老哥哥的孙子，也每年无定时的来跑几趟，他来我总能够知道，临走，我提一个小包亲自跑到嘈杂的交易所里从人丛中从忙乱中唤他出来交到他的手里。

"这是带给老哥哥的一点礼物。"

"这还使得呢！"口在推让着，小包却早已接过去了。我知道这点礼物不比鸿毛有分量，然而一想老哥哥用残破的牙齿咀嚼着饼干时的微笑，自己的心又是酸又是甜的。

老哥哥离开我家，算来已经足足十年了。在这个长的期间里，我是一只乱飞的鸟，也偶尔的投奔一下故乡的园林。照例，在未到家以前，心先来一阵怕，怕人家说我变了，更怕有些人我已不认识，有些人已见不到了。到了家一定还没坐好，就开始问短问长了。心急急想探一下老哥哥的存亡，可是话头却有些不敢往外吐，早晚用话头的偏锋敲出了老哥哥健在的消息，心这才放下了。

前年旧年是在家里过的。正月的日子是无底幽闲，便把老哥哥约到我家来了。见了面我还没来得及看清楚他，他却大声喊着说："你瘦了！小时候那样的又胖又白！"从他刚劲的声音里我听出了他的康健了。

"老哥哥，你拖在背上的小辫也秃尖了。"他没有听见，便在我的扶持下爬到我的炕头上了。

我们开始了短短长长的谈话，话头随意乱摆是没有一定的方向的。他的耳朵重听，说话的声音很高，好似他觉得别人的听觉也和他一样似的。用手势，用高腔，不容易把一句话递进他的耳朵里去，他说，他常常挂念着我，他的身子虽然在家里，可是心还在我的家呢。

语丝还缠在嘴角上，可是他已经虎虎的打起鼾声来了，我心里悲伤地说："老哥哥老了！"

呼吸像拉风箱，一霎又咳嗽醒了，楞挣起来吐一口黄痰。他自己仿佛有点不好意思，要我扶他趋搭的到耳房里去，在那儿也许他觉得舒心一点，五十个年头身下的土炕会印上个血的影子吧？于今用了一把残骨他又重温别过十年的旧梦去了。

傍晚了。来留他住一宿，他一面摇头一面高声说："老了，夜里还得人服侍！日后再见吧！"我用眼泪留他，他像没有看见，起来紧了紧腰跟跄着向外面移步了。我扶着他，走下了西坡，老哥哥的村庄已在炊烟中显出影子来了。

我回步的时候晚霞正灼在西天，回头望望老哥哥，已经有些模糊了，在冷风里只一个黑影在闪。

"日后再见吧！"我一边走着一边回味着老哥哥这句话。但是一个熟透了的果子谁料定它刹那会落呢？

回到家来更念着老哥哥了。老哥哥真是老哥哥，他来到我家时曾祖父还不过十几岁呢。祖父是在他背上长大的，父亲是在他背上长大的，我呢，还是。他是曾祖父的老哥哥，他是祖父和父亲的老哥哥，他是我的老哥哥。

听老人们讲，他到我家来那不过才二十岁呢。身子铜帮铁底的，一个人可以单拱八百斤重的小车，可是在我记事的时候他已是六十多岁的暮气人了。那时他的活是赶集，喂牲口，农忙了担着饭往坡里送。晒场的时节有时拿一张木叉翻一翻。扬场，他也拾起一张锨来扬它几下，别人一面扬一面称赞他说："好手艺，扬出个花来，果真老将出马一个赶俩。"

从我记事以来，祖父没曾叫过他一声老哥哥，都是直呼他老李。曾祖父也是一样。曾祖父的脾气很暴，好骂人"王八蛋"。他老人家一生起气来，老哥哥就变成"王八蛋"了。祖父虽然不大骂人，然而那张不大说话的脸子一望见就得叫人害怕。老哥哥赶集少买了一样东西，或是祖父说话他耳聋听不见，那一张冷脸，半天一句的冷话他便伸着头吃上了。我在一边替老哥哥心跳，替老哥哥不平。心里想："祖父不也是老哥哥手下长大了的吗？"

老哥哥对我没有那么好。我都是牵着他的小辫玩。他说故事给我听。他说他才到我家来，我家正是旺时：六曾祖父做大京官，门前那迎风要倒的两对旗杆是他亲手加入竖起来的，那时候人口也多，真是热闹。语气间流露着"繁华歇"的感叹。我小时候最是迷赌，到了输得老鼠洞里也挖不出一个铜钱来的困窘时，我便想到老哥哥的那个小破钱袋来了。钱袋放在他枕头底下，顺手就可以偷到的，早晚他用钱时去摸钱袋，才发现里面已经空空了。他知道这个地道的贼，他一点也不生气。我后来向他自首时是这样说的："老哥哥，这时我还小呢，等我大了做了官，一定给你银子养老。"

他听了当真的高兴。然而这话曾祖父小时曾说过，祖父小时也曾说过了！

在黄昏，在雨夜，在月明的树下，他的老话便开始了。我侧着耳朵听他说长毛作反，听他说天下掉下彗星来。然而给我印象最深的要数这一次了。那年我八岁，母亲躺在床上，脸上蒙一张白纸，我放声哭了，老哥哥对我说母亲有病，他到吕标去取药吃上就好了。后来给母亲上坟也老是他担着菜盒我跟在后头，一路上他不住地说母亲是叫父亲气死的。"当年大相公，剪了发当革命党，还在外面和别的女人好，你小时穿一件时样的衣裳，姑们问一声'又是外边那个娘做来的'，这话叫你娘听见，你想心里是什么味？而后，皇帝又一劲的杀革命党，你爷戴上假发到处亡命。这两桩事便把你娘致死了。"

老哥哥一天一天的没用了。日夜蜷缩在他那一角炕头上，像吐尽了丝的蚕一样，疲惫抓住了他的心。背屈得像张弓。小辫越显得细了。他的身子简直成了个季候表，一到秋风起来便咯咯的咳嗽起来。

"老李老了！老李老了！"

大家都一齐这么说。年老的人最不易叫人喜欢。于是老哥哥的坏话塞满了祖父的耳朵。大家都讨厌他。讨厌他耳聋，讨厌他咯咯闹得人睡不好觉，讨厌他冬天把炕烧得太热，他一身都是讨厌骨头，好似从来就没有过不讨厌的时候！祖父最会打算，日子太累，废物是得铲除的，于是寻了一点小事便把五十年来的跑里跑外的老哥哥赶走了。我当时的心比老哥哥的还不好过，真想给老哥哥讲讲情，可是望一下祖父的脸，心又冷了。

老哥哥临走泪零零的，口里半诅咒半咕噜着说："不行了，老了。"每年十二吊钱的工价算清了账，肩一个小包（五十年来劳力的代价）走出了我家的大门。我牵着他的衣角，不放松的跟在后面。

老哥哥儿花女花是没有一点的。他要去找的是一个嗣子。说家是对自己的一个可怜的安慰罢了。但是，不是自己养的儿子，又没有许多东西带去，人家能好好养他的老吗？我在替他担心着呢！

十年过去了，可喜老哥哥还在人间。暑假在家住了一天，没能够见到他。但从三机匠口里听到了老哥哥的消息，他说在西河树行子里碰到老哥哥在背着手看夕照，见了他还亲亲热热的问这问那，他还说老哥哥一心挂念我庄里的人，还待要鼓鼓劲来耍一趟，因为不过二里地的远近，老哥哥自己说脚力还能来得及呢。

又是秋天了。秋风最能吹倒老年人！我已经能赚银子了，老哥哥可还能等得及接受吗？

智慧窗

秋天是最凄凉的季节，总是透着肃杀和悲凉，在这样的季节里我们也总会产生寂寞而思旧的情绪，诚如作者所说：秋是怀人的气候。只是，所怀念的人怕也如同秋天的树叶，即将飘零了吧？岁月是毫不犹豫的行者，总是在落寞的夕阳下奏响挽歌，生活在我们思念里的人啊，总是耐不住寂寞的与现实中的我们会合，拉着我们的手看着我们曾经走过的岁月。作者的老哥哥，是那样善良和满足的人，看着他带大的人一代一代的成长，将自己的生命投在他们的身上，他自己都不知道，正因为这样，他的灵魂才会延续在每个人的思念里，永不湮灭。

（刘倩）

怀念老陆

◇冯骥才

近些天常常想起老陆来。想起往日往事的那些难忘的片断，还有他那张始终是温和与宁静的脸，一如江南的水乡。

老陆是我对他的称呼。国文和王蒙则称他文夫。他们是一代人。世人分辈，文坛分代。世上一辈二十岁，文坛一代是十年。我视上一代文友有如兄长。老陆是我对他一种亲热的尊称。

我和老陆一南一北很少往来，偶然在京因会议而邂逅，大家聚餐一处，老陆身坐其中，话不多，但有了他便多一份亲切。他是那种人——多年不见也不会感到半点陌生和隔膜。他不声不响坐在那里，看着丛维熙逞强好胜地教导我，或是张贤亮吹嘘他的西部影城如何举世无双，从不插话，只是面含微笑地旁听。我喜欢他这种无言的笑。温和、宽厚、理解，他对这些个性大相径庭的朋友们总是抱着一种欣赏——甚至是享受。

这不能被简单地解释为"与世无争"。没有一个作家会在思想原则上做和事佬。凡是读过他的《围墙》乃至《美食家》，都会感受到他的笔尖里的针芒。只不过他常常是绵里藏针。我想这既源自他的天性，也来自他的小说观。他属于那种艺术性的作家，他把小说当做一种文本的和文字的艺术。高晓声和汪曾祺都是这样。他们非常讲究技巧，但不是技术的，而是艺术的和审美的。

一次我到无锡开会，就近去苏州拜访他。他陪我游拙政、网师诸园。一边在园中游赏，一边听他讲苏州的园林。他说，苏州园林的最高妙之处，不是玲珑剔透，极尽精美，而是曲曲折折，没有穷尽。每条曲径与回廊都不会走到头。有时你以为走到了头，但那里准有一扇小门或小窗。推开望去，又一番风景。说到此处，他目光一闪说："就像短篇小说，一层包着一层。"我接着说："还像吃桃子，吃去桃肉，里边有个核儿，敲开核儿，又一个又白又亮又香的桃仁。"老陆听了很高兴，禁不住说："大冯，你算懂小说的。"

此时，眼前出现一座水边的厅堂。那里四边怪石相拥，竹树环合，水光花影投射厅内，厅中央陈放着待客的桌椅，还有一口天青色素釉的瓷缸，缸里插着一些长长短短的书轴画卷。乃是每有友人来访，本园主人便邀客人在此欣赏书画。厅前悬挂一匾，写着"听松读画堂"。老陆问我，为什么写"读画"不写"看画"，画能读吗？我说，这大概与中国画讲究文学性有关。古人常说的"诗画相生"或"诗是无形画，画是有形诗"。这些诗意与文学性藏在画中，不能只用眼看，还要靠读才能理解到其中的意味。老陆说，其实园林也要读。苏州园林真正的奥妙是这里边有诗文，有文学。我听到的能对苏州园林做出如此彻悟的只有二位：一位园林大师陈从周——他说苏州园林有书卷气；另一位便是老陆，他一字道出欣赏苏州园林乃至中国园林的要诀：读。

读，就是从文学从诗的角度去体会园林内在的意蕴。

记得那天傍晚，老陆在得月楼设宴招待我。入席时我心中暗想，今儿要领略一下这位美食家的真本领究竟在哪里了。席间每一道菜都是精品，色香味俱佳，却看不出美食家有何超人的讲究。饭菜用罢，最后上来一道汤，看上去并非琼汁玉液，入口却是又清爽又鲜美，直喝得胃肠舒畅，口舌愉悦，顿时把这顿美席提升到一个至高境界。大家连连呼好。老陆微笑着说："一桌好餐关键是最后的汤。汤不好，把前边的菜味全遮了；汤好，余味无穷。"然后目光又是一闪，好似来了灵感，他瞅着我说，"就像小说的结尾。"

我笑道："老陆，你的一切全和小说有关。"

于是我更明白老陆的小说缘何那般精致、透彻、含蓄和隽永。他不但善于从生活中获得写作的灵感，还长于从各种意味深长的事物里找到小说艺术的玄机。

然而生活中的老陆并不精明，甚至有点"迂"。我听到过一个关于他"迂"到极致的笑话。那是二十世纪八十年代中期，老陆当选中国作协副主席。据说苏州当地政府不知他这职务是什么"级别"，应该按什么"规格"对待。电话打到北京，回答很模糊，只说"相当于副省级"。这却惊动了地方，苏州还没有这么大的官儿，很快就分一座两层小楼给他，还配给他一辆小车。老陆第一次在新居接待外宾就出了笑话。那天，他用车亲自把外宾接到家来。但楼门口地界窄，车子靠边，只能由一边下人。老陆坐在外边，应当先下车。但老陆出于礼貌，让客人先下车，客人在里边出不来，老陆却执意谦让，最后这位国际友人只好说声"对不起"，然后伸着长腿跨过老陆跳下车来。

后来见到老陆，我向他核实这则文坛轶闻的真伪。老陆摆摆手，什么也不说，只是笑。不知这摆手，是否定这个瞎诌的玩笑，还是羞于再提那次的傻实在？

说起这摆手，我永远会记着另一件事。那是1991年冬天，我在上海美术馆开画展。租了一辆卡车，运满满一车画框由天津出发，车子走了一天，凌晨四时途经苏州时，司机打盹，一头扎进道边的水沟里，许多画框玻璃粉粉碎。当时我不知道这件事，身在苏州的陆文夫却听到消息。据说在他的关照下，用拖车把我的车拉出沟，并拉到苏州一家车厂修理，还把镜框的玻璃全部配齐。这便使我三天后在上海的画展得以顺利开幕，否则便误了大事。事后我打电话给老陆，几次都没找到他。不久在北京遇到他，当面谢他。他也是伸出那瘦瘦的手摆了摆，笑了笑，什么也没说。

他的义气，他的友情，他的真切，都在这摆摆手之间了。这一摆手，把人间的客套全都挥去，只留下一片真心真意。由此我深刻地感受到他的气质。这气质正像本文开头所说的一如江南水乡的宁静、平和、清淡与透彻，还有韵味。

作家比其他艺术家更具有生养自己的地域的气质。作家往往是那一块土地的精灵。比如老舍和北京，鲁迅和绍兴，巴尔扎克和巴黎。他们的心时时感受着那块土地的欢乐与痛苦。他们的生命与土地的生命渐渐地融为一体——从精神到形象。这便使我们一想起老陆，总会在眼前晃过苏州独有的景象。于是，老陆去世那些天，提笔作画，不觉间一连画了三四幅水墨的江南水乡。妻子看了，说你这几幅江南水乡意境很特别，静得出奇，却很灵动，似乎有一种绵绵的情味。我听了一怔，再一想，我明白了，我怀念老陆了。

智慧窗

有这样一种情——不是兄弟、胜似兄弟，不是姐妹、情赛姐妹。每个人的成长中，都会有那么几个人陪在身边，生活中少不了朋友们开心的笑声，平淡的生活因为朋友们在一起而呈现出不俗的色彩。

陆文夫是那种让人从心底弥漫开宁静的朋友，他的义气，他的友情，他的真切，都从静静的凝视或是缓缓的语调中透露给你。他就如江南水乡的绵绵情味，平和、清淡，出奇的宁静却不失灵动和韵味。

这样的朋友是我们一生中难求的知己，让我们从心灵深处获得一种安慰。作者对老陆的感情并没有如何激烈，文中也没有任何强烈的情绪和典丽的辞藻，但是在这种平淡的叙述中我们窥见了真正"君子之交淡如水"的友情，并为之所深深吸引。

(刘倩)

阅览室

心　爱
◇张悦然

1. 纽扣

小朵是和我在一起六年的朋友。从十二岁到十八岁。我们在一起总是做很伟大的事情：长大，恋爱，还有一些关于何时结婚生几个孩子的计划。比起那些来，收集纽扣怎么也不能算是一件大的事情。可是很久之后的现在，长大这个无比粗糙的充满疼痛的过程已然完成。用来去爱一个人的力气像一颗在热烘烘的口腔里呆太久的水果糖一样完全融化掉了。而那些晴空万里的计划仿佛是我儿时的那只秘密逃走的小鸟一样，飞舞在别人的天空里。与那些相比，收集纽扣的小细节一直像一个鲜艳的色块一样郁结在我的记忆里。

我发现原来不仅仅是我一个人在成长，我那些关于纽扣的故事也在随我成长。它从一件小的事情长成了一件大的事情了。

小朵和我一直喜欢纽扣。要有彩虹的颜色。薄薄的那种。

我有一个样子很好看的存钱罐专门用来盛放我收集的扣子。十五岁的夏天，我们跑遍整座城市收集扣子。彩色的有两个小孔的纽扣被我们穿成手链、脚链和项链。我们穿粉红的条绒裙子，带那些小扣子。我们看起来像两个娃娃。

包扣几乎要在现在的城市里绝迹了。一颗简单的塑料扣子，可是把自己喜欢的布包在它的外面，它就变成了独一的，你的。我喜欢那些质感舒服的布扣子。它们握在手里很温暖。

那段时间我和小朵很奢侈，我们买很大很大的一块布来做几颗包扣。只是因为喜欢上面的一小块图案，甚至有的时候仅仅是一个字母。我们用很多很多的有小花朵、小云彩、鱼骨图案的布来包扣子。后来我们发现，那些完成的布扣子简直漂亮得可以做徽章。我们用它们搭配不同的衣服，别在衣角或衣领上。得意的是我的一条黑色的条绒裤子，被我在侧面别了长长的一串洋红色带花朵图案的布扣。它们松松垮垮地挂在上面，走路时和我一起摇摆。很好看。

纽扣还被我和小朵别在窗帘上。那年我执意换掉了我的房间里的厚重华贵的流苏窗帘。我买了星空色的单薄一点的布料，在上面随意地斜斜扭扭地缝上许多彩色的小扣子。它们像星星一样在我的这块新天空上闪闪发光。

曾经有一种布玩具猪的人气很旺，叫做阿土猪猪。我知道小朵的布玩具多得要打架了，可是我第一眼看到那只猪，还是决定买下来给小朵。因为那只猪的鼻孔是用两颗扣子做的。木头的带着一圈一圈原木花纹的扣子。它有一种我想要亲近的温暖的感觉。

小朵接过那只猪，笑，她立刻亲了亲那只猪卓越的鼻子。

最喜欢的是自己做的软陶的扣子。我和小朵去做软陶的陶吧呆一个下午只是为了去做几枚根本没有衣服和它们相配的扣子。可是很满足。我做的那些扣子上面有向日葵的图案，可是每一颗扣子的颜色都不同。从艳艳的明黄色渐变到很暗的古铜色。一排扣子就像一朵葵花的生涯。

我一直喜欢扣子，棉布扣子，木头扣子。我喜欢说，它们握在手里很温暖。当我拿到我那些刚刚烧制好的软陶扣子的时候，是的，我真真正正感到了手心的温暖。它们的热量一点一点散失在我的掌心里，然后它们一点一点坚硬起来。它们有我赋予的不变的样子。我的软陶扣子终究没有被缝在任何衣服上。事实上我一直在很努力地为我的扣子们找相配的衣裳。可是我想它们是如此的高贵啊，它们不应当成为一件衣服的附属。

小朵把她做的陶制扣子送给了她深爱的男孩。她给他缝在一件卡其布的衬衫上。再后来小朵漂洋过海，终于忘掉了那个把她的艺术品别在胸膛上的男子。长大之后的小朵很忙，我想她一辈子再也不会为了几枚扣子花一个下午的时间了。

我的陶制扣子仍旧在。

什么也不能捻熄我对软陶扣子的狂热，我做了很多次那样的扣子，在很多个不同的下午。

我记得最后一次是和小优一起的。小优是我爱的男孩。我们的相处很像孩子。我们分开的时候毫无困难。就像每年从幼儿园毕业的小孩子都会毫不费力地和他们从前要好的玩伴分开。只是现在，我才知道小优悄悄把他自己钉在了我的心室上。

他是我最温暖的一枚扣子。

那一次我们的软陶作品糟糕极了。两个人忙成一团，像一对夫妇在准备一顿盛大的晚餐。我觉得他揉那些陶泥的样子像是在和面。我站在他的背后，看他很用心地对付那些陶泥。他总是很有耐心。他总是像我的热乎乎的陶扣子一样温暖。我真的有一点期待和他一起过日子了。

我们做了简单的斑点狗图案的陶扣子。一人五颗。然后我们就攥着还烫手的扣子快快乐乐地回家去了。

他照例送我到我家门口的时候，我突然对他说，如果我和你走散了，我就去找一找，谁随身携带着五颗小花狗图案的扣子，谁把它们当成宝贝。

只是我忘记了等到那些扣子的热量散尽，冷却坚固之后，一切都变了。此时此刻如果我真的开始寻找我走失的爱人，也许根本不会有一个人站出来承认他曾经收留过那样五颗粗糙的扣子。更不会有一个人会站出来温和地说，是的，它们是我的宝贝。

2. Kenzo 香水

我总是在我的小说里提到 Kenzo。我会让里面的女子迷恋 Kenzo。它像我过去一段日子的一个妩媚的符号。可是我想或者它已是一个休止符了。因为事实上我只有过一小瓶的叫做"清泉之水"的 Kenzo。也许我再也不会买它了，因为它已经超越了一瓶香水的功能。有时觉得它会是一种酒，使我有一些眩晕。有时候觉得它像阿拉丁的那盏神灯，一个叫做回忆的妖怪会在我打开瓶子的那一刻猛然跳出来。

然而我竟然有一点向往那个名为回忆的妖怪。它有着带有降伏魔力的美丽。

Kenzo 是男孩小优用的。他以一封信的方式和我认识。那封信写得十分深情。蓝色信笺，上面是这样的味道。那种很淡很淡的味道居然喷薄而出地涌向我。

我和小优站在一棵春天的树下谈话，那是我们最初认识的日子。树是一棵很弯曲的梧桐。上面落下粉紫色的花朵。我一直不知道那种花的名字。后来小优叫它们桐花。我觉得真是好听。是的，我们站立在一棵不断落下桐花的梧桐树下谈话。我闻到了一种香味。香味很含混，我无法辨别它是来自头顶上的梧桐树还是来自我对面的男孩小优。可我知道它是一种新生的味道。是一种生涩的纯净。新生的是这个青草绿的春天还有我和男孩小优喑哑的故事。

我记得那时候他有一张恐慌的脸，对整个世界的恐慌。他那个时候是个柔弱的孩子，做过的一些荒唐的事情搞得他遍体鳞伤。终于有一天他看到我，走向我来喜欢我。

他走向陌生的我，为了来喜欢我。那一刻我看到这个恐慌的小孩有着万劫不复的勇敢。无畏和无助在他的脸上氤氲成一片。

他常常写一些异常分裂和支离破碎的文字。他知道那是我喜欢的。他就拿来给我看。

是很旧的一个本子。我又一次闻到了 Kenzo 的味道。我觉得 Kenzo 舒缓的味道和他锋利的文字很不相称。可是他们已经融合在一起了，没有一点痕迹地成为一体。当我再次闻到 Ken－zo 的味道的时候，我就会想起小优的文字。他在诗里写：

给我一杯水，我就善良起来。

我记得那种 Kenzo 的名字刚刚好叫"清泉之水"。是它使我的小优善良起来的嘛。

然而事实上我和小优之间是不应该有故事的。因为我们两个人都太会写故事，我们都太崇拜痛彻心扉的人生，所以我们彼此折磨来书写一个疼痛的故事。可是到了故事的尾声的时候我们才蓦地发现我们的故事是这样的俗气，于是两个人都很失望。

最后我离开了。我喜欢我们的那场分别，它很动人。下雪。对坐在空无一人的摩天轮上。等到摩天轮上升到顶端的时候，我们碰碰彼此的嘴唇。我落下眼泪来。他没有找到可以擦眼泪的手帕，摘下他的白色毛线手套给我擦眼泪。我很贪婪地把手套覆盖在脸颊上，吸取这上面的凛冽的 Kenzo 的味道。那是一种迂回婉转的味道，引领着我走了很远，走到深深的过往里，却只是为了说一句再见。

我拥有过很多香水。CD，Lancome，Chanel No. 5。它们比 Kenzo 更好。我热爱它们，因为它们单纯。它们仅仅是香水。我却不敢拥有 Kenzo。我不知道被收藏在那种香味里的过往会不会在我打开瓶子的那一刻骇然地冲出来，迅速在我的头顶聚集成一块小云彩。从此我将生活在雨天。

然而大家都知道，小悦是喜欢 Kenzo 的。离开从前的城市的那一天，筱筱赶来看我。送来了 Kenzo。筱筱那三年里一直都和我在一起。她看着我爱，看着我分开。

在我那些坍塌破碎的日子里她总是平和地命令我：小悦要好好的。

Kenzo 是用小小的玻璃瓶子盛放的。透明的玻璃上面反射出幽幽的蓝色。是和小优的同一系列的女用香水。一样凛冽的味道。

相似的味道又一次袭来。我又看到那年春天的桐花啪啦啪啦地从高高的树上掉下来。我又看到小优黑色好看舒展的文字，一排，又一排。我又看到笨拙的摩天轮嘎吱嘎吱地转动起来。

我突然觉得所有的往事都运转起来。于是周围很嘈杂。在一片热闹中，我听到筱筱说：

用它来纪念那一段光阴吧。

3. 核桃

我有很长一段时间疯狂地喜欢吃核桃。那段无聊的光阴里，我常常一个人搬个小凳子坐在可以被太阳晒到的阳台上，用小锤子砸新鲜的核桃。我一边砸一边吃。放点音乐。然后我的锤子的节奏就可以和着音乐的节拍。很幸福。

我小的时候是由保姆照顾的。那个眼睛大大的小瑛阿姨对我很好。她和我坐在两个小板凳上。我和她并排坐着。她一边给我砸核桃吃，一边给我讲神话故事。我需要做的仅仅是竖起耳朵听故事和张开嘴巴吃核桃。我觉得她真好，我将来也要砸核桃给她吃。可惜还没有来得及等到我实现这个计划，她就嫁掉了。那家人在很穷僻的山坡上。小瑛阿姨又回到了她来的山区。可是她说很好。她说那家人有好几棵核桃树。

以后的十几年里，小瑛阿姨每一年都要进一次城来我们家。给我带来新鲜的核桃。她有了自己的孩子。是个很淘气的男孩。我很失望。我想应该是个女孩的。安安静静地坐在小板凳上，听小瑛阿姨讲故事，张开小嘴巴吃核桃仁。我想那样的小女孩该多么幸福。

核桃在我的字典里原本只代指简单的快乐。然而后来，它却复杂了。

高中的时候，有一个胡姓的男孩被我叫做胡桃。在我的心里胡桃像我心爱的核桃们一样可爱。

我问他，你见过刚刚成熟的核桃果实吗？你就像它一样。

他说，是什么样子？

我说是青绿色的柔软的。有一点羸弱，有一点苦涩。然后在周围空气和风里渐渐变得坚硬起来。

男孩胡桃是个样子好看、傲慢任性的小孩。坐在我们班级的最后一排，不乱讲话，也不听课。我的位子离他很远。我们好像从来不认识一样。然而事实上我们每天打电话，讲很多很多的话。

那时他有一个小小弱弱的女朋友。那时我有一个高高大大的男朋友。那时他厌倦了女友的小脾气和眼泪。那时我厌倦了男友的喋喋不休和软弱。我和男孩胡桃遇上的时候我们两个人都已经疲惫不堪。我们在电话里大声发着牢骚，彼此嘲笑。他问我为什么不离开他。我反问，那么你呢？

是的，我觉得我一直在怂恿他一样。终于男孩胡桃开始躲避他的小小的女朋友，他终于和她分开。

那是冬天的故事，所有的事情都像寒冷的季节一样进展得很慢。我和我的高大的男友在一种缓慢的挣扎中度日。我觉得日子慢得让我就要睡去了。

突然我要去上海参加作文比赛的复赛。我终于有机会抽身离开。我跟我的高大男友道了别。可是我回来的时候却没有告诉他。我觉得那样的道别很圆满了。就当我不会再回来一样吧。

我下了返程的飞机。在机场，要过年了，我很想很想见见男孩胡桃。我打电话给他，说我回来了，并且我决定了，我和我的男朋友要分开了。

我就去他家做客了。他家是我喜欢的样子。他的房间被他粉刷成了我喜欢的蓝色。我们坐在木头地板上看几个蹩脚的影碟。音乐很嘈杂。可是我觉得冬天的围绕我的一颗一颗的尘埃渐渐散去。我看得很清晰。我觉得日子终于开始流动。我觉得就这样吧。在一个温暖的房间里和一个关系暧昧的人一直坐下去。

我们都是自由的了。可是自由可贵，所以我们什么都不想再做了。所以我们不能彼此走近了。可是我们却这样暧昧地坐着了。他坐过来，给我暖一暖手。我觉得我们都很狼狈，因为我们很孤独，可是力气耗尽了没有能力相爱了。

我说你干吗刷这墙壁。太冷了。

他抱住我。

我们毕业了。在很远的地方，我去了一个公园。我看到一树青色的胡桃。我看到它们的最初姿态。柔软的。没有受到伤害的。我想我要是在最开始遇到男孩胡桃，他应是个温软得没有伤痕和痂的男孩。多么好。

我把一枚青色核桃寄给他。突然很难过。我再也不想吃核桃了。男孩毁了我对核桃的热爱。我难过的是我觉得我对不起我大眼睛的小瑛阿姨。她给我塑造了一个和幸福相关的核桃形象。可是我把它给毁了。核桃不再是我小时候碧绿的青翠的幸福。它是什么时候变成了坚硬的痂。

4. Lamb 乐队

Louise Rhodes 有着水墨画一样氤氲的脸孔。梳着冲天的辫子可是看起来没有一点邪气和妖娆。只是温情和优雅。是的，她已经是一个妻子了。是 Andy Barlow 的妻子。那个有着男人眼睛和男孩脸孔及身材的鼓手。看过的几张他们的照片，他们都是并排站着，很谦逊地笑，两个脸上的笑容是延绵相连的。像是来自一个脸孔上的景致。起初的一张上，女人穿着卡其色麻制的宽松上衣。男人穿着灰蓝色的简单背心。身后是面昏黄颜色的墙。看起来觉得是他们很年轻的时候。是他们仍旧是小孩的时候。带着干净的忧伤。第二张是黑白的。两个人都穿防雨绸面料的夹克衫。都是高高的领子卡在颈子上。仿佛他们已经穿过了年轻的青涩。交换了彼此的故事。都觉得应当留在彼此的生活里。这样会很安全，很明亮。于是相爱。可是交织在往事里的喘息和喋喋不休的自白常常出现在他们的对话里。黑色梦魇仍旧会冉冉升起，对抗着明亮的爱情种下的理想。Lamb 一直是我很喜欢的一支 Trip－Hop 风格的乐队。成员是一对夫妇。Lou 和 Andy。记得是 Lei 给我带来了他们的音乐。在我家。那时候我们很相爱。他顺手把 Lamb 的 CD 放进去。我们聊天和听他们的音乐。我记得突然 Lei 说，你听到这一段了吗。他说，我每次听到这一段都很疼。那是一段打击乐。重复。激进。一段比一段高亢和尖锐。我在每一段的最后都以为这种重复到了极致，要结束了，因为不可能更加尖锐和紧迫。可是他们一直一直地重复下去了。喘息喘息。我听到那个女人妖孽一样的声音被围困在什么地方，不停地碰撞，寻找出口。破碎可是仍旧不休。我和 Lei 已经停下来不能够讲话了。我觉得他们把我陷害到了井底。使我淹没在他们波光粼粼的哀伤演绎当中。那是他们的首张唱片。我一直喜欢 Trip－Hop 的风格。喜欢他们最多，胜于大名鼎鼎的 Portishead，Massive Attack。觉得他们有的时候很温情，然后蓦地残酷起来。像一条无比华美光洁的丝巾。可是我居然从来都不知道它也是可以勒死人的。死在一个温暖而柔软的笑容里。我承认我的评价并不中肯。因为我看了他们的照片，知道他们的一小部分故事。我觉得他们并排站在一起的样子很好看，带着一种绝望的荣光。相爱漂洗了他们年少时候的压抑和无助，使那些个跟随的忧伤泛起了模糊的暖光。就像一个经过美化和修饰的伤口才可以示人。才有了它的观赏价值。看到乐评上说，第二张唱片里 Lou 甚至用了她尚在肚子里的儿子的心跳声作为 Sample。她也邀请她的儿子来观赏她的伤口了。那是他们应当纪念的过往。是他们曾经独处时候的脆弱，写在他们相爱之前，写在他们的宝贝出世之前。Lei 可以去写专业的乐评。所以他很中肯。所以他爱 Lamb，可是他仍是会爱其他很多很多的 Trip－Hop。在我和他分开很远之后的一天，我打电话给他，带着惊喜说，我找到了 Lamb 的 What Sound 了。那是一张在我从前城市里找不到的唱片。我说我一定要买给他听。是吗。他说。不用了吧。我现在只听歌剧了。他带着他居高临下的高贵。我觉得他长大了，顺利摆脱了少年时候的迷惘和彷徨。他和我也交换了故事。可是彼此觉得无法居住在彼此的生活里，因为已有太多的支离破碎。我们都不是杰出的医师。我们都是太过猥琐的孩子，在对方血肉模糊的伤口前掉头逃跑。我想 Lamb 可真伟大。他们做着怎样的事业啊。他们解剖着他们曾经的忧伤。把它们打扮漂亮带到人前。可是其实我还没有说完。我很想告诉 Lei，新的唱片封套上，他们仍旧是并排站着，只是脸孔朝着相反的方向，表情迥异。不知道相爱是不是仍旧继续着。不知道忧伤倾诉之后他们是不是才思枯竭。我还想说，其实那天在我家，我们一起听那张唱片的时候，真的很应该拍张照片。那个时候，我们有着延绵相通的表情。很一样。我们那个时候，并排站着。

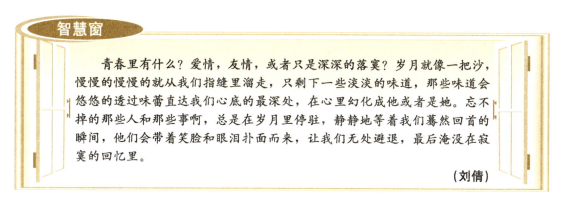

智慧窗

　　青春里有什么？爱情，友情，或者只是深深的落寞？岁月就像一把沙，慢慢的慢慢的就从我们指缝里溜走，只剩下一些淡淡的味道，那些味道会悠悠的透过味蕾直达我们心底的最深处，在心里幻化成他或者是她。忘不掉的那些人和那些事啊，总是在岁月里停驻，静静地等着我们蓦然回首的瞬间，他们会带着笑脸和眼泪扑面而来，让我们无处避退，最后淹没在寂寞的回忆里。

（刘倩）

阅览室

大四这一年

◇柳无心

　　"南来北往人自老，夕阳长送钓船归。"每当忆起这样的诗句，我总是想念大学的美丽时光。

　　因为急于推销自己，在大四刚刚开始的时候，我们便整理、撰写了一份厚厚的《自我介绍》，大家都将自己的作品细细滤过，挑选得意的集成一册，再加上风格独具的小传以及实习鉴定，使之尽善尽美。每当看见这本自编自写、自绘自钉的厚书，便自命不凡，洋洋得意。

　　我们经历的一切都应珍惜。半夜烛光里室友分享一页日记，冰天雪地爬上房顶拍雪景，关起门来挑游戏棒，用多种外语笑说"我爱你"，以及敲桌击碗伴着悠扬的歌声……这一切，犹如昨天。

有首顺口溜对大学四年的生活作过有趣的诠释：喜跃龙门大一骄，挑肥拣瘦大二狂，青黄不接大三慌，瞻前顾后大四茫。在"瞻前顾后"的茫然中，发现我辈昔日夹尾巴做人、合群同流的谨慎已被独来独往、展现自我所替代。可以带上一杯喷香的咖啡去自修，也可将粉色的丝巾艺术地缠于脖颈，更可装扮得鲜鲜亮亮在舞场尽情地跳一曲 Disco。学累了，在自修教室外漆黑的小路上哼着歌拜访玉兰或腊梅；洗衣时则在盥洗室吊嗓子唱英语京剧《苏三起解》；月夜在草地上脱下鞋悠然起舞，至于逃课去看艺术电影，熄灯前在宿舍后门口一气吃十块臭豆腐，还有夕阳太极或星夜慢跑……感觉是多么美好！大家都懂得：天下无不散之宴席，可总觉得这一天还那么遥远。直到一位老友郑重宣布：唉，这

一别有些人也许就一世难逢了！我听后一惊，诚然，经过毕业分配的洗礼，我们对几个同学的竞争方式不敢苟同，或充满不屑，和他们一世不逢是件好事，可对于那么多的好同学、好老师，这是残忍的安排。这种时候，我对任何小事都会特别留恋。我有一本《看到就写》，里面充满了我们的笑语和温馨，诸如："海云今晨穿错鞋，一黑一红，让我们看。

宁馨学上海话，把"十二点"说成"是你爹"。我们笑痛了肚子，一致推举此言为入室口令。

今晚雷儿立下"毒誓"，倘使本班有男生谓伊曰：老同学在一起多好啊！她就嫁他。

今天的政治课气氛过于热烈，老师训我们：高年级了，应为别的孩子做榜样。

那个不大声响的小子大声喊道：我们也曾年轻过！的确，我们曾很年轻，如今我们长大了。有的说这是变老，一个女孩甚至在日记里连用十几个"老"，直嚷着要用防皱霜，真可笑！在我们成长的时候，我们以爱心帮助过别人的忧伤，以正义捍卫过自己的准则，如今我们应大声地告诉世界：在这里我们爱过，奋斗过，生活过。离情很长站台很窄，泪光中我们拾起回忆，举起手臂，再唱一首《光阴的故事》。汽笛声响起，现在，该分别了！不在乎天长地久，只在乎曾经拥有。在万丈红尘中，好好珍重，别忘了笑傲江湖时，再约老友喝杯酒。

智慧窗

青春的尾声总是带着轻狂又带着迷茫，青春的尾声总是带着欢乐又带着惆怅。离别的汽笛鸣起，将带走把酒言欢的昨日；远去的火车开启，将带走秉烛夜谈的往昔；每一个仍显稚嫩的脸庞将要经历年华的老去，每一个尚未丰满的羽翼将要迎接人生的风雨，下一次的相聚不知何夕，下一次的重逢会在何处？我们唯有保留最美的回忆，将其藏在心灵的最深处，纵使容颜衰老，纵使韶华已逝，我们的灵魂却仍会活在青春里。

（刘倩）

青春是一本太仓促的书

青春匆匆而过，如无法捉到的光阴，又像风一样刮过，虽无痕，却留下爱的踪迹。正因为青春太仓促，所以我们把它当做祭物神圣献出，虽然年过三十心会惊，但我们知道青春不可能完美，青春正因其未完成而美丽。

我们用赛跑的方式来弥补青春的短暂，我们也会用第二度的方式来重温青春之梦，但我们更加坚信我们自己青春的价值。或许在别人看来，水波不兴，但在我们自己一定是惊天动地，因为我们清楚自己所改变的世界。

匆 匆

◇朱自清

　　燕子去了，有再来的时候；杨柳枯了，有再青的时候；桃花谢了，有再开的时候。但是，聪明的，你告诉我，我们的日子为什么一去不复返呢？——是有人偷了他们罢：那是谁？又藏在何处呢？是他们自己逃走了罢：现在又到了哪里呢？

　　我不知道他们给了我多少日子；但我的手确乎是渐渐空虚了。在默默里算着，八千多日子已经从我手中溜去；像针尖上一滴水滴在大海里，我的日子滴在时间的流里，没有声音，也没有影子。我不禁头涔涔而泪潸潸了。

　　去的尽管去了，来的尽管来着；去来的中间，又怎样地匆匆呢？早上我起来的时候，小屋里射进两三方斜斜的太阳。太阳他有脚啊，轻轻悄悄地挪移了；我也茫茫然跟着旋转。于是——洗手的时候，日子从水盆里过去；吃饭的时候，日子从饭碗里过去；默默时，便从凝然的双眼前过去。我觉察他去的匆匆了，伸出手遮挽时，他又从遮挽着的手边过去，天黑时，我躺在床上，他便伶伶俐俐地从我身上跨过，从我脚边飞去了。等我睁开眼和太阳再见，这算又溜走了一日。我掩着面叹息。但是新来的日子的影儿又开始在叹息里闪过了。

在逃去如飞的日子里，在千门万户的世界里的我能做些什么呢？只有徘徊罢了，只有匆匆罢了；在八千多日的匆匆里，除徘徊外，又剩些什么呢？过去的日子如轻烟，被微风吹散了，如薄雾，被初阳蒸融了；我留着些什么痕迹呢？我何曾留着像游丝样的痕迹呢？我赤裸裸来到这世界，转眼间也将赤裸裸的回去罢？但不能平的，为什么偏要白白走这一遭啊？

你聪明的，告诉我，我们的日子为什么一去不复返呢？

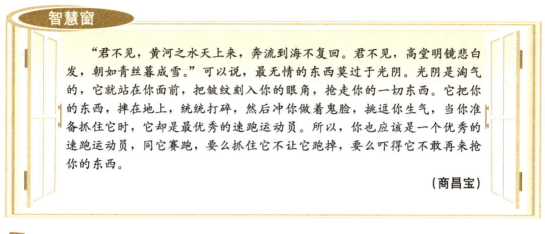

智慧窗

"君不见，黄河之水天上来，奔流到海不复回。君不见，高堂明镜悲白发，朝如青丝暮成雪。"可以说，最无情的东西莫过于光阴。光阴是淘气的，它就站在你面前，把皱纹刻入你的眼角，抢走你的一切东西。它把你的东西，摔在地上，统统打碎，然后冲你做着鬼脸，挑逗你生气，当你准备抓住它时，它却是最优秀的速跑运动员。所以，你也应该是一个优秀的速跑运动员，同它赛跑，要么抓住它不让它跑掉，要么吓得它不敢再来抢你的东西。

(商昌宝)

阅览室

两 条 路

◇让·保罗

那是一个新年之夜，一位体态龙钟的老人正站立在窗边，他抬起悲戚的双眼，把目光投向那深蓝色的天幕。夜空像一个清澈静谧的大湖，星星像一朵朵净洁的百合花正轻轻地飘在湖面上，然后，他收回目光，扫视着苍茫大地。大地上，少数比他更为绝望的生灵此刻正走向他们必然的终点——坟墓。在通往坟墓的人生之路上，老人已经度过了60载春秋，而他从这漫长的旅途中带向坟墓的除了过失和忏悔，真是别无他物。他的健康失去了，头脑空虚了，他的心灵充满了悲哀，他偌大一把年岁也未能得到一点慰藉。

青春时代梦幻般地浮现在他眼前。他回想起那个庄严的时刻，慈祥而严厉的父亲将他领到那两条道路的分岔口——一条道通向那和平安宁、风和日丽的世界，那里有肥沃的土地，丰硕的庄稼，四处洋溢着温柔、甜蜜的歌声；另一条路则把彷徨者引进黑暗的深渊。人们一旦步入深渊，就再也不能自拔，那里流淌的不是清水，而是毒浆，一条条巨蛇嘶嘶乱窜。

往事不堪回首，老人不由得极度痛苦，仰天长叹："哦，青春兮，归来！哦，仁慈的父亲，请把我重新置于生活的起点，我会选择那条通往幸福的光明大道！"

可是，他仁慈的父亲，他青春的年华都已经去得很远，很远。

他看见几点游离不定的光点漂过黑沉沉的泥潭，蓦然间隐去了，呵！这些光点不正是他虚度的年华；他看见一颗流星急速地划过夜空，顷刻间消失了，呵！这颗星星不正像自己的生命。徒劳的追悔犹如一支支利箭，深深地穿进了他的心。此刻，他想起了少年时代的伙伴，他们曾一起踏上人生的征途，可是他们都选择了那条善良、勤劳、勇敢的道路。在此新年之夜，他们正在享受他们的荣誉和幸福。

那面高挂在教堂钟楼上的大钟响了，洪亮而悠扬的钟声传进了老人的耳朵，这钟声使他又想起了严厉的父亲和慈祥的母亲，他们对这个误入歧途的儿子倾注了多少爱，赐予了多少教诲，又为他做了多少祈祷啊！想到这些，他不由得悔恨交加，悲愤欲绝。他不敢再正视那茫茫的夜空，那是他父亲居住的天国。绝望中，他鼓起最后一点力量，高声呼唤："归来兮，我虚度的年华！归来兮，我逝去的青春！"

他的青春果真归来了。因为刚才的一切都只不过是新年之夜的一场梦境。他还年轻，可他在梦中所追悔莫及的过失却是真的。他打心眼感激上帝。时间还依然属于自己。他还没有坠入那黑暗的深渊，他还有自由选择那条通往和平、通往光明、通往丰收、通往幸福的道路。

你们，还在生活的起点上徘徊的你们；你们，还在两条路的分岔口踌躇的你们，请记住吧：当年华流逝，而你们却失足于深山野岭之时，你们也会痛苦而徒然地呼唤："归来兮，我虚度的年华！归来兮，我逝去的青春！"

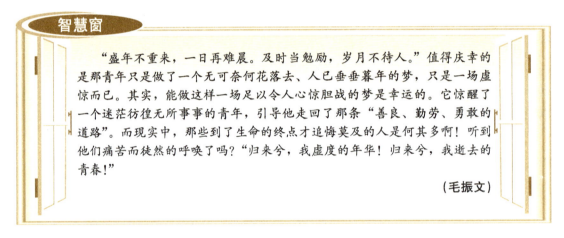

智慧窗

"盛年不重来，一日再难晨。及时当勉励，岁月不待人。"值得庆幸的是那青年只是做了一个无可奈何花落去、人已垂垂暮年的梦，只是一场虚惊而已。其实，能做这样一场足以令人心惊胆战的梦是幸运的。它惊醒了一个迷茫彷徨无所事事的青年，引导他走回了那条"善良、勤劳、勇敢的道路"。而现实中，那些到了生命的终点才追悔莫及的人是何其多啊！听到他们痛苦而徒然的呼唤了吗？"归来兮，我虚度的年华！归来兮，我逝去的青春！"

（毛振文）

阅览室

风过无痕

◇张抗抗

七月，内蒙古锡林郭勒大草原。

那是一片绿色的海洋，凉风卷起一层层起伏的草浪，从海的深处一直涌到脚面。无垠的潮汐中弥漫着牧草和野花的气息，溅湿了衣衫和眼睛。

缓缓的草坡往天的尽头绵延开去，绿草细短而密集；坡下有湖，三条银亮的小河蜿蜒注入湖内，常有大雁和天鹅飞来。若顺着坡下的小河往山里走，有一条韭菜沟，满满一沟的野韭菜。

这里就是我们的夏季草场，他说。那时候，知青的蒙古包就搭在这片草地上。

三十年过去了，重回草原一直是他悉心珍藏的梦。

他在离开草原后漫长的日子里，曾无数次为我描述过上述情景。草原早已被我在想象中熟读，成为一幅幅虽远犹近的油画。

然而，视线之内的草坡上并没有蒙古包，更没有门前飘扬的红旗和语录牌。远处那如同白蘑菇一般星星散落的蒙古包，不再是知青的。

草原就这样突然变得陌生，那曾经被知青们以为是知青所有的草原。

那条韭菜沟还会在吗？年复一年，无人采摘的野韭菜已枯荣多少回？

你看，那是我们的冬季草场。他指着远处蓝色的山影，仍是难以抑制的兴奋。

巨大的冬季草场，却已被分割成若干片方圆几公里的小草场，承包给牧民经营。各家各户的草场四周，用铁丝网围起了规整的"草库仑"，作为彼此的地界。千年游牧的蒙古民族已在自家草场的中心，建起了定居的砖瓦房，屋子里的彩电播放着美国电视剧，陌生的孩子们嬉闹着，风力发电机正在屋后转得呼呼作响。

同行的友人笑着对一位青年牧民说，还认得我吗？那时你一年级，刚桌子那么高，我教过你，算是你的老师呢。牧民茫然地摇头，又恍然大悟地点头。没有知青了。当白灾黑灾都过去，草原就恢复成它原来的样子。

驱车欲往团部走，人说如今那不叫团部，是苏木，蒙语"乡"的意思。苏木一条街，挤满商店、旅社、饭馆，一座银色的微波发射塔冲天而立，电话直通世界任何一个地方。当年的团部门前挂了乡政府的牌子，院里的房屋已被翻建重盖……

那就去六连吧，他说。沮丧中仍抱定最后一线希望，是生活过多年的连部。

草渐渐高了，通往六连的土路，被湮没在汹涌的草浪中，唯有干涸枯瘦的车辙依稀可辨。这条当年被知青深深浅浅的脚印和牛车趟出来的土路，如今很少有人走了，除了放牧的马倌羊倌，也许根本没有人会到那个叫做六连的地方去了。

但这是知青的六连，从北京回来的六连知青，怎么能不到六连去呢？

黄褐色的土路在荒野上断断续续地延伸，从绿草中时隐时现。地平线始终遥远，蓝天下迟迟没有出现六连的踪影——它们在我熟知的画面上，是一大片赭红的砖房和黄泥土圈，被白云衬托着，从浓绿色的草地上浮升上来。

车子在草原上转了一个圈又一个圈。会不会迷路了呢？像当年刚来这里时那样。但太阳高悬，方向并没有错。何况，曾经，闭着眼也能走到的。

然而还是没有，六连踪迹全无。莫非六连真是沉到地底下去了吗？即便没有了六连的名称和人，也该有六连留下的房屋和圈舍什么的，那毕竟是几十个北京知青生活过十几年的地方啊。

六连终于以遗址的形状，从一片杂乱的草丛中被偶尔发现，已是夕阳西下时分。它们像是被蚀空的朽屋，终于在一个风暴的夜晚整体坍倒，大雨浇塌了土墙，草根揉碎了土块，大风吹散了土末，断裂的梁柱和破碎的砖瓦已被人捡拾殆尽，在后来没有知青的岁月中，运往别处派上了永久的用场。只留下一截截仅至脚背的黄土屋基，残垣断壁之间，尚能寻见当年方块似的知青宿舍隐约的痕迹……

还有，水井呢？锅台呢？马棚和牛粪堆呢？

唯有遥远的歌声，在荒芜中低低回荡。

再不用去寻访大漠中的古城遗址。仅仅离开草原二十年，创造过那段历史的人，就面对着自己的历史遗迹——像是在活着的时候，着手整理自己青春的遗骨残骸，知青的六连和六连的知青，无言相对。

六连就这样被留在身后。走出几步远去，那模糊的土堆便消失在草丛中，再也看不见了。回望六连，六连就像从来没有过一样。

从车窗前掠过一座小山，山顶上隆起尖尖的石堆，彩色的布幡在风中翻卷。他说那是敖包，敖包是牧民心中的圣地。知青时代，敖包曾被夷平，只有在歌声中与敖包相会。

归途中经过一家蒙古包进去歇脚。案台上供奉着一尊佛像，一个佩戴佛珠的老人靠墙坐在地毡上，正在专心诵经。有人告诉我们，那是一个喇嘛。

知青走了，老牧民大多故去，留在这里守望草原的，是永远的喇嘛和敖包。

风过无痕，但有痕的伤痛却留在心里。

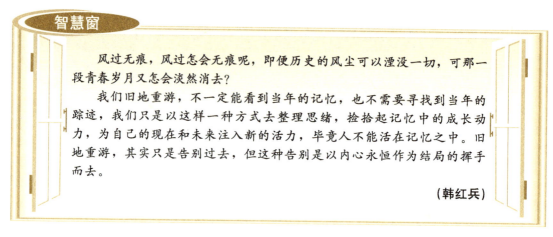

智慧窗

风过无痕，风过怎会无痕呢，即便历史的风尘可以湮没一切，可那一段青春岁月又怎会淡然消去？

我们旧地重游，不一定能看到当年的记忆，也不需要寻找到当年的踪迹，我们只是以这样一种方式去整理思绪，捡拾起记忆中的成长动力，为自己的现在和未来注入新的活力，毕竟人不能活在记忆之中。旧地重游，其实只是告别过去，但这种告别是以内心永恒作为结局的挥手而去。

（韩红兵）

阅览室

爱的踪迹

◇贾平凹

"文化大革命"后，重新回到西安城西河沿，我久久地站在那里，感情惊异得不能自已。

这地方，是不咋大的，绕着青砖砌起的古城墙，便是那曲河水，缓缓坦坦的样子。初看并不怎见流动，浮萍厚厚地铺在上面，像一层绿色绒毯，似乎可以踩上去打个滚儿；有风掠过的时候，绿毯也不见开，只是微微地起伏，使人觉得温柔可爱。顺着河边儿，姜姜地长密了草；远十步许，上得岸来，就是坪地；草没有水边的肥壮，却多了几分嫩黄；每隔三步，有一株洋槐，整齐地排列过去，枝叶是交叉着的，分不清哪一枝是哪一棵树的。时正初夏，槐花开得雪白，一嘟噜的，一串串的，暗香淡淡浮动着；只有蜜蜂知道香的来去，激动地飞着，千百次鼓颤着翅翼。

这么个去处，在别的地方，或许并不见稀罕，但在西安这个闹市里，却有几分世外仙境的味道。此时此地，从异地归来的我，稍稍闭上眼睛，作个回想，十三年前的场面就再现在面前。

天已黄昏，正是夕阳无限好的时候，一对一对的少男少女，来到这里约会。远远看去，暮雾从河面起身，悄悄浮上坪地，朦朦胧胧的，掩去那槐呀草的。约会人的自行车，看不清头，也看不清尾，只见那一圈半圈的闪光。月亮出来了，照着绿毯般的河水，闪着深浅不一的绿光。这河边，树后，车下，必是有了一对人，人是多情多义，话是如糖如蜜；一对不妨碍一对；一直谈到月亮在城墙垛上坠了，露水从草叶爬上了裤管……

是这么个地方酝酿着爱呢？还是爱使这个地方有了魅力？任何的少男少女，都是为着爱的追求而来，怀着爱的充实而去。爱原来是在幽幽的静里产生，爱原来是属于脉脉的夜的啊。

我不禁有些惊颤了：十三年前，我不是就从这里走过的吗？哪一处是我获得爱的地方呢？十三了，动乱中我走过多少地方、经过多少世事，如今拖着一副疲倦的身心站在这河沿上，拼着千呼万唤，我的爱能再一次走来吗？

河水还是昔日的模样，可它已不是昔日的河水。槐树还是昔日的槐树，但分明粗多了，也密多了。一岁一枯荣的小草，根还是昔日的根吗？十三年了，从这里走去了多少男女，多少男女又向这里走来；这里该留下了多深多厚的爱呢？

我低下头来，在河沿上徘徊，看那绿毯起伏，让柔和的风吹着面颊，我细细地搜索着河沿，想要找着那爱的踪迹。

那斜坡处，有了一个一个的小台儿，似乎是两把并排的座椅。噢，爱一定在这里停过：今天一对人在这里坐着，明天另一对人又来坐着，天长日久，这里便成了固定的位置，那无数的衣裤已经磨得小土台儿光光滑滑。那台儿下，差不多是有了小坑儿的。这是情人们坐在那里，让月光照着，让夜风吹着，满身的激动，满心的得意，已经不能自觉地用脚一下两下地踢地，踢出的小坑。

开着两点三点小花的草丛，住着蛐蛐蚂蚱的树下，是一堆堆瓜子皮儿，糖果纸。那是谁留下的呢？想想吧，一封短信，一个电话，情人们约定了时间，他们在这里相见了：你掏出一包瓜子，她取出一手帕糖果；该说的都说了，该吃的都吃了，那吃进去的是甜的蜜的，那说出来的是蜜的甜的，他们在甜蜜之后走去了，却留下了爱的踪迹。

到处的草都是密密的，高高的，竟有这样的地方：草没了茎，没了叶。只留下草根。草呢，草呢？草被掐去了。他们坐在那里，一个热切切地盯着脸，一个羞答答地低了眼：一张薄亮亮的纸捅破了，两根心弦砰地一弹，却无声地静默了。鸟儿在树上也不曾叫，蛐蛐在草里也不曾动，一双颤抖的手，下意识地在掐身边的草，掐下一节，再掐下一节……

哟，这里，就在这里，看不见那台儿坑儿，没留下瓜子糖纸，而且压根儿没有长草，爱的踪迹在哪里呢？往下可以看见，就在这地方下去一丈远的斜坡上，长起了一丛青油油的瓜秧儿。是了，这毕竟是坐过一对人的，吃过炒得不全熟的瓜子，就在他们离去不久，该是落过一场小雨，将那遗留的未嚼的瓜子冲在斜坡，慢慢生长出苗儿了。试想，那爱的获得已经很久，或许，他们已经结婚了，或许，他们已经有了孩子。

啊，城西河沿，到处都是爱，到处都有着爱的踪迹！无怪过去十三年了，这河水的绿毯依然这般绿，这洋槐的白花依然这般香。城西河沿，充满了人生爱的圣地，经过一场"文化革命"竟还能这么保存下来，竟还这么使几代人永远恋慕向往，我该怎样来称呼你呢？

太阳慢慢地在天边西斜了，动人的余晖在河的绿毯上染上玫瑰般的艳红，接着就变成橘黄了，愈来愈嫩，愈嫩愈淡；槐的林子开始朦朦胧胧的了。我抬起头来，看见远远的地方，开始有人走到河沿这边来，影子是那样的轻盈、柔曼。我知道，夜色到来了，幽静到来了，爱该到来了。我慢慢地从河沿走开去，感觉一个中年、一个失去了往日的爱的人，在这里是不相宜的。但我脚步儿却几番沉重，几番流连，深深地眼红着走来的少男少女们：爱的获得难道只有他们吗？爱难道消失之后就再不能获得吗？

我又退了回去，在一棵槐树旁坐下，默默地说："我应该呆在这里，我需要在这里呆一会儿，让爱再回到我的心上吧。"

城西河沿啊，十三年后，重新站在你的身边，我的感情再也不能自已了啊！

爱，尘封十三年的爱，你的踪迹何在？是升腾成天上的云霞，幻化成雨水，流入曲河，滋润着岸边的小草和槐树上的白花？还是靠那一堆堆瓜子皮儿、糖果纸来表示曾经的甜蜜？还是让那没了茎、没了叶的草来见证呢？

对了，是那一丛青油油的瓜秧儿来表白爱的种子已经发芽。爱的力量是不可阻挡的，任它什么风暴，任它什么坎坷，爱依旧永远存在。看，城西河沿，无处不显示爱的存在。未来，也依然如此。

（韩红兵）

阅览室

我把青春——锡箔般献出

◇刘烨园

"现在他开始了\站在蓝得透明的天穹下面\他开始以原野给他的清新的呼吸\吹送到号角里去\——也夹带着纤细的血丝么？\使号角由于感激\以清新的声响还给原野……"（艾青）

"要开作一枝白色花——\因为我要这样宣告：我们无罪，然后我们凋谢"（阿垅）

当年，这是长夜久久的墓影中，一簇复活般的心灵烛光——那时，我已知道，这样真正的诗并不多，但她有，她存在，她不屈，她生长；她那样地感动着我，也清新着、强健着我。在年少、灰蒙的年代，她的朝墩，在惊奇和热泪中，一瞬一瞬，多么偶然多么明亮地从现实的背负中激醒了所满的希冀：心灵原来是有翅膀的，长大原来是远方的

飞翔。岁月的声音自此一天天丰富了，她飞出禁锢的囚茧，在油灯前一行行领唱……语言是掷地有声的，丰富是纯质迸响的。有她的时候，喧嚣常常被忘却了。原来喧嚣是无力的铺天卷地——虽然我依旧不得不在其中穿行，但她在度日里诞生了真正的年轻时光。

后来，当她能够自由歌唱的时候，带着玷污的洗礼，我们曾有过奔走相告、心舞干戚、彻夜追寻的年代——诗的年代，激情的年代，自以为是又确实苏醒生机的年代……它们如今滋长着昂贵的怀念。

怀念是因为"消逝"。喧闹又甚嚣尘上了。"冒充"成群结队，日复一日。那么她呢？她在哪儿？还会有么？非得再去遥远的别处领取倾听么？我知道她不是化石。但我得等待，我得追寻。然而我失望，我疲惫，我宁肯掉转身去，分辨她在深处不知何时走近的气息——我相信一脉深根的顽强。

相信她的艰难，相信铁锚不会轻易扎下。

也相信不是我，是人性离不开她的新生——在任何时候、任何国度。

天若有情天亦泣——面对世海里那出土般的铜色臂膀。

"秋天！你为何身怀抱歉的麦子 \ 为何胸佩荒山大河上那岁岁祭献的茱萸 \ 当你良久远眺黑柏所环绕的坟冢 \ 粗糙的脸颊缓缓淌下琥珀色松脂的泪滴 \ 悲欢抑或荣辱?! \ 还有什么值得顾忌 \ 引领我吧！同胞弯曲的脊椎制成的耕犁 \ 无论我是最后一个浪漫主义诗人 \ 还是重归紫薇家园第一位赤脚的先驱 \ 我都将歌唱！矢志不渝地歌唱 \ 并在停歇时述说……朝行将就木的世纪 \ 朝那从兽骨缝隙和扇形的车辐间 \ 收拢回夕光的世纪，深深地、深深一鞠"（黑大春——以下引文均出自同一作者）

她又淬响了。终于，终于又是大浪淘沙一般时隐时现。最初零零散散读到她时，我还以为这"最后一个浪漫主义诗人"是我的同龄人（失望与拒绝使我宁愿孤陋寡闻），是北岛舒婷们风行时，独在民间为"异客"的"隐侠"，因为听说有过一本黑大春和食指（七十年代初的"地下"诗人代表）的诗歌合集。于是我开始寻找，开始独自如饥似渴地托腮祈雨——历史怎么又像当年一样，我怎么又如一个夜行人，茫茫如漆，荆榛莽藤，为着一闪萤火、一星宿灯，边行边盼、四顾留意？……直到如鸿雁南下，终于到手一本《蔚蓝色天空的黄金——当代中国六十年代出生代表性作家展示·诗歌卷》（连同京城友人苇岸的一颗赤忱的心），我才知道黑大春是走出更年轻也更实惠的同潮人乡居独吟的"圆明园酒鬼"（"妈妈，我要喝红 \ 白兔的眼睛"）；知道他写过"大诗人食指：过早的先驱，过迟的春天 \ 你犹如时代的抹布 \ 擦去尘土，又被弃于尘土"；知道他真诚、负责地"满怀一种崇敬、友爱但又混杂着矛盾和冲突的心理"，视与"朦胧诗"的亲缘关系为"不可估量"、"千载难逢"的启蒙和影响（多少哗众取宠都是假否定"朦胧诗"之名而行呵）；知道潜流民间的那句"把诗歌从印刷品的棺材里解放出来"的咯血之谛，原来源自一腔曾忧患到极处，也曾爱到极处——"我将拉低悬崖的帽檐将一滴悲怆的太平洋擦掉"的扬帆歌喉……于是我惊讶了：何以"这一代"诗歌会越过似乎已经习以为常的坑坑洼洼"派别"而傲立于世？自己何以会一如当年地热爱和感动？这种隔"代"的心灵牵手意味着什么……诗歌，诗歌，我是不是要重新认识你，思考你，重新认识和思考你洞开的历史与人性——世事有沉伏的循环，也就必定有昂起的回归么……

他走近了，逶迤地。"野菊，拦劫我！灿烂的女性 \ 无论毁灭或再生于煜煜的星系 \ 唯有你的铜号能唤醒蓝色 \ 唯有你的斗笠能无限接近天际——

为谁？北风的乌雅喷吐着大雾 \ 难道陷入死亡的核心？我茫然四顾 \ 钉在秃枝上的渡鸦似滴溜溜转动的风标 \ 箭头在聒噪：你没有归途也没有退路……

那时，我将颤巍巍地挥洒最后一场大雪的回忆录 \ 写下荣耀写下毁灭和遗教重新填补大地的空白 \ 在铁青晨霭中咳嗽着，抱一炉劈剥的星宿"

她可以自慰了。因为问心无愧。此生此世，以血以心，哪怕只有"一个虽不壮烈但却是热泪的酒壶"，他、他们也尽心尽力了。在"我把青春——锡箔般献出"的时候，为同样的一簇心灵烛光，为许多像我一样干裂舌唇的路人，她将在以后的季节被鲜润地记住。

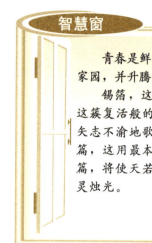

智慧窗

青春是鲜活的生命，是诗的生命。这用热血谱写的诗篇，将重归紫薇家园，并升腾成北斗中最亮的一颗，照耀世人心灵。

锡箔，这祭献神灵的圣物，成了青春最神圣的献出。这青春诗篇，这簇复活般的心灵烛光，清新着、强健着我的年少、灰蒙的年代。我将矢志不渝地歌唱，这沉入地下的青春诗篇，这填补大地的空白的青春诗篇，这用最本真的生命吟唱的青春诗篇，这关注最宝贵人性的青春诗篇，将使天若有情天亦泣。我们将鲜润地记住我们走过的青春岁月，心灵烛光。

(韩红兵)

欢乐吧

把苦闷放逐

◇ 小 思

尽管人类已经可以跑出地球，看清楚这个美丽球体是如何飘逸地浮在太空，但在日常生活里，人类却感到这世界愈来愈沉甸甸的，空虚孤寂把我们憋得要命，甚至有人认为当我们有生命那一刻开始，苦闷便紧紧地搂住我们，死不肯放。于是，我们喊失落，喊苦闷。面临这股无可奈何的压力，人类便出现了几种不同的态度：一种人是患了苦闷敏感症，稍稍触到"苦"，便喊得震天响，活像全世界只有他一人在受苦，是世界亏待了他、遗忘了他，严重时他会痛苦地死去。一种人是爱跟苦闷开玩笑："要我苦吗？我偏不苦给你看。这世界够乱，我要把它搅得更乱，世界亏待我，我也亏待别人。"于是，"苦闷"成了他们变坏、犯罪、游戏人间、不负责任的天大借口。一声苦闷呀，就是伤了人，甚至伤害了自己，也"罪不在我"！另一种人是默默地忍受一切苦，稳重地肩负了应尽的责任，走完那条长路。还有一种人就懂得放逐苦闷，他们不但可以承担自己的苦，更可承担别人的苦。其实，苦闷是一种精灵古怪的东西，它很懂得欺负人，会突然缠着人。如果有方法调开它，它会乖乖离开，但若只要略略看到它的影子，竟喊个"N次方苦闷"才够，它便赶紧来亲热一番，缠惯了它就永不离开。所以，我们明白知道它是存在的，也不必紧张，应付它的方法有的是！

也许朋友会以为我在骗人，但实在应付它的方法真多，问题只在我们肯不肯实行而已！例如：一、我们绝不呆呆地坐着空想，着实地去干点自己应干的事情，苦闷便不能乘虚而入。二、养成一种良好的兴趣，当苦闷真的缠上了，也有个避难所。三、有一种很坚强的信仰，那就是苦闷即使蛮攻进来，自己背后也有位倚得住的有力支持者。四、尽量去关怀别人，放眼远望世界，投身在自然界中，都会使生命显得充实，苦闷就相形见绌了。

实践这些方法，可能在开始时，我们还是它的手下败将，但不要灰心，慢慢便会发现已把苦闷赶到老远的地方去了！

青年朋友们，请从今日起，别再躲在幽暗角落里，支着头忧忧郁郁地喊："我们是失落的一代!"别再打着苦闷招牌去干尽坏事!别说世界令人失望而玩世不恭!世界是我们的世界,它不好,我们实在要负责。何况,还有许多事情,我们都可以努力的。

放逐苦闷!干我们应干的!

悦客群

含月弯弯:

苦闷这种情绪不能给它面子,它就跟某些人似的,喜欢蹬鼻子上脸,而且喜欢乘虚而入。所以一定要小心,别让自己陷入苦闷的陷阱中无法自拔,不然只能说你笨。旁人看见你苦闷,开始时会劝你,安慰你,到最后只能对你摇头叹气。到时候恐怕你会觉得没人关心你,那就更苦闷了。

苦闷容易形成一个恶性循环,关键是看你如何应付它。

阅览室

三十而惊

◇潘向黎

不久前,和两个七十年代出生的人聊天,谈得兴起,他们突然问起我的年龄,我一说,他们却很吃惊的样子:"真的吗?看不出来!我们一直觉得三十岁的人很老了呢!"然后谈话就有些滞涩,仿佛刚才是一场误会似的。我笑了,因为非常理解他们的感觉。

我也有过这样的看法——三十岁,已经够老的了。

小时候,觉得三十岁是大得不可思议的年龄。直到读大学时,班上有位历届生老大哥,比我们大好几岁,每次男同学们下棋、打牌,总听见有人对他大叫大嚷:"不许赖,你几岁啦?都快三十的人了!为老不尊!"因此他落了个"老不"的雅号。其他的人难免也耍赖,但都被允许,老大哥只因为快三十了,不仅"不许赖",而且对遭围攻也总是默默承受。那一切在无声地告诉我们:三十岁,是一个多么不轻松的年龄,是一个从被纵容到被苛求的分水岭。

自己是喜聚不喜散的俗人,一直喜欢所有的节日,把生日也当成一个节日来过的。加上生日在秋天,我又很喜欢秋天,就像古人在这个季节里邀朋友一起赏菊、饮酒,其实菊和酒都不过是借口一样,我的生日就是那时应心的菊和酒。所以总是没到日子,就开始兴冲冲地筹划。可是,今年的感觉却有些异常。夏天过去了的时候,一种不适感就开始向我袭来。我没有像以往那样满心喜悦。随着生日的迫近,我第一次感到了那高爽之中隐含的凉意。第一次感到了某种压迫。

一道门槛已在面前,一股无形的力量在推着我。要么故作镇定地跨过去,要么被推倒在地,最终也要被拖过去。不过去是不行了。我对那只看不见的手说:"别碰我,我自己会走!"我当然要自己跨过去。那就跨吧。可是脚步怎么这么沉重?跨过去,会有什么在等着我,谁也不知道。可是一跨过去,就再也不是年轻的、想哭就哭、想笑就笑、可以做梦的人了——有一个声音在反反复复地对我说。我捂上耳朵,才发现它是从我自己的心里发出的。

不知道别人是怎么样的。我自己,直到二十九岁,还觉得自己是一个女孩子,在许多方面是享有特权、对未来还有许多期待的女孩子。异国生活、婚姻生活都没有改变这种自我认可。我不知道我周围的人是如何看待我的这种心态，是真心宽容还是暗藏讥嘲，我一直没有想过，因为自己没有觉得有什么不妥。可是现在，突然地，不由分说地要被塞进成年女性的行列，必须成熟、必须坚强、必须入乡随俗、必须中规中矩、必须习惯接踵而来的责任与丧失。——必须、必须、必须，那个声音又冷又硬……而我却毫无准备。

无意中看到一些句子，也开始触目惊心——"三十岁的女性，总有一种将谢未谢的憔悴"，"都三十岁了，还像少女一样作清纯状"。原来不是我神经过敏，在别人眼中，三十岁确实也是一个可怕、可哀的界限。如果生活使你挫败、疲惫，那"将谢"就会提前成为"已谢"了；相反，如果生活没有在你身上留痕，也只能归于"清纯状"而不可能是"清纯"本身。这一切像一只有力的巨手，紧紧抓住我，把我的脸固定住，我不能扭头跑开，只能瞪大双眼、眨也不眨地看着那道门槛的逼近。

小时候，在母亲工作的中学里有一个校医，是一个和蔼的老人，他说过："刚刚还是个孩子呢，一转眼就老了。"当时我们忍不住都笑了，那么一个须发皆白的老人和"孩子"之间隔着千山万水，怎么可能是"刚刚"的事？可是今年，我不止一次想到他，想到他的喟叹。我想我开始理解了，并且会越来越理解：这是一句多么诚实又多么伤感的话。

垂垂老矣也就是一转眼，那么三十岁，岂不是连叹一口气都来不及吗？不管怎么说，三十岁了，到了和年轻无忧的日子告别、开始新的阶段的时候了。

别了，意气风发！别了，率性任情！别了，幼稚、轻信、浮躁、脆弱！别了，以年轻的名义颁发的一切免罪符！

终于明白必须割舍，反而平静了。没有什么可以挣扎、可以不甘。每个人都是这样过来的，无人可以例外。正是现在使我觉得失落的，当初给了我喜悦和骄傲。如果时间实现了我少女时代的梦想，带来了我想要的生活方式，我接受了如此珍贵的礼物，怎能不接受它附赠的"老"呢？怎么可以如此忘恩负义呢？

三十而"惊"，"惊"过了开始想一些以前不想的事。

有一首歌里唱道："三十岁以后才明白……"看来三十岁也有收获，会明白一些以前不明白的事和道理。是的，就像走山路，绕过一个弯，峰回路转，眼前是一片新的风景，不到这个位置就看不到的。

该如何面对三十岁以后的日子？一种态度是挑战，向年龄挑战——留住本应消失的，或者争取提前实现自己的目标；这样的态度也许比较积极，但透着勉强和刻意，人与时间斗，有些像堂吉诃德战风车，只能以失败告终。这种态度缺少一点潇洒，也不够优雅。还有一种态度就是没有姿态，对年龄的事不去多想，专体验每一天的况味，不知老之将至，叫咄咄逼人的时间没有对手。我想还是后一种态度比较适合我吧。

生命中一切美好都是时间的赐予，它怎么带来必将怎么带去，明白的人是不会对这一点怨恨或者抗议的。成长的过程，与其说是不断获得的过程，不如说是不断失落的过程。只是，在失落青春的同时，也可以同时摆脱心高气傲、自以为是、急功近利、简单片面这些青春时期的伙伴的。失落，也不都是悲哀的。失落的同时，我们也就获得了一种新的眼光、新的角度去看世界、看人生了。那是一种蜕变，你永远不可能在拥有旧有的一切的同时完成它。

如果把人生的意义看做一种收获，我们也不可能在拥有花朵的同时拥有果实。而三十岁，是花瓣开始凋落、果实还没有结成的时候，也许有些寂寞，那就让我们安静地接受绿叶吧。"春风取花去，酬我以清阴"，枝叶扶疏中依旧是盈目的生机，这也是生命中一个意味深长的境界。

终于三十岁了。这个念头像深秋长街上刮过的风，凉意入骨，但带着透彻。那么，就留下该留下的，轻快地迈过眼前的门槛吧。从容地向前走，花朝月夜、风霜雨雪，不同年龄的风景自会在眼前缓缓展现。

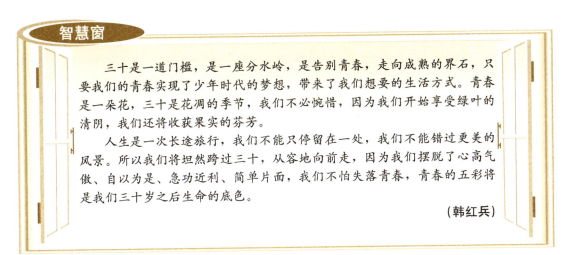

智慧窗

　　三十是一道门槛，是一座分水岭，是告别青春，走向成熟的界石，只要我们的青春实现了少年时代的梦想，带来了我们想要的生活方式。青春是一朵花，三十是花凋的季节，我们不必惋惜，因为我们开始享受绿叶的清阴，我们还将收获果实的芬芳。

　　人生是一次长途旅行，我们不能只停留在一处，我们不能错过更美的风景。所以我们将坦然跨过三十，从容地向前走，因为我们摆脱了心高气傲、自以为是、急功近利、简单片面，我们不怕失落青春，青春的五彩将是我们三十岁之后生命的底色。

（韩红兵）

 **阅览室**

永远未完成

◇周国平

一

　　高鹗续《红楼梦》，金圣叹腰斩《水浒》，其功过是非，累世迄无定论。我们只知道一点：中国最伟大的两部古典小说处在永远未完成之中，没有一个版本有权自命是唯一符合作者原意的定本。

　　舒伯特最著名的交响曲只有两个乐章，而非如同一般交响曲那样有三至四个乐章，遂被后人命名为《未完成》。好事者一再试图续写，终告失败，从而不得不承认：它的"未完成"也许比任何"完成"更接近完美的形态。

　　卡夫卡的主要作品在他生前均未完成和发表，他甚至在遗嘱中吩咐把它们全部焚毁。然而，正是这些他自己不满意的未完成之作，死后一经发表，便奠定了他在世界文学史上的巨人地位。

　　凡大作家，哪个不是在死后留下了许多未完成的手稿？即使生前完成的作品，他们何尝不是常怀一种未完成的感觉，总觉得未尽人意，有待完善？每一个真正的作家都有一个梦：写出自己最好的作品。可是，每写完一部作品，他又会觉得那似乎即将写出的最好的作品仍未写出。也许，直到生命终结，他还在为未能写出自己最好的作品而抱憾。然而，正是这种永远未完成的心态驱使着他不断超越自己，取得了那些自满之辈所不可企及的成就。在这个意义上，每一个真正的作家一辈子只是在写一部作品，他的生命之作，只要他在世一日，这部作品就不会完成。

　　而且，一切伟大的作品在本质上是永远未完成的，它们的诞生仅是它们生命的开始，在今后漫长的岁月中，它们仍在世世代代读者心中和在文化史上继续生长，不断被重新解释，成为人类永久的精神财富。

　　相反，那些平庸作家的趋时之作，不管如何畅销一时，决无持久的生命力。而且我可以断言，不必说死后，就在他们活着时，你去翻检这类作家的抽屉，也肯定找不到积压的未完成稿。不过，他们也谈不上完成了什么，而只是在制作和销售罢了。

二

无论在文学作品中，还是在现实生活中，最动人心魄的爱情似乎都没有圆满的结局。由于社会的干涉、天降的灾祸、机遇的错位等外在困境，或由于内心的冲突、性格的悲剧、致命的误会等内在困境，有情人终难成为眷属。然而，也许正因为未完成，我们便在心中用永久的怀念为它们罩上了一层圣洁的光辉。终成眷属的爱情则不免黯然失色，甚至因终成眷属而寿终正寝。

这么说来，爱情也是因未完成而成其完美的。

其实，一切真正的爱情都是未完成的。不过，对于这"未完成"，不能只从悲剧的意义上作狭隘的理解。真正的爱情是两颗心灵之间不断互相追求和吸引的过程，这个过程不应该因为结婚而终结。以婚姻为爱情的完成，这是一个有害的观念，在此观念支配下，结婚者自以为大功告成，已经获得了对方，不需要继续追求了。可是，求爱求爱，爱即寓于追求之中，一旦停止追求，爱必随之消亡。相反，好的婚姻则应当使爱情始终保持未完成的态势。也就是说，相爱双方之间始终保持着必要的距离和张力，各方都把对方看作独立的个人，因而是一个永远需要重新追求的对象，绝不可能一劳永逸地加以占有。在此态势中，彼此才能不断重新发现和欣赏，而非互相束缚和厌倦，爱情才能获得继续生长的空间。

当然，再好的婚姻也不能担保既有的爱情永存，杜绝新的爱情发生的可能性。不过，这没有什么不好。世上没有也不该有命定的姻缘。人生魅力的前提之一恰恰是，新的爱情的可能性始终向你敞开着，哪怕你并不去实现它们。如果爱情的天空注定不再有新的云朵飘过，异性世界对你不再有任何新的诱惑，人生岂不太乏味了？靠闭关自守而得维持其专一长久的爱情未免可怜，唯有历尽诱惑而不渝的爱情才富有生机，真正值得自豪。

三

弗洛斯特在一首著名的诗中叹息：林中路分为两股，走上其中一条，把另一条留给下次，可是再也没有下次了。因为走上的这一条路又会分股，如此至于无穷，不复有可能回头来走那条未走的路了。

这的确是人生境况的真实写照。每个人的一生都包含着许多不同的可能性，而最终得到实现的仅是其中极小的一部分，绝大多数可能性被舍弃了，似乎浪费掉了。这不能不使我们感到遗憾。

但是，真的浪费掉了吗？如果人生没有众多的可能性，人生之路沿着唯一命定的轨迹伸展，我们就不遗憾了吗？不，那样我们会更受不了。正因为人生的种种可能性始终处于敞开的状态，我们才会感觉到自己是命运的主人，从而踌躇满志地走自己正在走着的人生之路。绝大多数可能性尽管未被实现，却是现实人生不可缺少的组成部分，正是它们给那极少数我们实现了的可能性罩上了一层自由选择的光彩。这就好像尽管我们未能走遍树林里纵横交错的无数条小路，然而，由于它们的存在，我们即使走在其中一条上也仍能感受到曲径通幽的微妙境界。

回首往事，多少事想做而未做。瞻望前程，还有多少事准备做。未完成是人生的常态，也是一种积极的心态。如果一个人感觉到活在世上已经无事可做，他的人生恐怕就要打上句号了。当然，如果一个人在未完成的心态中和死亡照面，他又会感到突兀和委屈，乃至于死不瞑目。但是，只要我们认识到人生中的事情是永远做不完的，无论死亡何时到来，人生永远未完成，那么，我们就会在生命的任何阶段上与死亡达成和解，在积极进取的同时也保持着超脱的心境。

智慧窗

伟大的文学、音乐等艺术作品因其未完成而伟大，留在千万人心中继续生长，重新解释，成为人类永久的精神财富，这总让我们想起米洛斯的维纳斯断掉的双臂。浪漫的爱情因未完成而成其完美，相爱双方之间始终保持着必要的距离和张力，爱情才能获得继续生长的空间，正如我们不断吟唱的《梁祝》。每一个人的人生，就像林间小道，无穷分支，我们不必遗憾没有踏上那段征途，因为我们选择了这个方向。

青春无悔，正在于短暂的时空之中，无尽的选择可能，而我们大胆地追求、决然地取舍，描绘出自己的人生蓝图。这正是青春的魅力所在。

(韩红兵)

 **阅览室**

和时间比赛

◇林清玄

读小学的时候，我的外祖母过世了。外祖母生前最疼爱我，我无法排除自己的忧伤，每天在学校的操场上一圈又一圈地跑着，跑得累倒在地上，扑在草坪上痛哭。

那哀痛的日子，断断续续地维持了很久，爸爸妈妈也不知道如何安慰我。他们知道与其骗我说外祖母睡着了（可那总有一天要醒来），还不如对我说实话：外祖母永远不会回来了。

"什么是永远不会回来呢？"我问着。

"所有时间里的事物，都永远不会回来。你的昨天过去，它就永远变成昨天，你不能再回到昨天。爸爸以前也和你一样小，现在也不能回到你这么小的童年；有一天你会长大，你会像外祖母一样老；有一天你度过了你的时间，就永远不能回来了。"爸爸说。

爸爸等于给我一个谜语，这谜语比课本上的"日历挂在墙壁，一天撕去一页，使我心里着急"和"一寸光阴一寸金，寸金难买寸光阴"还让我感到可怕；也比作文本上的"光阴似箭，日月如梭"更让我觉得有一种说不出的滋味。

以后，我每天放学回家，在家里的庭院里面看着太阳一寸一寸地沉进了山头，就知道一天真的过完了，虽然明天还会有新的太阳，但永远不会有今天的太阳了。

我看到林鸟飞过空中归巢，它们飞得多么快呀，明天它们再飞过同样的路线，也永远不是今天了。而或许明年飞过这条路的，不是老鸟，而是小鸟了。

时间过得那么飞快，使我的小心眼里不只着急，而是悲伤。有一天我放学回家，看到太阳快落山了，就下决心说："我要比太阳更快地回家。"我狂奔回去，站在庭院前喘气的时候，看到太阳还露着半边脸，我高兴地跳跃起来，那一天我跑赢了太阳。以后我就时常做那样的游戏，有时和太阳赛跑，有时和西北风比快，有时一个暑假才能完成的作业，我10天就做完了；那时我三年级，常常把哥哥五年级的作业拿来做。

每一次比赛胜过时间，我就快乐得不知道怎么形容。

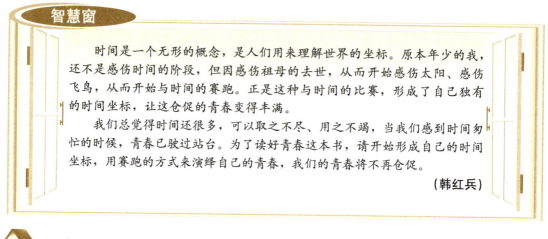

后来的二十年里,我因此受益无穷,虽然我知道人永远跑不过时间,但是人可以比自己原来有的时间跑快一步,如果跑得快,有时可以快好几步。那几步很小很小,用途都很大很大。

如果将来我有什么要教给我的孩子,我会告诉他:假若你一直和时间比赛,你就可以成功!

智慧窗

时间是一个无形的概念,是人们用来理解世界的坐标。原本年少的我,还不是感伤时间的阶段,但因感伤祖母的去世,从而开始感伤太阳、感伤飞鸟,从而开始与时间的赛跑。正是这种与时间的比赛,形成了自己独有的时间坐标,让这仓促的青春变得丰满。

我们总觉得时间还很多,可以取之不尽、用之不竭,当我们感到时间匆忙的时候,青春已驶过站台。为了读好青春这本书,请开始形成自己的时间坐标,用赛跑的方式来演绎自己的青春,我们的青春将不再仓促。

(韩红兵)

阅览室

我改变的事物

◇刘亮程

我年轻力盛的那些年,常常扛一把铁锨,像个无事的人,在村外的野地上闲转。我不喜欢在路上溜达,那个时候每条路都有一个明确去处,而我是个毫无目的的人,不希望路把我带到我不情愿的地方。我喜欢一个人在荒野上转悠,看哪不顺眼了,就挖两锨。那片荒野不是谁的,许多草还没有名字,胡乱地长着。我也胡乱地生活着,找不到值得一干的大事。在我年轻力盛的时候,那些很重很累人的活都躲得远远的,不跟我交手,等我老了没力气时又一件接一件来到生活中,欺负一个老掉的人。这也许就是命运。

有时,我会花一晌午工夫,把一个跟我毫无关系的土包铲平,或在一片平地上无辜地挖一个大坑。我只是不想让一把好锨在我肩上白白生锈。一个在岁月中虚度的人,再搭上一把锨、一幢好房子,甚至几头壮牲口,让它们陪你虚晃荡一世,那才叫不道德呢。当然,在我使唤坏好几把铁锨后,也会想到村里老掉的一些人,没见他们干出啥大事便把自己使唤成这副样子,腰也弯了,骨头也散架了。几年后当我再经过这片荒地,就会发现我劳动过的地上有了些变化,以往长在土包上的杂草现在下来了,和平地上的草挤在一起,再显不出谁高谁低。而我挖的那个大坑里,深陷着一窝子墨绿。这时我内心的激动别人是无法体会的——我改变了一小片野草的布局和长势。就因为那么几锨,这片荒野的一个部位发生变化了,每个夏天都落到土包上的雨,从此再找不到这个土包。每个冬天也会有一些雪花迟落地一会儿——我挖的这个坑增大了天空和大地间的距离。对于跑过这片荒野的一头驴来说,这点变化算不了什么,它在荒野上随便撒泡尿也会冲出一个不小的坑来。而对于世代生存在这里的一只小虫，这点变化可谓地覆天翻，有些小虫一辈子都走不了几米，在它的领地随便挖走一锹土，它都会永远迷失。

有时我也会钻进谁家的玉米地，蹲上半天再出来。到了秋天就会有一两株玉米，鹤立鸡群般耸在一片平庸的玉米地中。这是我的业绩，我为这户人家增收了几斤玉米。哪天我去这家借东西，碰巧赶上午饭，我会毫不客气地接过女主人端来的一碗粥和一块玉米饼子。

我是个闲不住的人，却永远不会为某一件事去忙碌。村里人说我是个"闲锤子"，他们靠一年年的丰收改建了家园，添置了农具和衣服。我还是老样子，他们不知道我改变了什么。

一次我经过沙沟梁，见一棵斜长的胡杨树，有碗口那么粗吧，我想它已经歪着身子活了五六年了。我找了根草绳，拴在邻近的一棵树上，费了很大劲把这棵树拉直。干完这件事我就走了。两年后我回来的时候，一眼就看见那棵歪斜的胡杨已经长直了，既挺拔又壮实。拉直它的那棵树却变歪了。我改变了两棵树的长势，而现在，谁也改变不了它们了。

我把一棵树上的麻雀赶到另一棵树上，把一条渠里的水引进另一条渠。我相信我的每个行为都不同寻常地充满意义。我是一个平常的人，住在这样一个小村庄里，注定要闲逛一辈子。我得给自己找点闲事，找个理由活下去。

我在一头牛屁股上拍了一锹，牛猛窜几步，落在最后的这头牛一下子到了牛群最前面，碰巧有个买牛的人，这头牛便被选中了。对牛来说，这一锹就是命运。我赶开一头正在交配的黑公羊，让一头急得乱跳的白公羊爬上去，这对我只是个小动作，举手之劳，羊的未来却截然不同了，本该下黑羊羔的这只母羊，因此只能下只白羊羔了。黑公羊肯定会恨我的，我不在乎。羊迟早是人的腹中物，恨我的那只羊的肉和感激我的那只羊的肉，嚼到嘴里会一样香。在羊的骨髓里你吃不出那种叫爱和恨的东西，只有营养和油脂。

当我五十岁的时候，我会很自豪地目睹因为我而成了现在这个样子的大小事物，在长达一生的时间里，我有意无意地改变了它们，让本来黑的变成白，本来向东的去了西边……而这一切，只有我一个人清楚。

我扔在路旁的那根木头，没有谁知道它挡住了什么。它不规则地横在那里，是一种障碍，一段时光中的堤坝，又像是一截指针，一种命运的暗示。每天都会有一些村民坐在木头上，闲扯一个下午。也有几头牲口拴在木头上，一个晚上去不了别处。因为这根木头，人们坐到了一起，扯着闲话商量着明天、明年的事。因此，第二天就有人扛一架农具上南梁坡了，有人骑一匹快马上胡家海子了……而在这个下午之前，人们都没想好该去干什么。没这根木头生活可能会是另一个样子。坐在一间房子里的板凳上和坐在路边的一根木头上商量出的事肯定是完全不同的两种结果。

多少年后当眼前的一切成为结局，时间改变了我，改变了村里的一切。整个老掉的一代人，坐在黄昏里感叹岁月流逝、沧桑巨变。没人知道有些东西是被我改变的。在时间经过这个小村庄的时候，我帮了时间的忙，让该变的一切都有了变迁。我老的时候，我会说：我是在时光中老的。

智慧窗

　　在我们年轻力盛的时候，我们能做些什么，也许无论我们做了什么，在别人看来、在社会看来、在整个宇宙看来，那都是微不足道的。但每个人都是一个世界，所以在我们自己的宇宙之中，我们惊天动地、翻天覆地、感天动地、沧海桑田。这就是我们自己的青春岁月。

　　我们可以改变草的世界、树的命运、牛的前途、羊的黑白、木头的价值，这难道还不算是我们世界中的奇迹吗？所以当我们老去之时，回首时光，我们会因为自己选择的是一条自己开拓的征程而自豪。因为我们改变了自己的世界。

（韩红兵）

阅览室

时　游

◇简·尤莱恩

　　从前，有一个名叫汤姆的小男孩沿着一条曲折迢远的道路去寻找他的未来。茫茫征途，炎炎烈日，在一个荒野的十字路口他看见了一棵枝繁叶茂的老树。

他想："我要在那里小憩一会儿想想我的出路，虽然我的前程未卜，但它肯定就在我的前面。"

想到这儿，男孩欢欣地朝树走去，可是直到近前他才发现，树荫已被一位酣睡的老人占据了。汤姆是个有教养的孩子，他静悄悄地坐在一旁等候着老人醒来，分给他一片阴凉。

老人终于睁开了双眼并用和善的眼神示意他靠近树荫，虽然这时已是夕阳西下，夜色低沉，但汤姆没有抱怨，因为他知道自己的出路就在前方，而老人的出路已落在身后。"我在寻找我的出路，老人家，"汤姆说，"您能告诉我前面哪条路是最好的吗？"老人上下打量他一番，然后又由近及远地望了望伸向远方的道路，最后摇摇头对汤姆说："我的眼力不行了，我曾经能看见散步的风哩。""那么，老爷爷，"汤姆继续说，"也许您能听见美妙的世界位于哪条路上吧？"老人把头侧向一边听了听，然后又侧向另一边听了听，最后摇摇头说："我的听觉也很差了，我曾经听得见私语的草哩。"

汤姆坐下来，想了好一会。"老人家，"他又说道，"您知道一个我能去的地方吗？一个能找到我的出路的地方？""我认为时游是最好的地方。"说着，老人吱吱嘎嘎地站起身来，伸了伸懒腰，消失在树的背影里。汤姆是个有教养的孩子，他没有尾随其后纠缠不休，而是在树下安顿了一宿。当一轮红日从东方的天空中冉冉向他走来时，汤姆像听到了一声远方的呼唤，随即站起身来。他在十字路口上选择了一条他希望能通往时游的道路。

汤姆跋涉了很多日子，经历了许多事情。他上山挖金，下海淘珠，爬山钻洞，风餐露宿，日夜兼程。他阅历大千世界，尝尽人间甘苦，但他仍然执著地寻觅着时游。

然而，他终于把时游撇在脑后。他在自家的房子周围种起了粮食，种出了一个世界。

即使当他想起时游，那也不过像是童年时读过的一段神话，从来没有因此而搅乱过他宁静的心境。

只是有那么一天，当孙子们和年迈的他一起坐在壁炉前问起那广阔而又神奇的世界时，老汤姆这才提起他那一段不平凡的生活。"是的，"他说，"年轻时我周游过世界，为着寻找某件东西，寻找什么现在已记不起了。一些东西找到了，还有一些没有找到。可重要的是我年轻时游历过一番。"

突然他停住了，因为一段缥缈的记忆闪耀在他的脑海。年轻时游历过一番。时游！那位老人的话就是这个意思吗？发现存在于寻觅之中？老汤姆的嘴张了几下，欲言又止。

几天以后，老汤姆正倚坐在老树下，突然一位少年带着仆仆风尘走了过来。"老人家，"少年说，"我在寻找我的出路，您能告诉我应该走哪条路吗？"老汤姆背靠着大树凝视了一下天空，云彩正迅速地从他的头顶飞过。"当然，时游是我知道的最好地方。"他回答道。他知道这位少年也许要许多年以后才会悟出这个答案，经历许多艰难而又美好的日子。然后他闭上眼睛安详地睡着了。

智慧窗

　　这样的故事，是虚幻的童话也好，是真实的往事也罢，它都像一只温柔的小手，敲开了我们的心扉。

　　自从脱离母亲的子宫，我们就一直在行走，沿着旁人指点的方向或者循着自己懵懂的直觉。目标存在于遥远的未来，总是与我们若即若离。路很长，过程很久，我们不知疲惫地往前，但终会质疑这漫长的旅程。有时候，我们会忘却，这过程本身就是生活的一部分，并非只有那目标才是我们追求与享受的对象。

　　"于寻觅中发现"，在漫漫行程中，我们会为偶然的遭际欣喜，会为意外的邂逅激动，会为突然的遇见改变原先的目标，在更加快乐和适应自己的路上继续走下去。

　　人，必须行走，因为只有如此才有邂逅幸福的可能；人，必须懂得行走的艺术，因为行走最终是为了找寻不再行走的归宿。

（杨书）